Über dieses Buch Sigmund Freud meinte, die von ihm begründete Psychoanalyse habe keine Ethik nötig, denn »das Moralische verstehe sich von selbst«. Hingegen suchten andere Tiefenpsychologen, unter ihnen Alfred Adler und C.G. Jung, Anschluß an die Erkenntnisse der überlieferten Ethik. Josef Rattner ist der Auffassung, »psychische Normalität« könne nur dann differenziert beschrieben werden, wenn die Psychoanalyse in einer philosophischen Anthropologie verankert werde. Jedes psychotherapeutische Verfahren sei »angewandte Ethik«. Rattner beschreibt ethische Interventionen in der Psychotherapie, untersucht Charakter und Neurose im Licht der Wertphilosophie und beschäftigt sich mit Phänomenen wie Schuld und Schuldgefühl, Gewissen, Erziehung zur inneren und äußeren Freiheit und auch der Selbstgestaltung der Persönlichkeit.

Der Autor Josef Rattner, Prof. Dr. med. et phil., 1928 in Wien geboren, studierte in Zürich Philosophie, Psychologie und Deutsche Literatur. Später absolvierte er ein Medizinstudium. Seit 1968 arbeitet er als Leiter des Arbeitskreises für Tiefenpsychologie, Gruppendynamik und Gruppentherapie in Berlin. Zahlreiche Veröffentlichungen auf den Gebieten der Tiefenpsychologie, Pädagogik, Kulturpsychologie und Kulturkritik. – Im Fischer Taschenbuch Verlag sind erschienen: ›Psychologie und Psychopathologie des Liebeslebens‹ (6737), ›Psychotherapie als Menschlichkeit‹ (6253) und ›Der schwierige Mitmensch‹ (6186).

Josef Rattner

Tugend und Laster

Tiefenpsychologie und Psychotherapie als angewandte Ethik

Fischer
Taschenbuch
Verlag

Ungekürzte Ausgabe
Veröffentlicht im Fischer Taschenbuch Verlag GmbH,
Frankfurt am Main, August 1991

Lizenzausgabe mit freundlicher Genehmigung des
Verlags Knesebeck & Schuler, München

Umschlaggestaltung: Buchholz / Hinsch / Hensinger
Gesamtherstellung: Clausen & Bosse, Leck
Printed in Germany
ISBN 3-596-10410-6

Inhalt

Vorwort 9

Psychoanalyse und Ethik 10

Alfred Adler:
Ethik der Mitmenschlichkeit 25

Carl Gustav Jung:
Die Forderung der Individuation 31

Neopsychoanalytische Gesichtspunkte 35

Psychotherapie als angewandte Ethik 39

Ethische Interventionen in der Psychotherapie 64

Charakter und Neurose im Licht
der Wertphilosophie 82

Schuld und Schuldgefühl 103

Psychoanalyse des Gewissens 120

Vitale Tugenden und Werte 145

Seelisch-geistige Tugenden und Werte 161

Über die Liebe 179

Die menschliche Natur 198

Anmerkungen 223

Literaturauswahl 225

Bibliographie der Werke von Josef Rattner 228

Namen- und Sachregister 230

Daß der Mensch am Menschen vorbeisehen und vorbeileben kann, ist nicht dasselbe, wie daß er an Natur und Kosmos, an Kunst und Lebensfülle vorbeilebt. Hier geht nicht nur er selbst leer aus, sondern auch der Mitmensch. Die Dinge erheben nicht den Anspruch, gesehen, gewürdigt, geistig ausgewertet zu werden. Wohl aber der Mensch. Er kann das, was er ist, nicht einfach für sich sein; er braucht den, für den er es sein kann. Auf sich zurückgeworfen, verkümmert er. Denn er hat ein Empfinden dafür, ob er erfaßt und verstanden wird. Wo er es nicht wird, da trifft es ihn wie Verneinung, er sieht sich beiseite geschoben, übersehen, ausgeschaltet aus dem eigentlichen Leben der Lebenden.

Dem Menschen gerecht werden mit dem Wertgefühl ist für den Menschen eine moralische Anforderung. [...] Denn jeder weiß es im stillen von jedem, daß es die Sehnsucht seines Lebens ist, das, was er ist, auch für jemand zu sein; niemand erträgt die Sinnlosigkeit, vergeblich da zu sein. Jeder bedarf zu dem, was er ist, noch der Sinnerfüllung, gewertet, verstanden, genommen, ja nur moralisch gesehen zu werden. Er will mit dem, was es wert ist an ihm, auch »vernommen« sein [...]. Das Ethos der Teilhabe und des Gerechtwerdens mit der Wertantwort bildet so ein Kernstück aller echten und innerlich verstandenen Moralität. Es ist mit dem Ethos der Liebe verwandt [...].

Nicolai Hartmann *Das Problem des geistigen Seins*

Vorwort

Die philosophische Grundlagenforschung der Tiefenpsychologie, die ein dringendes Anliegen der Gegenwart wäre, hat kaum erst begonnen. Die tiefenpsychologischen Pioniere Freud, Adler und Jung standen in der Regel der Philosophie fern; sie waren so sehr durch den Aufbau ihrer Praxis und Theorie in Anspruch genommen, daß sie kaum Gelegenheit fanden, die Brücke zur philosophischen Tradition zu schlagen. Auch war der »Zeitgeist« einer solchen Synthese nicht gerade günstig gestimmt. Selbst so hochgebildete Menschen wie beispielsweise Sigmund Freud standen noch unter dem Eindruck des naturwissenschaftsgläubigen und materialistischen 19. Jahrhunderts, das nach dem Zusammenbruch der großen idealistischen Systeme geradezu einer Verachtung der Philosophie anheimfiel. Man glaubte zu jener Zeit, daß nur die exakte Forschung der Naturwissenschaften zur Wahrheit führen könne; alles, was nicht sinnliche Tatsache, Experiment oder kausale Erklärung war, wurde als Metaphysik verschrien und vom »anständigen Wissenschaftler« vernachlässigt.

Heute beginnt sich diesbezüglich eine Wendung anzubahnen. Die neueren psychoanalytischen Richtungen – Fromm, Horney, Schultz-Hencke, Boss, Maslow, Rogers usw. – zeigen Interesse an der Philosophie und gewinnen starke Impulse zur theoretischen und praktischen Neuorientierung aus der Beschäftigung mit den Errungenschaften der philosophischen Tradition Europas. Im Anschluß an die genannten Autoren wird im vorliegenden Buch versucht, die ethischen Voraussetzungen und Schlußfolgerungen der Psychoanalyse herauszuarbeiten. Der Schwerpunkt bleibt allerdings hierbei in der Psychologie; die Literatur zur Ethik ist so umfangreich und mannigfaltig, daß sie von uns zunächst nur teilweise assimiliert werden konnte.

Berlin, August 1987 *Josef Rattner*

Psychoanalyse und Ethik

Im folgenden soll der Versuch unternommen werden, Psychoanalyse und Ethik in Zusammenhang zu bringen. Wir betreten hiermit zumindest teilweise Neuland der Forschung; die Psychoanalytiker haben sich bisher recht wenig um ethische Problemstellungen bekümmert, und die Ethiker behandelten tiefenpsychologische Befunde im allgemeinen sehr gleichgültig. Dies geschah unseres Erachtens zum offenkundigen Nachteil beider Disziplinen. Die Zukunft kann und soll eine Synthese beider Forschungsrichtungen zustande bringen.

Warum diese Synthese? Sie ergibt sich zwingend aus den Überschneidungen beider Fachgebiete, die weitgehend dieselben Probleme zu bearbeiten haben.

Das Wort »Ethik« wird häufig als Synonym für das Wort »Moral« verwendet. Die beiden Begriffe stimmen aber nicht überein. Moral kommt vom lateinischen Wort *mores* und bedeutet soviel wie Sitten und Gebräuche. Die Moral beschreibt also die an einem bestimmten Ort und zu einem bestimmten Zeitpunkt vorherrschenden oder gültigen Richtlinien des praktischen Verhaltens.

Die Ethik hat dagegen eine umfassendere Sinngebung. Sie ist eine philosophische Disziplin, die Antwort auf grundlegende Menschheitsfragen zu geben versucht. Diese Fragen lauten unter anderem: Was soll ich tun? Was ist das richtige Verhalten (in einer jeweiligen Situation)? Wie soll ich sein (charakterlich, als Persönlichkeit)? Was ist Tugend, was ist Laster? Welche Werte gibt es und welches ist der höchste Wert? Was ist gut, was ist böse? Gibt es verschiedene Arten des Guten und eventuell ein höchstes Gut? Ist der Mensch frei oder unfrei? Wonach strebt er und wonach soll er streben? Was ist Gewissen, Reue, Schuldgefühl, Schuld und Sühne? Was ist der Mensch, daß sich ihm überhaupt ein Bereich des Sollens eröffnet?

Aus dem Obigen wird ersichtlich, daß das Gebiet der Ethik viel weiter reicht als das einer spezifischen Moral. Im gewissen Sinn kann man jede Moral als eine praktische Nutzanwendung einer speziellen Ethik betrachten.

Da Ethik immer philosophische Menschenkunde in sich schließt, ist es klar, daß die Psychoanalyse an derlei Untersuchungen lebhaft interessiert sein muß. Sie kann es sich nicht leisten, an 2500 Jahren ethischer Forschung achtlos vorüberzugehen; sie würde sich selbst damit schaden, da in den Einsichten der großen Philosophen viele psychoanalytische Erkenntnisse vorweggenommen wurden. Auch findet man in der Ethik mitunter wichtige Korrekturmöglichkeiten für manche Einseitigkeit der tiefenpsychologischen Theorienbildung.

Wer heute eine Ethik schreiben würde, ohne die Funde der Tiefenpsychologie zu berücksichtigen, würde ohne weiteres den Vorwurf der Oberflächlichkeit verdienen. Andererseits müssen sich die Psychoanalytiker, die nichts von der Ethik wissen, das Verdikt unhistorischen Denkens gefallen lassen. Beide Disziplinen haben voneinander zu lernen. Ihr gemeinsames Interesse liegt im Studium der menschlichen Natur, im Erkennen des gesunden und kranken, richtigen und falschen Verhaltens des Menschen. Vor allem der so wenig geklärte psychoanalytische Begriff der seelischen und geistigen Gesundheit könnte mit Hilfe der ethischen Texte der vergangenen Jahrhunderte sehr viel an Präzision gewinnen. Aber auch die ethischen Darstellungen dessen, was der Mensch tun oder sein soll, würden sehr viel plastischer werden, wenn sie die psychoanalytischen Erfahrungen bezüglich des inneren Werdeganges des Menschen von Kindheit an in Betracht ziehen würden.

Die Psychoanalyse hat bis in jüngster Zeit die ethische Literatur nur am Rande zur Kenntnis genommen. Dies geht großenteils auf Sigmund Freud selbst zurück, der ein durchaus negatives Verhältnis zur Philosophie hatte. Als Antiphilosoph lehnte es Freud regelrecht ab, seiner Lehre ein ethisches Fundament zu geben. Bekannt ist seine Auseinandersetzung mit dem Amerikaner James Putnam, der es in seiner Sympathie für die Psychoanalyse gerne gesehen hätte, wenn diese durch ethische Formulierungen untermauert worden wäre. Freud hielt dies nicht für nötig. Auch wenn man ihn darauf ansprach, daß neben der Psychoanalyse in ihrer zergliedernden Arbeit auch eine Psychosynthese als aufbauender Prozeß Platz finden müßte, wies er stets darauf hin, daß das analytische Geschehen sich selbst genug sei: Der analysierte Mensch werde jeweils aus eigener Kraft den Weg zur Synthese einschlagen.

Auch für sich selbst glaubte Freud eine explizite Ethik nicht nötig zu haben. Ernest Jones berichtet in seiner monumentalen Freud-Biographie:

Mit Putnam führte er vor langen Jahren einen persönlichen Briefwechsel über das Thema der Ethik. Putnam zeigte ihn mir, und ich erinnere mich an diese beiden Sätze: »Ich betrachte das Moralische als etwas Selbstverständliches [...]. Ich habe eigentlich nie etwas Gemeines getan.«[1]

Mit den beiden zitierten Aussprüchen setzte sich Freud über die Notwendigkeit ethischer Überlegungen hinweg. Auf den ersten Blick hin wirken diese Äußerungen sehr imposant: So darf nur jemand sprechen, der sich moralisch absolut integer fühlt. Aber hatte Freud das Recht dazu? Darf ein Mensch mit solcher Selbstsicherheit von sich reden? Oder bekundet sich hier die Selbstgerechtigkeit eines Kleinbürgers, der – weil er gerade mit dem Gesetz in Übereinstimmung lebt – moralische Probleme auszuklammern sich berechtigt glaubt?

Man gerät an diesem Punkt in Versuchung, Freuds Lebenslauf im Hinblick auf die »Selbstverständlichkeit der Moral« genauer unter die Lupe zu nehmen. Dabei zeigt sich, daß auch seine Weste nicht blütenrein ist. Wie alle Menschen bewegte auch er sich in der Mitte zwischen Vernunft und Unvernunft, Moral und Unmoral usw. Hierfür lassen sich mühelos zahlreiche Beispiele anführen.

Glücklicherweise besitzen wir den Briefwechsel, den Freud mit seiner Braut Martha Bernays über Jahre hinweg geführt hat. Der Schöpfer der Psychoanalyse zeigt sich in jenen Jugendjahren als ein feuriger Liebhaber, der glanzvoll und geistreich seine spätere Gattin umwirbt. Manche dieser Briefe sind wahre Kunstwerke. Man möchte sie im Charakterbild Freuds nicht missen.

Aber gerade in diesen Briefen sind Engen und Einseitigkeiten der Freudschen Persönlichkeit nicht zu übersehen. So berichtet er in einem Brief darüber, daß er gerade an einer Übersetzung eines Werkes von John Stuart Mill arbeite, den er mit Recht als einen der großen Männer des 19. Jahrhunderts kennzeichnet. Er ist aber gar nicht einverstanden damit, daß Mill die materielle und seelische Gleichberechtigung der Frauen fordert. Es ist für ihn undenkbar, daß Frauen auch eine Berufskarriere haben sollen. Er schreibt:

Es ist auch ein gar zu lebensunfähiger Gedanke [von Mill], die Frauen genauso in den Kampf ums Dasein zu schicken wie die Männer. Soll ich mir mein zartes liebes Mädchen z. B. als Konkurrenten denken? Das Zusammentreffen würde doch nur damit enden, daß ich ihr, wie vor siebzehn Monaten, sage, daß ich sie liebhabe und daß ich alles aufbiete, sie aus der Konkurrenz in die unbeeinträchtigte stille Tätigkeit meines Hauses zu ziehen [...] die Stellung der Frau wird keine andere sein können, als sie ist: in jungen Jahren ein angebetetes Liebchen und in reiferen ein geliebtes Weib.[2]

Diesem patriarchalischen Standpunkt blieb Freud zeit seines Lebens treu. Seine Beiträge zur Psychologie der Weiblichkeit tragen stets den Stempel männlichen Eigendünkels und offen zur Schau gestellten Superioritätsbewußtseins.
Auch das großartige Buch *Die Traumdeutung* (1900), mit dem Freud den eigentlichen Grundstein zur Psychoanalyse legte, müßte in moralischer Hinsicht genauer überprüft werden. Es ist sicherlich ein Dokument einer bewundernswürdigen Wahrheitsliebe. Inmitten einer verlogenen und heuchlerischen Epoche wagte es Freud, sein geheimstes Innenleben zu entblößen: Ein Großteil der gedeuteten Träume stammt von ihm selbst, und der Scharfsinn und die Schonungslosigkeit der Analyse können kaum hoch genug eingeschätzt werden. *Die Traumdeutung* ist eines der wahrhaftigsten autobiographischen Bücher, die wir kennen – sie kann gewiß den *Bekenntnissen* Augustinus' und den *Confessions* von Rousseau zur Seite gestellt werden. Liest man aber sorgfältig genug in Freuds offenherzigem Text, so ist unverkennbar, welche Leidenschaften im Gemütsleben des großen Forschers ihr Wesen treiben. So bekennt sich Freud mit schöner Ehrlichkeit zu seinem Ehrgeiz, zu seiner Rechthaberei, zu seiner Überempfindlichkeit, zu seiner Gefühlskargheit (auch seiner Frau gegenüber) usw. Gewiß war es ein ethischer Impuls, die Selbsterforschung durch Traumanalyse voranzutreiben, aber hierbei wird eben deutlich, daß auch ein Sigmund Freud mit dem »dunklen Rest« seiner Persönlichkeit zu ringen hatte.
Als der Erste Weltkrieg ausbrach, entpuppte sich Freud – wie so viele Kleinbürger seiner Epoche – als leidenschaftlicher Patriot, der unbedenklich auf den Sieg der deutsch-österreichischen Waffen hoffte. Als immerhin 58jähriger weltberühmter Gelehrter verfiel er ohne jegliche Selbstkritik der nationalen Kriegspropaganda, die er erst gegen Ende des Krieges in ihrer Fragwürdigkeit und Antihumanität zu durchschauen begann. Der Biograph Jones geht schonend über diese merkwürdige Haltung seines Helden und Heiligen hinweg, indem er erklärt, es habe sich lediglich um ein Wiedererwachen jugendlicher »Kriegsideale« gehandelt. So lesen wir bei Jones:

Freuds unmittelbare Reaktion auf die Kriegserklärung war unerwartet. Man hätte vermuten mögen, daß ein achtundfünfzigjähriger friedlicher Gelehrter sie, wie so viele es taten, mit purem Horror aufgenommen hätte. Seine Reaktion war im Gegenteil diese eines jugendlichen Enthusiasmus [...]. Er bezeichnete sogar das skrupellose Vorgehen Berchtolds [des österreichischen Außenministers] als das »Befreiende der mutigen Tat« und schrieb, zum erstenmal seit dreißig Jahren fühle er sich als Österreicher [...].

Er war ganz aus dem Häuschen, konnte an keine Arbeit denken und verbrachte seine Zeit in Gesprächen über die Tagesereignisse mit seinem Bruder Alexander. Oder, wie er es selbst formulierte: »Meine ganze Libido gilt Österreich-Ungarn.«[3]

Als weiterer Test für die »Selbstverständlichkeit der Moral« können die sich abspaltenden Bewegungen innerhalb der Psychoanalyse genannt werden. Als sich bedeutende Schüler von Freud lösten und eigene Lehrsysteme schufen (Alfred Adler, Carl Gustav Jung, Wilhelm Stekel, Otto Rank, Sándor Ferenczi usw.), war Freud kaum je in der Lage, auch nur annähernd die Bedeutung dieser Gegenspieler zu erkennen und zu würdigen. Für ihn waren alle, die die Psychoanalyse hinter sich ließen, nichts anderes als Anpasser, böswillige Ehrgeizlinge und Ignoranten. In keinem Falle hatte Freud diesen ehemaligen Mitarbeitern, deren Beiträge zur Tiefenpsychologie heute niemand missen möchte, Gerechtigkeit widerfahren lassen. Im Gegenteil, seine autobiographischen Schriften strotzen von gehässigen Ausfällen gegen die genannten Autoren, die immerhin wichtige Innovationen in die psychologische Forschung eingeführt haben. Freud neigte zu Ressentiment und Rachsucht, wenn man seine Autorität nicht mehr anerkannte; er konnte hierbei sehr kleinlich und geradezu »neurotisch« reagieren. Erich Fromm schreibt in seinem Buch *Sigmund Freuds Sendung* (1961):

Freunden, die andere Wege einschlugen, konnte Freud nicht verzeihen. Auch noch Jahre später blieb er unnachsichtig. Als sich Arnold Zweig vom Tod Alfred Adlers im schottischen Exil tief betroffen zeigte, schrieb ihm Freud am 22. Juni 1937 in schneidenden Worten, er könne seine Sympathie für Adler nicht begreifen; in Aberdeen zu sterben sei für einen Judenjungen aus einem Wiener Vorort an sich schon ein unerhörter Aufstieg und ein Beweis dafür, wie weit er es gebracht habe; dafür, daß er gegen die Psychoanalyse aufgetreten sei, habe die Welt Adler reichlich belohnt.[4]

Obwohl Freud so grimmig gegen seine abtrünnigen Schüler sein konnte, blieb er merkwürdigerweise völlig gleichgültig und stumm gegenüber der faschistischen Barbarei, die in den zwanziger und dreißiger Jahren in Europa hochkam und von allen moralisch hellhörigen und politisch aufgeklärten Zeitgenossen sofort als Gipfel der Antihumanität diagnostiziert wurde. Freud jedoch gab hierzu keine Stellungnahme ab. Er verkannte wohl die Gefahr, denn er war in hohem Maße unpolitisch. Der Austrofaschismus unter Dollfuß schien ihm sogar Ordnung und Sicherheit zu gewährleisten. Was sich in Deutschland und Italien abspielte, lag ihm offenbar zu fern.

Dazu paßt die überraschende Tatsache, daß Freud auf die Bitte des italienischen Psychoanalytikers Edoardo Weiss hin sich sogar bereit erklärte, eines seiner Bücher mit Widmung an Mussolini zu senden. Auch hier gebraucht Ernest Jones gewundene Worte, um Freuds Verhalten zu erklären:

Weiss brachte ihm aus Rom eine schwierige Patientin, die von ihm behandelt wurde. Ihr Vater, zufälligerweise ein enger Freund Mussolinis, begleitete sie. Nun bat er Freud, Mussolini eines seiner Bücher zu schenken und auch noch ein paar Worte hineinzuschreiben; Weiss zuliebe willigte Freud ein. Er wählte das Buch *Warum Krieg?*, das er zusammen mit Einstein geschrieben hatte, und auf das Vorsatzblatt schrieb er in Anspielung auf die von Mussolini geförderten archäologischen Ausgrabungen folgende Worte: »Von einem alten Mann, der im Diktator den Kulturheros erkennt.«[5]

Dies geschah im Jahr 1933, also nach rund elf Jahren faschistischer Herrschaft über Italien, nach der Ermordung zahlloser italienischer Sozialistenführer (Giacomo Matteotti u. a.); Mussolini war bereits absoluter Herrscher und »Duce« und bereitete durch Aufrüstung den kommenden Krieg vor.

Das Buch *Warum Krieg?* aus dem Jahr 1931 stellt ebenfalls ein moralisches Problem dar. Es entstand aus einem Briefwechsel mit Albert Einstein, der an Freud die Frage gerichtet hatte, warum die Menschen Krieg führen und welche Mittel die Psychoanalyse bereitstellen könne, um in Zukunft den Friedenswillen zu stärken. Die Antwort, welche Freud gibt, ist eher kläglich. Unter Mißachtung aller ökonomischen, politischen und historischen Einsichten verficht er den Standpunkt, daß der Mensch Krieg führe, weil er schon biologisch dazu programmiert sei. Krieg liege eben in der »menschlichen Natur«, sei Ausfluß der angeborenen Aggression. Ob man je den Krieg als Mittel der Politik werde abschaffen können, sei fraglich. Man könne nur hoffen, daß die Sublimierungsfähigkeit der Menschen gesteigert werde, bis die urtümliche Grausamkeit in uns sich in kulturell wertvolle Tätigkeit verwandle. Die meisten Menschen seien aber zu einer derartigen Sublimierung nicht fähig. Die Psychoanalyse wisse darum kaum, wie man Erziehung und Bildung zum Frieden bewerkstelligen könne!

Aufgrund aller unserer obigen Darlegungen, die sich leicht noch ergänzen ließen, müssen wir bezweifeln, daß sich das »Moralische von selbst verstehe«. Der Ausspruch, der übrigens von dem Ästhetiker Friedrich Theodor Vischer aus dem 19. Jahrhundert stammt, muß offenkundig revidiert werden. Keinem Menschen wird der sittliche Maßstab, der Gradmesser für moralische Wertungen und Beurteilungen ohne weiteres geschenkt. Jedermann muß sich sein Ethos erarbeiten. Und er muß immer wieder aufs neue überprüfen, ob er dem »Geist der Humanität« gerecht wird oder nicht. Wie schnell schleicht sich Selbstgerechtigkeit bei uns allen ein! Daher kann sich niemand dem ethischen Fragen und Suchen entziehen.

Freuds oberflächliche Ablehnung der Ethik hat nicht nur persönliche, sondern auch zeitgeschichtliche Ursachen. Naturwissenschaft und Materialismus haben vor allem die damalige Epoche geprägt. Freud ist in seinem geistigen Werdegang von diesem ideologischen Hintergrund seines Zeitalters sehr abhängig gewesen. Er blieb ständig in den Spuren seiner akademischen Lehrer (Ernst Brücke u. a.), die den naturwissenschaftlichen Materialismus als die einzige Grundlage echter und exakter Forschung betrachteten. Zeit seines Lebens hat Freud diese Grundhaltung nicht in Frage gestellt.

Die Naturwissenschaften und der Materialismus sind auf Erfahrungstatsachen hin orientiert und bekümmern sich wenig um Werte. Physik und Chemie, die als vorbildliche empirische Wissenschaften bewundert wurden, geben keine Antwort auf die Frage nach dem »Sollen« des Menschen. Sie schulen den Sinn der Forscher geradezu ausschließlich in Richtung auf Tatsachenerkenntnis und machen ihn nicht selten blind für ethische Forderungen. Daher findet man bei den meisten Naturforschern des 19. Jahrhunderts eine oft sehr dürftige Polemik gegen Philosophie und Ethik.

Da die Naturwissenschaften und der Materialismus dazu neigen, den Menschen als lückenlos determiniert anzusehen (also auch dem Kausalgesetz unterworfen), wäre es sinnlos, wenn sie ethische Überlegungen in ihr Programm einbeziehen würden. Nur ein (möglicherweise) freier Mensch kann auf Forderungen der Ethik hören. Die materialistische Weltanschauung verneint nun jegliche Freiheit. Dabei gerät sie allerdings häufig in einen Widerspruch, da sie gleichzeitig den Determinismus dogmatisch verficht und die politische und soziale Befreiung des Menschen anstrebt. Dies haben zum Beispiel manche Kritiker der sogenannten materialistischen Geschichtsauffassung von Marx und Engels entgegengehalten, die das Kommen des Sozialismus mit Naturnotwendigkeit postuliert, zugleich aber nicht müde wird, den Menschen zum Kampf für diese Zukunftsvision aufzurufen. Die berufenen Interpreten des Marxschen Werks weisen allerdings darauf hin, daß

der erwünschte menschliche Einsatz für die Etablierung des Sozialismus-Kommunismus die Geburtsschmerzen der notwendigen gesellschaftlichen Umwälzung wesentlich mildern könnte.
Wenn Freud etwas mehr Einblick in das philosophische Schrifttum gehabt hätte, wäre es ihm wohl bei seinem bewundernswürdigen Scharfsinn möglich gewesen, die Lückenhaftigkeit seiner antiphilosophischen Weltanschauung selbst zu entlarven. Aber er las – beeinflußt durch den wissenschaftsgläubigen »Zeitgeist« – keine philosophischen Texte. Nur die Schriften des Physikers und (mystischen) Philosophen Gustav Theodor Fechner übten eine gewisse Anziehungskraft auf ihn aus. Schopenhauer und Nietzsche, die ihm als Vorläufer der Tiefenpsychologie als geistesverwandt hätten erscheinen müssen, hat er nicht gelesen. Erst im Alter nahm er von ihnen Kenntnis, und auch dies offenbar sehr fragmentarisch. Seine Begründung, warum er diese für die Psychoanalyse historisch so wichtigen Autoren vernachlässigt hat, mutet recht fadenscheinig an; so schreibt er etwa in *Zur Geschichte der psychoanalytischen Bewegung* (1914):

Den hohen Genuß der Werke Nietzsches [und Schopenhauers – J. R.] habe ich mir dann in späterer Zeit mit der bewußten Motivierung versagt, daß ich in der Verarbeitung der psychoanalytischen Eindrücke durch keinerlei Erwartungsvorstellung behindert sein wolle. Dafür mußte ich bereit sein – und ich bin es gerne –, auf alle Prioritätsansprüche in jenen häufigen Fällen zu verzichten, in denen die mühselige psychoanalytische Forschung die intuitiv gewonnenen Einsichten des Philosophen nur bestätigen kann.[6]

Aber auch der Antiphilosoph Freud entging nicht dem Schicksal, eine Philosophie zu haben. Seine Werke beinhalten zahlreiche philosophische Spekulationen, die sich allemal als Metapsychologie maskierten. Auch schon die Tatsache, daß Freud ein ganz spezielles Menschenbild vertritt, muß philosophisch genannt werden. Vielleicht wären ihm manche misanthropische Irrwege (»Der Mensch ist dem Menschen ein Wolf«; »Die Aggression ist ein Naturbestandteil des Menschen«; »Der Mensch strebt hauptsächlich nach Lust und Spannungsverminderung« usw.) erspart geblieben, wenn er über die Geschichte der Ethik mehr Bescheid gewußt hätte. Die Vorsicht des Philosophen, der bei jeder Aussage über den Menschen und seine Natur zahlreiche Beschreibungen aus 2500 Jahren Geistesgeschichte vor Augen hat, hätte die Psychoanalyse vor manchem Dogmatismus bewahren können.
Es wird nun in der Folge unser Bestreben sein, die in der Psychoana-

lyse implizit enthaltene Ethik zumindest andeutungsweise ans Licht zu heben. Dabei wird auch klar werden, wie sehr Freud philosophieren mußte, um seine angeblich rein empirischen Befunde in eine gewisse Ordnung zu bringen.

Jede Psychotherapie arbeitet mit einem Begriff von Gesundheit, ohne den sie im Gewirr neurotischer Lebensäußerungen keinen Ausweg finden könnte. Diese »Norm« hat der Therapeut vor Augen, wenn er seinen Patienten in Richtung Gesundheit beeinflussen will. Wie sieht nun diese Idee von psychischer Normalität aus?

Freud pflegte auf die Frage, wie ein seelisch gesunder Mensch beschaffen sein müsse, zu antworten: »Er soll *arbeiten* und *lieben* können!« Damit sind offenbar bestimmte Werte ins Auge gefaßt. Die Psychoanalyse ist somit keineswegs wertneutral. Sie strebt in ihren Behandlungen einen Zustand an, der als ethische Vollwertigkeit bezeichnet werden muß.

Es wäre interessant zu überprüfen, wie dieses Arbeiten- und Liebenkönnen aussehen muß. Sicherlich ist nicht die monotone Arbeit des Fließbandarbeiters gemeint: Sie würde sich sehr gut mit jeder Form von psychischer Abnormität vereinbaren lassen. Dasselbe gilt vermutlich für viele Betätigungen des Kulturmenschen; sehr oft handelt es sich nur um mechanisches Einerlei, das keiner lebendigen psychischen Kräfte bedarf, um ausgeführt zu werden. Auch das Lieben der Menschen sieht sehr mannigfaltig aus. Es reicht von der Verliebtheit des egozentrischen Charakters, dem das Du nur ein Mittel für gesteigerte Daseinsempfindung ist, bis zur echten Beziehungsaufnahme zweier verschiedengeschlechtlicher Menschen, die in ihrer Liebe körperlich und seelisch zu verschmelzen trachten (ein Leib und eine Seele werden!). Bei der Arbeit wie bei der Liebe sind somit in erster Linie *produktive menschliche Lebensäußerungen* gemeint. Was das im einzelnen ist oder sein soll, bedarf sorgfältiger Klärung. Die »Magie des Wortes« darf uns nicht davon abhalten, auch nach dem vielfältigen Sinn zu fragen, der jedem Wort innewohnt.

Was die Psychoanalyse genauer mit ihrem psychischen Gesundheitsbegriff meint, kann unseres Erachtens sehr schön durch die Theorie der Phasen in der Libidoentwicklung veranschaulicht werden. Diese Konzeption wurde erstmals in den *Drei Abhandlungen zur Sexualtheorie* (1905) niedergelegt. Wiewohl diese Abhandlungen sich in erster Linie mit der Theorie der sexuellen Perversionen zu beschäftigen scheinen, ist ihre Bedeutung viel umfassender. In ihnen liefert nämlich Freud ein Gesamtbild der frühkindlichen

Seelenproblematik, sozusagen eine Stufenfolge der Sozialisationsthemen, die in diesen frühen Jahren aktuell sind. Darauf baut er aber auch eine psychoanalytische Neurosenlehre und Charakterkunde auf, deren Originalität erstaunlich ist.
Bekanntlich folgen einander orale (erstes bis zweites Lebensjahr), anale (zweites bis drittes Lebensjaht), phallische (drittes bis fünftes Lebensjahr) und ödipale Phase (fünftes bis sechstes Lebensjahr) in der kindlichen Libidoentwicklung. Der Strom der Libido vereinigt nach und nach die Partialtriebe, die ihre Befriedigung am Mund, am After und am Genitale haben sollen. In der Ödipussituation schließlich ist schon eine gewisse Vereinheitlichung der sogenannten prägenitalen Triebe durchgesetzt; nunmehr soll das Kind angeblich in der Lage sein, regelrechte Liebesgefühle für die Mutter aufzubringen, die – wenn man der Psychoanalyse Glauben schenken will – sogar mit sexuellen Besitzansprüchen gekoppelt sind.
Die These von den sexuellen Partialtrieben ist sehr umstritten und hat manche Kritik erfahren. Wir wollen dieses Thema nicht diskutieren, da dies zu weit führen würde. Wir verweisen nur auf die Ansätze von Harald Schultz-Hencke und Harry Stack Sullivan: Beide Autoren verneinen die Sexualitätsinterpretation dieser kindlichen Entwicklungsphasen, sind aber auch der Meinung, daß Freud etwas Wesentliches gesehen habe. So spricht Schultz-Hencke von spezifischen »Antriebserlebnissen« bezüglich Mund, After usw.; Sullivan hingegen schildert die angeblich libidinösen Körperbereiche als »Zonen sozialer Interaktion«, an denen sich wesentliche Seelenschicksale entscheiden.
Wichtiger ist für uns Freuds Charakterologie, die auf der Lehre von den prägenitalen Libidophasen aufbaut. Im Anschluß an eine Arbeit von Karl Abraham (*Psychoanalytische Studien zur Charakterbildung*, 1925) haben die Psychoanalytiker sehr interessante Bemerkungen über die Charakterentstehung gemacht. Den Auftakt zu dieser Forschung bildete Freuds kurze Untersuchung über *Charakter und Analerotik* (1908). Darin wird erstmals der Typus des sogenannten Analcharakters definiert; später wurden dann auch die oralen, die phallischen und die genitalen Charaktere beschrieben. Alle diese Charakterbilder sind unseres Erachtens nicht nur für die Psychologie, sondern auch für Ethik und Moral von entscheidender Bedeutung.
Charakter entsteht nach Freud durch frühkindliche Triebschicksale. Danach sollen angeborene Triebkonstitutionen, aber auch der Erziehungs- und Umwelteinfluß die Elemente zur Charakterbildung

liefern. Fixierungen auf und Regressionen zu einer kindlichen Libidophase sind das Rohmaterial, aus dem der Charakter geformt wird. Man tut daher gut daran, sich bei jeder Charaktereigentümlichkeit eines Menschen die Probleme seiner Kindheit zu erarbeiten, um zu verstehen, wie er zu seinen Eigenschaften gekommen ist. Hinter Charaktermängeln und -vorzügen, hinter Tugenden und Lastern enthüllen sich uns immer Spezifitäten des Kinderseelenlebens, oft aber auch regelrechte Kindheitstragödien.

Für den analen Charakter glaubte Freud feststellen zu können, daß er bei günstiger Kindheitskonstellation durch die positiven Charaktereigenschaften der Reinlichkeit, der Gewissenhaftigkeit, der Ordnungsliebe und des Eigensinns gekennzeichnet sei. Dies sei ein Resultat gelungener Reinlichkeitserziehung im zweiten Lebensjahr. Hat das Kind bei Liebe und Geduld seiner Erziehungspersonen in diesem Alter die Kooperation mit ihnen aufgenommen, so lernt es die Einfügung in die mitmenschliche Welt. Es ist kulturfähig geworden. Daher die Ausbildung von Wesenszügen, deren die Kultur bedarf, um zu bestehen.

Der negative Analcharakter hingegen ist unreinlich, unordentlich, nicht gewissenhaft und trotzig um jeden Preis. An ihm ist die »Töpfchenerziehung« gescheitert, und darauf aufbauend wird in der Regel noch manche andere Kultureinwirkung fehlschlagen. Wo der Trieb nicht in eine kulturelle Haltung eingefügt werden konnte, zeigen sich hernach Zügellosigkeit, aber auch ein Übermaß an Hemmung. Nach diesem Muster sind Neurosen und Perversionen gebaut.

Die Psychoanalyse hat eingehend nicht nur den analen, sondern auch den oralen, den phallischen und den genitalen Charakter beschrieben. Überall – außer bei der Genitalität – gibt es eine positive und eine negative Variante der Charakterorientierung. Bei der Oralität handelt es sich um Eigenschaften wie Urvertrauen, Optimismus, Lustigkeit, Leben und Lebenlassen, oberflächliches Freundlichsein auf der einen Seite, aber auch um Mißtrauen, Pessimismus, tiefes Verstimmtsein, schrankenloses Habenwollen (Gier) und Haß auf der anderen Seite. Beim phallischen Charaktertyp kommen positiv gutes Körpergefühl, Unternehmungslust, Selbstsicherheit und Wohlgelauntsein in Betracht; in negativer Hinsicht kann es zu Eitelkeit oder Kleinmut, Beeindruckenwollen um jeden Preis, primitiver Kraftmeierei usw. als Ausartung kommen.

Erich Fromm entwirft in seinem Buch *Psychoanalyse und Ethik* (1954) in deutlicher Anlehnung an das obige Modell eine Charaktertypologie, in der es fünf verschiedene Möglichkeiten der Charakterstruktur gibt. Es sind dies: die rezeptive Orientierung, die ausbeuterische Orientierung, die Hamsterorientierung, die Marktorientierung und die produktive Orientierung.

Ohne im einzelnen auf Fromms Darlegungen einzugehen, wollen wir nur betonen, daß sowohl Freud als auch Fromm in allen nichtgenitalen Charakterhaltungen menschliche Eigenschaften darstellen, die die traditionelle Ethik in die Rubrik der Laster eingereiht hat. Gier, Neid, Geiz, Haß, Eifersucht, Bequemlichkeit, Eitelkeit, Ehrgeiz, Trauer, Mißtrauen usw. sind allesamt Paradestücke aus dem traditionellen Lasterkatalog. Die psychoanalytische Charakterkunde läßt keinen Zweifel darüber, daß auch sie die genannten Eigenschaften als minderwertig beurteilt. Nur vermeidet sie jedes überhebliche Moralisieren, da sie den Ursprung dieser Wesenszüge erkennt.

Nur die genitale oder produktive Charakterorientierung entspricht der ethischen Vollwertigkeit. Bei Freud erwächst diese aus dem günstigen Absolvieren der Ödipusthematik im fünften bis sechsten Lebensjahr. Abgesehen vom Sexualdrama, welches Freud in die kindliche Auseinandersetzung mit den Eltern hineininterpretiert, bedeutet die ödipale Situation im Grunde nur, daß zum Beispiel der Knabe lernen muß, auf die Verwöhnungswünsche hinsichtlich der Mutter zu verzichten und die kindliche Rivalität gegen den Vater aufzugeben. Noch allgemeiner könnte man sagen: Das Individuum wird dann seelisch gesund, wenn es nach Abschluß der Kindheit (mit sechs Jahren etwa) bereit und fähig ist, im andersgeschlechtlichen Menschen einen zukünftigen Liebespartner zu sehen und mit gleichgeschlechtlichen Menschen ohne übergroße Konkurrenzgefühle zu kooperieren. Die Formel des »Arbeiten- und Liebenkönnens« verwandelt sich demgemäß in die Forderung nach *Zusammenarbeit* und einer *Gefühlsbeziehung auf partnerschaftlicher Ebene.*

Über Produktivität als Ziel einer gesunden Seelenentwicklung sagt Fromm in dem bereits genannten Werk:

Die produktive Orientierung bezieht sich auf eine fundamentale Verhaltensweise, nämlich darauf, wie der Mensch sich in allen Bereichen menschlicher Erfahrung *in Beziehung setzt.* Sie betrifft geistige, gefühlsmäßige und Sinnesreaktionen auf Menschen, Gegenstände und auf sich selbst. Produktivität ist die Geschicklichkeit des Menschen, seine Fähigkeiten zu gebrauchen und die in ihm schlummernden Möglichkeiten zu verwirklichen. Wenn wir sagen, *er* muß *seine* Fähigkeiten gebrauchen, so heißt dies, daß er frei sein und von niemandem abhängig sein darf, der ihn und seine Fähigkeiten beherrscht. Es bedeutet ferner, daß er von Vernunft geleitet ist, da er seine Fähigkeiten nur dann verwerten kann, wenn er weiß, worin sie bestehen, wie sie gebraucht werden müssen und wofür sie dienen sollen. Produktivität bedeutet, daß der Mensch sich selbst als Verkörperung seiner Fähigkeiten und als Handelnder erlebt; daß er eins mit seinen Fähigkeiten ist und daß sie nicht vor ihm verborgen und entfremdet sind [...]. *Produktivität ist eine Verhaltensweise, die jeder Mensch haben kann, sofern sein Denken und Fühlen nicht verkrüppelt ist.*[7]

Sowohl Freud als auch Fromm sehen demnach die Sozialisation des Menschenkindes dann als gelungen an, wenn an deren Ende der Mensch in der Lage ist, sein Seelenleben der Herrschaft der Vernunft zu unterstellen. Damit wird ein ethisches Wunschziel formuliert, das zu allen Zeiten von den Lehrern der Ethik hochgehalten wurde. Zur Vernunft gehören dann auch die Haltungen der Besonnenheit (bei Plato: das Maß), die Gerechtigkeit und die Weisheit (ebenfalls platonische Tugenden), die Mitmenschlichkeit und das allgemeine Kulturbewußtsein. Ganz im Geist der Aufklärungsepoche vertritt Freud eine Moral der Vernunftgläubigkeit; im vernünftigen Denken und Handeln wird die vornehmste Auszeichnung des Menschen erblickt.

Auch die berühmte Formel »Wo Es war, soll Ich werden« weist genau in dieselbe Richtung. Freud empfand es offenbar als wenig moralisch, dumpf und unbewußt dahinzuleben. Der wahre Kulturmensch müsse versuchen, sich seiner Triebe und Antriebe bewußt zu werden, um auch Verantwortung für sie übernehmen zu können. Wer diesen Gesichtspunkt nicht begreift, wird schwerlich in die geheime Inspirationsquelle des Freudschen Denkens eindringen können. Freud will den Menschen erwachsen, reif und mündig sehen; die Neurose bedeutet für ihn ein Stehenbleiben *vor* dem Zustand der Reife; die analytische Kur soll diesen Stillstand in eine »Bewegung nach vorne« umwandeln.

Nur unter diesem Aspekt versteht man die Forderung, daß der Mensch auf das Lustprinzip des Kindes verzichten und an dessen Platz das Realitätsprinzip des Erwachsenen setzen soll. Erziehung zur Realität heißt, liebgewordene Illusionen aufgeben. Dies bestimmt auch Freuds Einstellung zur Religion, die er im Jahr 1927 als eine verderbenbringende »Menschheitsillusion« diagnostizierte. Der tapfere und diesseitsgläubige Mensch glaubt nicht mehr den Vertröstungen auf himmlische Kompensationen für sein irdisches Elend. Er will nicht durch irgendeinen Gott geschenkt bekommen, was er sich selbst auf Erden erarbeiten kann. Gott ist eine Hypothese für Kinder, die nicht erwachsen werden wollen (oder können). Der »Vater im Himmel« ist dann der Garant dafür, daß man nicht allein und auf sich selbst gestellt sein Leben meistern muß. Daher sind religiöse Denk- und Glaubensformen die schlimmsten Hindernisse für Eigenaktivität des Menschen; wer auf Gott hofft, versäumt seine Pflichten und Aufgaben gegenüber der Natur und den Mitmenschen. Man entzieht den Menschen jene Sympathie, die man Gott zuwendet. Nietzsche sagte mit Recht: »Es ist nicht genug Liebe in der Welt, daß man einen Teil davon an ein eingebildetes Wesen verschwenden dürfte.«

Freuds Kampf gegen die Religion ist sichtlich von ethischen Motiven inspiriert. Er will den Menschen dazu aufrufen, das irdische Gärtchen sorgsam zu bebauen und nicht von Landgütern auf dem Mond zu träumen. Tapferkeit galt für Freud zeit seines Lebens als eine der höchsten Tugenden; er wollte die religiösen Illusionen durch eine tapfere Diesseitshaltung ersetzt wissen, die auch die Härten des Da seins ohne Ausflüchte auf sich zu nehmen weiß.

Freuds eigener Lebenslauf erscheint in dieser Beziehung geradezu als beispielhaft. Auf seine große Wahrheitsliebe und seinen Bekennermut haben wir bereits hingewiesen. Hinter seiner stolzen Gemütshaltung verbarg sich aber sicher auch ein gutes Gefühl für den Mitmenschen; er hätte sonst nicht so hingebungsvoll für die leidende Menschheit einstehen können. Die größte Tapferkeit und auch Menschlichkeit bewies er anläßlich seiner Krebserkrankung im Jahr 1923. Bis zu seinem Tode im Jahr 1939 mußte er deswegen Dutzende schmerzhafter Operationen über sich ergehen lassen, die ihm das Leben zur Qual machten. Man hörte ihn nie klagen, und er verschmähte auch alle schmerzlindernden Mittel, da er sein Bewußtsein nicht trüben wollte. Noch in der Zeit seiner schweren Krankheit schuf er einige seiner wichtigsten Werke. Er starb aufrecht wie ein stoischer Weiser, der sich durch nichts in seiner Gemütsruhe erschüttern läßt.

Abschließend sei auch noch darauf hingewiesen, daß sich Freud mehrfach die Frage nach der Entstehung von Sitte und Moral gestellt hat. Wichtig sind dabei die Bücher *Totem und Tabu* (1912/1913) und *Der Mann Moses und die monotheistische Religion* (1937/1939). In beiden Werken vertritt Freud die These, daß Sitte und Brauchtum am besten an den Tabuvorschriften der Naturvölker studiert werden können. Warum haben die »Primitiven« gewisse Tabus, mit denen sie den sexuellen Verkehr zwischen Verwandten, aber auch den Umgang von Mann und Frau, Häuptling und Stammesmitgliedern usw. auf ganz bestimmte Möglichkeiten beschränken?

Freuds Antwort auf diese Frage ist die bekannte Lehre vom »Urvatermord«. Danach lebten die Menschen der Urzeit in Horden zusammen, die von einem brutalen Hordenvater beherrscht wurden. Dieser nahm auch alle Frauen für sich in Anspruch. Die benachteiligten Söhne taten sich zusammen und erschlugen ihn. Darauf erfaßte sie aber die Reue, und sie begannen, den toten Vater zu verehren: Er ist das Vorbild für den »Vater im Himmel«. Um die böse Tat zu sühnen, wurden die Taburegeln bezüglich der verwandten Frauen eingeführt.

Auch hier wiederum erkennt man Freuds düsteres Menschenbild. Für seine naturalistische Phantasie gab es nur eine Möglichkeit, die Entstehung der Sittlichkeit zu begreifen: Am Anfang der Moralität stand der Mord! Inwiefern diese Theorie jeder Grundlage entbehrt, ist von vielen Seiten dargelegt worden – wir müssen uns an dieser Debatte nicht beteiligen.

Alfred Adler:
Ethik der Mitmenschlichkeit

Nicht nur Freuds Psychoanalyse, sondern auch Alfred Adlers Individualpsychologie ist in ihrem Gesamtsinn ein ethischer Entwurf, eine Konzeption nämlich, die den Menschen aus Irrtum und Verstrickung zu echter Selbstverwirklichung auf dem Weg sozialer Beitragsleistung hinführen möchte. Adlers Lehre ist ursprünglich vom Geist der Evolutionstheorie Darwins inspiriert. Sie sieht den Menschen als ein sich entwickelndes Lebewesen; der Gattung Homo ist das Ideal der Höherentwicklung inhärent, und sie muß sich immer weiter vervollkommnen. Jeder einzelne verspürt in sich diesen Perfektionsdrang. Findet er günstige Umwelteinflüsse in Erziehung und Kultur vor, so verschmelzen Perfektionsbedürfnis und soziale Bezogenheit konfliktlos miteinander. Indem sich das Individuum möglichst reich und vielfältig entfaltet, dient es am besten der Gemeinschaft und der menschlichen Zukunft.

Ein anderer Hintergrund von Adlers Ideenwelt ist der Sozialismus von Marx, Proudhon, Kropotkin u. a. Adler war ein freiheitlicher Sozialist (ohne Parteibindung); daher betonte er mehr als alle übrigen Tiefenpsychologen die sozialen Lebensaufgaben des Menschen. Im Begriff des »Gemeinschaftsgefühls« ist unseres Erachtens der Ansatz zu einer tiefgründigen Ethik enthalten.

In seinen Anfängen sah Adler im Gemeinschaftsgefühl – das der zentrale Begriff seiner Lehre ist, nicht etwa das »Machtstreben« – einen biologischen Instinkt, vergleichbar dem Instinkt aller Herdentiere, die nur gemeinschaftlich leben und überleben können. Später allerdings wurde diese Idee genauer gefaßt. Die Individualpsychologie bestreitet das Bestehen angeborener seelischer Qualitäten; so mußte sie auch darauf verzichten, das Gemeinschaftsgefühl als Instinkt zu definieren. Es wurde daher eingeräumt, daß der Mensch eine Disposition zur Soziabilität besitzt; er ist sozusagen prinzipiell sozial, und nichts in seiner Natur widerstrebt der Einfügung in die Gemeinschaft (also beispielsweise kein Aggressionstrieb wie in der Psychoanalyse und bei Konrad Lorenz). Diese dispositionelle Gemeinschaftsfreundlichkeit muß aber durch die Erziehung gepflegt und gefördert werden. Sie hat nicht die fraglose Sicherheit eines Instinktes und bedarf zu ihrer Entfaltung immer pädagogischer und kultureller Einflüsse.

Durch eine freundliche und verstehende Umwelt ermutigt, umfaßt das kindliche Gemeinschaftsgefühl zunächst Eltern und Geschwister, später Lehrer und Mitschüler, dann Freunde und Freundinnen, Liebespartner, Arbeitskollegen, Gesinnungsgenossen, schließlich sogar bei sehr glücklichen Konstellationen die gesamte Menschheit. Man erkennt den gemeinschaftsbezogenen Menschen u. a. daran, daß er die großen Lebensfragen der Arbeit, Liebe und Gemeinschaft in einer produktiven Weise zu lösen versteht. Er hat, wie es Adler nennt, »Sozialinteresse«; er sieht sein Leben im Schnittpunkt sozialer Beziehungen und Aufgaben. Indem er sich selbst fördert, trägt er zur allgemeinen Entwicklung bei.

Gemeinschaftsgefühl ist eine Gesinnung und eine Weltanschauung. Die Gesinnung sollte mit den Mitmenschen solidarisch und antiautoritär sein; die Weltanschauung, die dazugehört, ist freiheitlich, ohne Vorurteil, was Rasse, Nation, Religion usw. angeht. Adler betonte immer wieder, sein Gemeinschaftsbegriff sei nicht auf eine faktische, gegenwärtige Gemeinschaft bezogen. Es geht also nicht um die Zugehörigkeit zu Vereinen, Interessengruppen, Kirchen, Staaten, Parteien, Klüngeln usw. Derlei Gruppen sind oft nur Konkretisierungen des kollektiven Egoismus. Dabei vereinigen sich in der Regel sehr viele Individuen zu Zwecken, die der Menschheit nichts, aber auch gar nichts Gutes bringen.

Die Gemeinschaft des wahren Gemeinschaftsgefühls, auf die wir uns ausrichten sollen, ist eine transzendentale Idee im Sinne von Immanuel Kant, nämlich eine ideal gedachte Menschheit der Zukunft, in der es keine Unterdrückung und Ausbeutung, keine Herrschaft des Menschen über den Menschen, keine rassischen, religiösen und politischen Schranken mehr gibt. Alles, was auf dieses (oft strittige) Ziel hinarbeitet, darf echte Gemeinschaftsgesinnung genannt werden. Adler ist sich bewußt, daß hier wie überall unterschiedliche Standpunkte eingenommen werden können; was im konkreten Einzelfall »das Gute« (für uns selbst und für alle Menschen) ist, kann sehr viele Diskussionen auslösen. Aber der gemeinschaftsfähige Mensch wird in der Lage sein, den gesunden Menschenverstand walten zu lassen und im Einklang mit seinen Mitmenschen die beste (derzeitige) Lösung mit Ausblick auf eine zukünftige gerechte Menschenordnung zu suchen.

Unter dem Wort »Gemeinschaftsgefühl« verstand Adler offenkundig sehr viele Werte und Tugenden, die der Kulturprozeß in ihrem

Wert für uns alle erkennbar gemacht hat: so etwa Vernunft, Kooperation, Liebenswürdigkeit, Wohlwollen, Mitleid, Verstehen, Bildung, Fortschritt, Empfänglichkeit für Kunst, Wissenschaft, Philosophie, politische Verantwortung usw. Wir lesen hierzu im Buch *Menschenkenntnis* (1927):

Was wir *Gerechtigkeit* nennen, was wir als die Lichtseite des menschlichen Charakters betrachten, ist im wesentlichen nichts anderes als Erfüllung von Forderungen, die aus dem gemeinsamen Leben der Menschen erflossen sind. Sie sind es, die das seelische Organ geformt haben. So kommt es, daß Verläßlichkeit, Treue, Offenheit, Wahrheitsliebe u. dgl. eigentlich Forderungen sind, die durch ein allgemeingültiges Prinzip der Gemeinschaft aufgestellt und gehalten werden. Was wir einen guten oder schlechten Charakter nennen, kann nur vom Standpunkt der Gemeinschaft aus beurteilt werden. Charakter, wie jede Leistung wissenschaftlicher Natur, politischen Ursprungs oder künstlerischer Art werden sich immer nur dadurch als groß und wertvoll erweisen, daß sie für die Allgemeinheit von Wert sind.[8]

Psychotherapie, wie Adler sie ausübte, war wohl nichts anderes als »angewandte Ethik«. Ihr Motiv war, den Menschen besser, das heißt gemeinschaftsfähiger und produktiver zu machen. Was die Erziehung und die Umwelt versäumte, sollte der erfahrene Seelenarzt an seinem Patienten nachholen; er sollte ihn lehren, seine Wünsche, Strebungen und Hoffnungen in Übereinstimmung mit der sich entwickelnden Menschengemeinschaft zu planen und zu verwirklichen.

Als die drei Grundpfeiler der Individualpsychologie werden in der Regel die Termini Gemeinschaftsgefühl, Minderwertigkeitsgefühl und Geltungsstreben genannt. Nach den obigen Ausführungen darf es nicht verwundern, wenn wir alles, was »gut« ist am Menschen, dem Gemeinschaftsgefühl zuordnen; alle Tugenden des Menschen – Tauglichkeiten, Tüchtigkeiten, *virtù* im Sinne der Renaissance – sind Ausdrucksformen des Gemeinschaftsgefühls. Wäre demnach Minderwertigkeitsgefühl und Geltungsstreben die Basis aller »Laster«? Ist Laster allemal eine falsche Kompensation tiefsitzender Minderwertigkeitskomplexe? Ist Laster Geltungsstreben auf der »Unnützlichkeitsseite des Lebens«? Umgehung zwischenmenschlicher Kooperation und Solidarität zum Zwecke billiger Plusmacherei? Größenwahn durch Ausschaltung gemeinschaftlicher Forderungen und Spielregeln?

In der Tat muß Adlers Psychologie in dieser Weise ausgelegt werden. Alles, was man in der Vergangenheit als »böse« bezeichnet hat, ist tiefenpsychologisch gesehen so etwas wie seelische Krankheit,

Lebensirrtum, falscher Weg, den einzuschlagen man immer durch deletäre Kindheitserfahrungen gedrängt wird. Für die Psychologie des Verbrechers zum Beispiel hat die tiefenpsychologische Forschung diesbezüglich sehr aufschlußreiche Zusammenhänge zutage gefördert. Aber auch für Geiz, Neid, Eifersucht, Habgier, Lieblosigkeit, Haß, Mißtrauen, ausbeuterische Tendenzen, Süchtigkeit usw. gelten dieselben Dynamismen; die »Laster« der traditionellen ethischen Literatur sind im Grunde nur Veranschaulichungen und dramatische Schilderungen der Neurosenlehre.
Der laienhafte Betrachter wird im allgemeinen leicht einsehen, daß jedes asoziale Betragen letztlich auf Macht- und Geltungsstreben hinausläuft. Hier bedarf es keiner langen Beweisführungen: Der Eitle, der Neidische, der Wollüstige, der Habgierige, der Grausame usw. sind Personifikationen der Machtgier; sie versuchen mittels ihrer pathologischen Tendenzen den Mitmenschen zum Objekt zu machen, ihn zu beherrschen oder ihn parasitär von sich abhängig zu machen. In allen diesen Charakterzügen erweist sich die Mitmenschlichkeit als reduziert oder gar ganz ausgeklammert.
Aber wie steht es mit den Kleinheitsgefühlen? Soll auch der Minderwertigkeitskomplex asozial sein? Hierzu ist im Sinne von Adler zu bemerken, daß sich nur jener »kleiner als alle anderen« (häßlicher, dümmer usw.) fühlen kann, der zur Größe und Übermacht hinschielt. Hinter jedem ausgeprägten Minderwertigkeitskomplex steckt unbewußt ein Größenanspruch; nur aus der Optik des »Obenseinwollens« empfindet man die bagatellartigen eigenen Mängel und Unzulänglichkeiten als schreckliche Lebenstragödie.
Adler hat in seinem Hauptwerk *Über den nervösen Charakter* (1912) diese Wirkungsweise der neurotischen Psyche mit wunderbarer Intuition beschrieben. Der Ausweg aus dem Dilemma der Neurose, in der der Mensch zwischen Kleinheits- und Größenwahn hin und her gerissen wird, ist einzig die Verstärkung des Gemeinschaftsgefühls, also der »Tugend«. Man muß sich im klaren sein, daß wahrer Gemeinschaftssinn selbst bei offenkundigen physischen, psychischen, ökonomischen und allgemeinmenschlichen Mängeln durchaus noch nicht in die Sterilität des Minderwertigkeitskomplexes ausweichen muß. Wie viele große Kulturträger hatten echte Körpermängel! Wie viele litten unter Armut und sozialer Benachteiligung! Viele hatten Kindheitsbedingungen, die extreme Anforderungen an sie stellten. Dennoch ließen sie sich nicht entmutigen und suchten oder fanden ein Ziel, wo sie ihre eigene Höherentwicklung mit den drängenden Aufgaben der werdenden Menschheits-

kultur verbinden konnten. Durch die Solidarität mit den Mitmenschen brachten sie ihre Minderwertigkeitsgefühle zum Schweigen.

»Kein Mensch muß Minderwertigkeitskomplexe haben!« – Diese These soll uns darauf hinweisen, daß wir lernen müssen, persönliche Benachteiligungen im Licht allgemeiner Menschheitsprobleme zu sehen. Der »gute Mensch« rebelliert gegen die Umstände nicht nur seiner eigenen Handicaps wegen; wohl ändert er mit ganzer Kraft seine eigene prekäre Situation, aber er behält zugleich auch die Gemeinschaft im Auge, für die seine Rebellion im gleichen Maße gilt wie für sich selbst. Dieser Gedankengang, den Albert Camus in seinem Buch *Der Mensch in der Revolte* (1951/1953) so beredt schildert, könnte durchaus von Adler stammen.

Adler hat nie einen Zweifel daran gelassen, daß er seine Psychologie und Psychotherapie in die Reihe der großen humanistischen Kulturbewegungen einordnete. Die Individualpsychologie sollte die Menschen lehren, in Gleichheit und Gleichwertigkeit frei und kooperativ zusammenzuleben. Der Kampf gegen den Wahn des Autoritarismus zieht sich wie ein roter Faden durch alle individualpsychologischen Publikationen.

Adlers Charakterologie und Neurosenlehre sind eine vielschichtige Anleitung zum Abbau des Machtstrebens und zur gemeinschaftsfreundlichen Erziehung. Hier wird davon ausgegangen, daß der Mensch für die Gemeinschaft gewonnen werden kann und soll. Er soll seinen Lebensinhalt, den er – unter dem Einfluß einer am Machtprinzip erkrankten Kultur – so oft auf trughafte Ideale der Selbstvergottung ausrichtet, mit den wahren Interessen seiner Mitmenschen (der Achtung vor ihnen, ihrer Förderung) in Einklang bringen. Wie stark Adler unter ethischen Aspekten forschte und behandelte, lassen die letzten Sätze seines Werkes *Der Sinn des Lebens* (1933) erahnen:

Eine genauere Betrachtung des persönlichen Lebens und des Lebens der Masse, der Vergangenheit und der Gegenwart zeigt uns das Ringen der Menschheit um ein stärkeres Gemeinschaftsgefühl. Es ist kaum zu übersehen, daß die Menschheit um dieses Problem weiß, von ihm auch durchdrungen ist. Was in der Gegenwart auf uns lastet, stammt aus dem Mangel sozialer Durchbildung. Was in uns drängt, um auf eine höhere Stufe zu kommen, von den Fehlschlägen unseres öffentlichen Lebens und unserer Persönlichkeit frei zu werden, ist das gedrosselte Gemeinschaftsgefühl. Es lebt in uns und sucht sich durchzusetzen, es scheint nicht stark genug zu sein, um sich trotz aller Widerstände zu bewähren. Es besteht die berechtigte Erwartung, daß in viel späterer Zeit, wenn der Menschheit genug Zeit gelassen wird, die Kraft des Gemeinschaftsgefühls über alle äußeren Widerstände siegen wird. Dann wird der Mensch Gemeinschaftsgefühl äußern wie Atmen. Bis dahin bleibt wohl nichts anderes übrig, als diesen notwendigen Lauf der Dinge zu verstehen und zu lehren.[9]

Adler, der Ethiker und Psychologe in einem war, fühlte sich als Lehrer gemeinschaftlichen Fühlens und Handelns. Ähnlich wie Freud reihte er seine wissenschaftlichen Funde in die Geistesbewegung der Aufklärungsepoche ein: Auch er wollte den Menschen »mündig« machen, das heißt von Vorurteil, Aberglaube und Sklavengesinnung befreien. Daß diese Mündigkeit nicht allein durch psychologische Intervention zustande kommen kann, sondern auch der Veränderung in der politischen und ökonomischen Struktur bedarf, war für Adler keine Frage. Durch seine psychologische Aufklärungsarbeit wollte er die Voraussetzung für eine echte Umgestaltung der sozialen Verhältnisse schaffen. Nur durch eine verbesserte Menschenbildung kann man die Heraufkunft jenes »Reiches der Zwecke« (Kant) fördern, in welchem die Menschen einander nicht mehr als Mittel zum Zweck verwenden.

Dies hat Carl Furtmüller – ein Mitarbeiter Adlers aus der Zeit seiner Loslösung von Freud – in seinem Buch *Ethik und Psychoanalyse* (1912) sehr prägnant zum Ausdruck gebracht. Abschließend geben wir ein Zitat aus diesem Text wieder, der Psychohygiene und soziale Weiterentwicklung in engstem Zusammenhang sieht:

Bei dieser Auffassung [daß die neurotische Psyche ein Tummelplatz von Kleinheits- und Kampfgefühlen ist – J. R.] rücken Ethik und psychische Hygiene einander besonders nahe. Nicht so, als ob die Ethik ein Mittel der psychischen Gesundheit sein könnte, sondern im Gegenteil, die psychische Gesundheit erscheint als eine Voraussetzung echter Ethik. Alles, was dahin führt, die eben geschilderte intrapsychische Spannung herabzusetzen, mildert auch antisoziale und antiethische Tendenzen. Von hier aus gelangt man zu wichtigen sozialethischen Ausblicken. Es ist klar, daß unsere heutige Gesellschafts- und Wirtschaftsordnung mit ihrem aufs äußerste gesteigerten Konkurrenzkampf und ihren ungeheuren Niveaudifferenzen zur Erhöhung dieser Spannung wesentlich beiträgt. Von einer Änderung dieser Gesellschaftsordnung im Sinne einer Ausgleichung der Gegensätze kann also sowohl eine Förderung der seelischen Gesundheit der Menschheit als eine Hebung ihres sittlichen Niveaus erwartet werden. So scheint auch hier die Psychoanalyse zu sozialer Zielsetzung zu drängen.[10]

Carl Gustav Jung: Die Forderung der Individuation

Auch C. G. Jung ist in unserem Sinne ein ethischer Autor. Seine *Komplexe oder Angewandte Psychologie* unterscheidet sich sowohl von der Psychoanalyse als auch von der Individualpsychologie durch ein neuartiges Menschenbild, in das allerdings viele religiöse oder gar mystische Auffassungen eingegangen sind. Jungs Lehre mutet weitgehend wie ein mystifikatorisches Machwerk an, in welchem sich Vernunft und Aberglaube ein Stelldichein gegeben haben. Dennoch gibt es Gedankengänge des immerhin lebenslänglich bemühten Autors, die man nicht übergehen kann. Darum sollen zumindest einige Hinweise auf Jungs Befunde und Theorien gegeben werden.

Jungs Variante der Psychotherapie ist schon deshalb ethisch zu nennen, weil sie letztlich um die Idee kreist, daß jeder Patient den »Weg der Individuation« beschreiten soll. Jeder soll durch die seelenärztliche Hilfe »er selbst« werden. Der Kern seiner Persönlichkeit, oft durch soziale Zwänge und neurotische Verunstaltungen überdeckt, soll ans Licht treten. Nur als Individualität kommt der Mensch in Betracht. Leider sieht man nicht deutlich, was – nach Jung – der Mensch mit seinem neu eroberten Ich-selbst-Sein anfangen soll. Für die Jungsche Psychologie scheint sich dann das Leben aus dem eigenen Selbst heraus auf eine mehr meditative Betrachtungsweise zu beschränken; soziales und kulturelles Wirken werden damit kaum verknüpft. In späteren Jahren neigte Jung den östlichen Heilslehren zu, die oft genug ein *konsequenzenloses* Suchen nach dem inneren Selbst propagieren. Manche Kritiker werfen der Komplexen Psychologie eine elitäre Lebensfremdheit vor, wobei gerade die religiöse Grundorientierung die Distanz zur Wirklichkeit verfestigt.

Aber in den frühen Schriften Jungs finden sich sehr aufschlußreiche Beobachtungen und Hypothesen. So entwarf Jung einen Neurosebegriff, der viele Einseitigkeiten der Psychoanalyse korrigiert. Das neurotische Leiden entspringt für ihn nicht einer sexuellen Problematik – es hat auch nicht seine wesentlichen Ursprünge in der Vergangenheit des Patienten, wiewohl die Kindheit niemals in der Therapie vernachlässigt werden soll. Aber Jung betont mit Recht den *aktuellen Sinn* jeder Neurose. Und dieser Sinn heißt nicht Sexualität, sondern Ethos:

Wenn man die Geschichte einer Neurose aufmerksam verfolgt, so findet man nämlich regelmäßig einen kritischen Moment, in dem ein Problem auftauchte, welchem ausgewichen wurde. Nun ist dieses Ausweichen eine so natürliche und überall vorhandene Reaktion wie die ihm zugrundeliegende Faulheit, Bequemlichkeit, Feigheit, Ängstlichkeit, Unwissenheit und Unbewußtheit. Wo es unangenehm, schwierig und gefährlich wird, da zögert man meistens und geht womöglich nicht hin.[11]

Aus dem Ausweichen des Neurotikers folgt seine Regression, das heißt das Überwuchern des Phantasielebens unter Wiedererwekkung kindlicher Wunschträume und Fehlanpassungen. Sodann baut sich hierauf eine ganze Menge von Charakteranomalien auf, die die Selbstflucht verschleiern und verteidigen sollen. Man bezahlt es aber teuer, wenn man die Aufgaben nicht in Angriff nimmt, die uns das Leben stellt.

Die Jungsche Therapie spricht von einem psychischen Klärungsprozeß, bei dem gleichsam falsche Hüllen der menschlichen Persönlichkeit zersetzt und abgetragen werden müssen. Die etwas dichterisch ausgeschmückten seelischen Instanzen, die hierbei analytisch bereinigt werden müssen, sind im System der Komplexen Psychologie anschaulich beschrieben worden.

So findet man an der äußersten Schicht der Persönlichkeit die *Persona* oder die Maske, die durch Berufsorientierung und soziale Stellung wie ein starrer Panzer sich auf dem Ich ablagert. Die meisten Menschen identifizieren sich voll und ganz mit der Rolle, die sie in ihrer Umwelt spielen. Jung plädiert dafür, daß man alles Rollenverhalten relativieren soll; man soll lernen, sein wahres Selbst nicht mit den Erwartungen zu verwechseln, die andere uns gegenüber aufbauen: Mein Ich ist kein Abklatsch dessen, was andere von mir wollen.

Hat man die Persona in der Psychotherapie gleichsam aufgelöst, so taucht unter ihr der sogenannte *Schatten* auf. Er ist der Inbegriff der nicht angenommenen Seite unseres Charakters, die Summe unserer Schwächen und Unzulänglichkeiten, die wir nicht wahrhaben wollen (also verdrängen). Klärung der individuellen Probleme ist unmöglich, wenn man die dunkle Seite seines Wesens nicht anzunehmen bereit ist. Es handelt sich hier um einen Akt der Ehrlichkeit mit sich selbst. Nur wo diese einsetzt, wird der Mensch »moralisch« im eigentlichen Sinne des Wortes:

Es ist nämlich unter allen Umständen ein Vorteil, im Vollbesitze seiner Persönlichkeit zu sein; denn sonst treten einem die verdrängten Inhalte nur an anderen Orten hindernd in den Weg, und zwar nicht etwa an unwesentlichen, sondern gerade an den empfindlichsten Stellen. Wenn die Menschen aber dazu erzogen werden, die Schattenseite ihrer Natur deutlich zu sehen, so ist zu hoffen, daß sie auf diesem Wege auch ihre Mitmenschen besser verstehen und lieben lernen. Eine Abnahme der Heuchelei und eine Zunahme der Selbsterkenntnis können nur gute Folgen haben für die Berücksichtigung des Nächsten; denn nur allzuleicht ist man geneigt, die Unbilligkeit und Vergewaltigung, die man der eigenen Natur antut, auch auf die Mitmenschen zu übertragen.[12]

Noch tiefer als Persona und Schatten liegen angeblich in der Architektonik der Psyche für den Mann die *Anima* (das weibliche Seelenbild) und für die Frau der *Animus* (das männliche Seelenbild). Ohne Klärung der Beziehung zum anderen Geschlecht (das sich wohl hinter diesen mystischen Wesenheiten verbirgt) ist für Jung Selbstwerdung nicht denkbar. Lieben lernen heißt doch immer in erster Linie: die Beziehung zum anderen Geschlecht aufnehmen. Insofern erotisches Traumbild und partnerschaftliche Wirklichkeit zusammenfallen, ist eine besonders günstige Situation zur Selbstentfaltung gewonnen.

Die Inhalte des *kollektiven Unbewußten* schließlich sind die letzten seelischen Instanzen, die man integriert haben muß, um »ich selbst« zu werden. Auf diese komplizierte Lehre können wir hier nicht eingehen. Sie mutet wie eine verkappte Theologie an. Jung liebte es offensichtlich, sich das Flair eines modernen Religionsstifters zu geben. Die Anzahl der Theologen und religiösen Menschen unter seinen Anhängern ist beträchtlich. Dafür mag u. a. ausschlaggebend sein, daß Jung im kollektiven Unbewußten das ganze Panoptikum der religiösen Symbolwelt entdeckt zu haben glaubte. Kritik hieran ist schwer möglich, denn in der Nacht dieses tiefsten Unbewußten scheinen alle Katzen grau zu sein.

Aber der wohlmeinende Kritiker wird immerhin heraushören können, daß die Begegnung mit dem kollektiven Unbewußten auf Umwegen auch eine Auseinandersetzung mit dem kulturellen Erbe der Menschheit in sich schließt. So scheint auch Jung das *Eins- und Ganzwerden der menschlichen Persönlichkeit* anzustreben, welches für ihn als Ziel des Heilungsprozesses in den Vordergrund tritt.

Damit wird die Neurose, die zunächst als menschliches und moralisches Versagen gekennzeichnet wurde, zu einer Chance der echten Selbstverwirklichung. Es geht um die »Geburt der Person«, die so leicht durch Ängste, Ausweichtaktiken, Fluchtmanöver verzögert oder gar verhindert werden kann. Die Therapie ist aktive Auseinandersetzung mit sich selbst – oder sie ist nur intellektuelles Geplänkel. Hierüber schreibt Jung:

> Das, was die Psychoanalyse vom Patienten fordert, ist gerade das Gegenteil von dem, was der Patient bisher getan hat. Der Patient gleicht einem Menschen, der unabsichtlich ins Wasser gefallen ist und untersinkt, während die Psychoanalyse von ihm fordert, er solle ein Taucher sein. Nämlich jene Stelle, wo der Patient hineinfällt, ist keine zufällige. Dort liegt ein versunkener Schatz. Aber nur ein Taucher kann ihn heben.[13]

So will auch die Komplexe Psychologie den Patienten zu sich selbst hinführen. Das Verhältnis von Therapeut und Analysand ist ein eminent ethisches Verhältnis; es hat in keiner Weise die Neutralität der somatischen Krankenbehandlung. Jung war sich bereits klar darüber, daß die seelenärztliche Behandlung eine »wechselseitige Erziehung« ist. Am Ende einer Therapie sollen sich Arzt *und* Patient weiterentwickelt haben. Es ist oberflächlich anzunehmen, daß bei einer so langwierigen Interaktion, wie es jede Analyse darstellt, die eine der beiden Hauptfiguren, der Analytiker, ungeschoren davonkommen kann. Dem Patienten ist nur dann geholfen, wenn auch der Arzt an ihm wachsen und sich entwickeln konnte.

Neopsychoanalytische Gesichtspunkte

Auch die Autoren der sogenannten Neopsychoanalyse sind Bahnbrecher der ethischen Betrachtungsweise in der Psychologie und Psychopathologie. Dies läßt sich leicht an Harald Schultz-Hencke, Erich Fromm, Karen Horney u. a. exemplifizieren. Wir müssen uns allerdings bei diesen bedeutenden Wegbereitern in Theorie und Praxis sehr kurz fassen.

Harald Schultz-Hencke bot in seinem Hauptwerk *Der gehemmte Mensch* (1940) als erster einen »Entwurf eines Lehrbuches der Neopsychoanalyse«; darin war programmatisch angekündigt, daß es sich um eine Revision der orthodoxen Psychoanalyse unter Beiziehung der Einsichten von Adler und Jung handele. Für Schultz-Hencke ist das entscheidende Geschehen in der Neurose die Hemmung grundlegender psychischer Antriebe, zu denen er Besitz- und Geltungsstreben, Sexualität *und* Zärtlichkeit rechnet. Anders als Freud beurteilt er das Prägenitale nicht als libidinös und sexuell. In diesen Stadien der kindlichen Entwicklung gehe es nicht um die Libido und ihr Luststreben, sondern um die großen Themen des Habenwollens, Behaltenwollens, Gebenkönnens, Herrschenwollens, der Einfügung und der Selbständigkeit, der Hingabe und der Selbstbehauptung usw. Damit sind viele Einseitigkeiten der Freudschen Konzeption überwunden. Ein anderes Menschenbild liegt dieser neuen Deutung von Neurose und Normalität im Seelenleben zugrunde.

Wenn die Erziehung (durch Verwöhnung, Härte und Strenge, Lieblosigkeit usw.) vitale Antriebserlebnisse verstümmelt, so entstehen Hemmungsfaktoren, die die ursprüngliche seelische Expansivkraft abschwächen. Eine Folgeerscheinung hiervon sind dann Lebensangst, gebremstes Erleben in allen Sphären psychischer Daseinsäußerung (Wahrnehmung, Denken, Fühlen, Wollen, Lebensgestaltung). Die Neurose entsteht aber nicht nur aus Hemmung allein; aus dem gehemmten Antriebserleben entwickeln sich weitere psychische Mangelphänomene, die für das Persistieren der Neurose ebenso wichtig sind wie das Grundereignis der Gehemmtheit. So werden u. a. als Ausdrucksformen des Gehemmtseins folgende

Merkmale namhaft gemacht: Bequemlichkeit, Riesenansprüche, (falsche) Überkompensationen, Angst und Schuldgefühle, gedämpftes Lebensgefühl, geistige Mangelerscheinungen, mangelndes Können, schlechte Arbeitstechnik, keine Freizeitausfüllung, mangelhafte Technik der Menschenbehandlung, fehlende Selbst- und Menschenkenntnis usw.
Aus all dem wird ersichtlich, wie sehr Schultz-Hencke daran denkt, daß in der Psychotherapie nicht nur ein Symptom beseitigt werden muß, sondern daß ein *neuer Mensch* geschaffen werden soll. Aus einem gehemmten soll ein hemmungsfreier (aber nicht hemmungsloser) Mensch werden. Dieser soll anstelle der »Hemmungstugenden« der Armut, der Keuschheit und des Gehorsams die Kräfte des gesunden Egoismus, der Sinnenfreude und der persönlichen Autonomie setzen. Indem er die obigen Defizitsymptome überwindet, wird er Persönlichkeit und Mitmensch. *Lebensfreundlichkeit* ist das Motto dieser Therapie, die dem Menschen den Weg zu sich selbst zeigen will.
Ähnliche Gesichtspunkte bestimmen das Lebenswerk von Erich Fromm, das so vielseitig ist, daß es ein aussichtsloses Unterfangen wäre, es hier referieren zu wollen. Es sei lediglich erwähnt, daß Fromm den mutigen Versuch unternommen hat, ein ethisches Fundament für die psychoanalytische Theorie und Praxis herauszuarbeiten. Dies liegt in dem Buch *Psychoanalyse und Ethik* (1954) vor. Diese Arbeit ist insofern bedeutend, als sie tatsächlich aus profunder Kenntnis der Psychoanalyse, aber auch aus eingehender Bearbeitung der großen ethischen Texte von Aristoteles bis John Dewey hervorgegangen ist. Viele feinsinnige Überlegungen sind in Fromms Werk enthalten. Störend wirkt nur, daß er den Gegensatz zwischen autoritär und humanistisch überstrapaziert. So kommt es zu Analysen des autoritären Gewissens, des autoritären Glaubens, des autoritären Charakters usw., wobei immer als Kontrastbild die humanistische Variante des entsprechenden Phänomens gegenübergestellt wird. Man meint schließlich, daß das Gegensatzpaar Autoritarismus/Humanismus die einzige Alternative im Menschenleben sei. Auch ist Fromms Darstellung zuwenig praxisbezogen; die Probleme der psychotherapeutischen Berufsausübung sind dem philosophisch ungemein kenntnisreichen Autor offenbar nicht immer transparent geworden.
Konkreteres findet sich bei Karen Horney, deren Bücher ein prachtvolles Kompendium psychotherapeutischer Einsicht und Lebensweisheit darstellen (so u. a. *Neurose und menschliches Wachstum*,

1975; *Unsere inneren Konflikte*, 1973; *Neue Wege in der Psychoanalyse*).

Horney schildert alle neurotischen Verstrickungen als Auswirkung und Folgeerscheinung eines einzigen Umstandes: Wir verlieren infolge einer neurotischen Kultur und Erziehung unser wirkliches Selbst. Um unseren kostbarsten Besitz betrogen, streben wir oft ein Leben lang nach der Verwirklichung eines Scheinselbst; wir werden von uns selbst entfernt und finden ohne fremde Hilfe nicht mehr zu uns zurück. Daraus entstehen falsche Werte und Ziele, schiefe Charakterhaltungen, Ängste, Zweifel und Verzweiflung. Der neurotische Mensch ist ein Entwurzelter und Entfremdeter; unsere Lebensformen, unsere Sitten und Gebräuche und unsere Zivilisation im ganzen tendieren dazu, diese Selbstentfremdung zu verewigen.

Indem die Psychotherapie gegen diese allgegenwärtige Mißlichkeit ankämpft, führt sie einen Kampf um das wahre Menschsein. Sie ist getragen von einer evolutionären Gesinnung, die immer ethisch untermauert sein muß. Ethos und Sittlichkeit sind die Antriebe der Persönlichkeitswandlung, die in der Therapie angestrebt wird. In der Einleitung zu *Neurose und menschliches Wachstum* lesen wir unter dem Titel »Das sittliche Erfordernis der Evolution«:

Schließlich stellt sich das Problem des sittlichen Verhaltens, der Moral und der Ethik wieder anders dar [als bei Freud und in der Religion – J. R.], wenn wir davon überzeugt sind, daß in jedem Menschen konstruktive evolutionäre Kräfte vorhanden sind, die ihn zur Verwirklichung der ihm gegebenen Möglichkeiten drängen. Diese Überzeugung bedeutet nicht, daß der Mensch essentiell gut ist – das setzte eine gegebene Kenntnis dessen voraus, was gut und böse ist. Sie bedeutet vielmehr, daß der Mensch von Natur aus freiwillig nach Selbstverwirklichung strebt und daß sich seine Wertmaßstäbe aus diesem Streben entwickeln. Es scheint, als könne er z. B. sein gesamtes Potential nur dann entwickeln, wenn er sich selbst gegenüber ehrlich ist, wenn er aktiv und produktiv ist und wenn er zu seinen Mitmenschen in einer Beziehung echter Gegenseitigkeit steht. Es scheint, als könne er nicht wachsen, wenn er [...] seine eigenen Fehlhaltungen fortwährend den Unzulänglichkeiten der anderen zuschreibt. Wachsen im eigentlichen Sinn kann er nur dann, wenn er die Verantwortung für sich selbst übernimmt [...]. In diesem Sinne wird das Arbeiten an uns selbst nicht nur die wichtigste sittliche Pflicht, sondern gleichzeitig in einem sehr realen Sinn das wichtigste sittliche *Privileg* [...]. Und in dem Maße, in dem wir die neurotische Besessenheit vom [fiktiven – J. R.] Selbst verlieren, indem wir frei werden für unser Wachstum, machen wir uns auch frei dafür, andere zu lieben und an ihnen Anteil zu nehmen.[14]

Als letztes Beispiel sei noch Abraham H. Maslow erwähnt, der in seiner *Psychologie des Seins* (1973) den derzeitigen Trend in den USA zu einer sogenannten humanistischen Psychologie prägnant zum Ausdruck bringt.

Maslow geht davon aus, daß die bisherige Psychoanalyse sich weitgehend mit den kranken Eigenschaften des Menschen beschäftigt hat; die psychische Normalität wurde – wenn überhaupt – nur am Rande abgehandelt. Damit verloren die Forscher so ungemein wichtige Lebensäußerungen wie Produktivität, Wissen, Freude, ethische Werte, Vernunft, Freiheit und Fortschritt aus den Augen; ohne daß sie es wollten, schufen sie »Defizitpsychologien«, die großenteils nur von den menschlichen Mängeln und Unzulänglichkeiten reden. Dies soll nun eben durch die humanistische Psychologie verändert werden. Maslows Buch stößt in viele Richtungen des gesunden und vollwertigen Menschseins vor, so daß es stellenweise zum Ansatz für eine »psychologische Ethik« oder eine »ethische Psychologie« wird.

Nimmt man zu allen genannten Schulen der Tiefenpsychologie noch die Daseinsanalyse (Ludwig Binswanger, Medard Boss) und die existentialistische Psychologie (Jean-Paul Sartre, Ronald D. Laing, Maurice Merleau-Ponty), hinzu, so steht man vor der Tatsache, daß heutzutage offensichtlich Psychoanalyse und Ethik zu konvergieren scheinen. Von diesem Faktum ausgehend, werden wir in der Folge die ethische Bedeutsamkeit der psychoanalytischen Erfahrungen, aber auch die Tragweite der ethischen Erkenntnis für das psychotherapeutische Denken und Handeln eingehender erörtern.

Psychotherapie als angewandte Ethik

Inwiefern hat die Psychotherapie direkt und indirekt mit Ethik zu tun? Wie spielt eine (scheinbar) abstrakte philosophische Disziplin in den Umgang mit seelisch irritierten und auch kranken Menschen hinein? Gibt es eine psychotherapeutische Ethik?

Zunächst ist darauf hinzuweisen, daß allein schon das psychotherapeutische Verfahren an sich moralisch-ethisch im reinsten Sinn des Wortes ist. Der Psychotherapeut befaßt sich monate- und jahrelang mit einem einzelnen Analysanden, um diesen gesund zu machen respektive zu sich selbst zu führen. In den anderen medizinischen Fachgebieten wird zwar auch hingebungsvoll an der Heilung jedes einzelnen gearbeitet, aber es wird sich kaum irgendein Spezialarzt so lange und so ausgiebig mit der Persönlichkeit seines Patienten abgeben. Die Psychotherapie ist erfüllt vom Gedanken des unschätzbaren Wertes jeder Individualität. Auch mittlere und sogar »unbedeutende« Menschen erhalten von ihr ein Ausmaß an Zuwendung und Wertschätzung, wie man sie früher bestenfalls (angeblichen) Ausnahmemenschen zuteil werden ließ. Der Respekt vor der Fremdpersönlichkeit ist das Lebenselement der psychotherapeutischen Unternehmung; das Ziel, einem Menschen zu seiner Selbstverwirklichung zu helfen (und erst das ist wirkliches Gesundwerden), darf ethischen Rang beanspruchen. Zu Recht hat man die Psychotherapie tätige Menschenliebe genannt. In den Ohren von naturwissenschaftlichen Betrachtern mag dies sentimental klingen; nichtsdestoweniger ist es der schlichte Sachverhalt. Jedenfalls kann man kaum ein guter Psychotherapeut sein, wenn man nicht die Vielfalt menschlicher Persönlichkeiten mit Sympathie und Liebe zu empfinden weiß.

Um die ethische Problematik der Therapie mit aller Deutlichkeit hervorzuheben, wollen wir zwei (halb scherzhaft) gemeinte Fragen aufwerfen: Warum konsultiert ein Mensch den Psychotherapeuten? Und: Warum übt ein Psychotherapeut seinen Beruf aus? Jeweils zwei kontradiktorische Hypothesen möge man cum grano salis beurteilen.

1. Warum konsultiert ein Mensch den Psychotherapeuten?

a) Viele Patienten stehen in Kampfstellung zu ihrer Umwelt. Sie haben es unbewußt darauf angelegt, ihrer Familie und weiteren Beziehungspersonen – volkstümlich gesprochen – den Nerv auszureißen. Wenn ihnen das gelungen ist (und es gelingt meistens), fühlen sie sich ihres Sieges so gewiß, daß sie nach weiteren Opfern Ausschau halten. Da tritt nun der Psychotherapeut in ihr Blickfeld. Sofern sie imstande sind, auch diesen noch an sich scheitern zu lassen, genießen sie einen absoluten Triumph; nun kann ihnen niemand mehr mit den Bagatellforderungen kommen, daß sie sich dem Leben stellen, arbeiten und lieben sollen. Sie können sich mit gutem Gewissen in den »neurotischen Ruhestand« zurückziehen.
b) Der Patient fühlt dunkel, daß sein Leben gefühlsarm und sinnlos dahinläuft. Er ahnt, daß er irgendwo die Mitmenschlichkeit verfehlt hat. Daher ist er unglücklich, unzufrieden, vielleicht sogar verzweifelt. Aus irgendwelchen Gründen seiner Entwicklung hat er aber nicht aufgehört, auf ein erfülltes menschliches Leben zu hoffen. Darum sucht er die seelenärztliche Behandlung auf: Er will gleichsam ein besserer Mensch (das heißt sozial effizienter, den Menschen näher kommend) werden. Daher ist es ein ethischer Impuls, der ihn zur Aufnahme einer Psychotherapie drängt.
2. Warum übt ein Psychotherapeut seinen Beruf aus?
a) Der Psychotherapeut ist selbst ein Neurotiker, der allerlei Versuche gemacht hat, seine Neurose loszuwerden. Da ihm dies nicht gelungen ist – die Lehranalyse ist überall noch recht unzulänglich –, gibt er die Hoffnung auf, gesund zu werden. Um sich nun mit seiner ungeheilten Neurose im Leben halbwegs annehmbar einzurichten, wird er Seelenarzt, wobei er die eigene psychische Erkrankung ungestraft an anderen abreagieren kann (was psychisch entlastend wirkt und auch noch Salär einbringt). Dies hatte wohl Karl Kraus im Sinn, als er die spöttische Sentenz prägte: »Psychoanalyse ist die Krankheit, die sie zu heilen vorgibt!«
b) Der Psychotherapeut ist ein Mensch, der irgendwann in seinem Leben die grandiose Heilkraft zwischenmenschlicher Beziehung (aufgrund wechselseitigen Verstehens) erfahren hat. Die diesbezüglichen Erlebnisse sind in den Bestand seiner Charakterstruktur eingegangen. Nun möchte er anderen Menschen ähnliche Erfahrungen vermitteln. Er wählt einen Beruf, in welchem die Mitmenschlichkeit das tragende Element ist. So strebt er seine eigene psychische Weiterentwicklung an und nimmt andere Menschen auf seinem Weg mit. Dadurch allein ist seine menschliche Reifung und Entfaltung am besten gewährleistet. Dies entspricht dem schönen Vers

Goethes: »Weshalb sucht' ich den Weg so leidensvoll, wenn ich ihn nicht den Brüdern zeigen soll!«
Nach dieser eher prinzipiellen Überlegung wollen wir die ethischen Implikationen der psychotherapeutischen Situation präziser mustern. Bei der Klärung von Phänomenen wie Verdrängung, Rationalisierung, Projektion, Übertragung, Widerstand usw. wird sich zeigen, daß die Psychotherapie tatsächlich angewandte Ethik ist. Wir gehen aber zunächst von der Gesamtsituation der seelenärztlichen Behandlung aus.
Als sich Sigmund Freud um die Jahrhundertwende von der Suggestivbehandlung (Hypnose) seiner Patienten abwandte, führte er bekanntlich die Methode der »freien Assoziation« ein. Hierbei mußte der Patient, entspannt auf einem Diwan liegend, ganz unbekümmert alle Gedanken äußern, die ihm in den Sinn kamen. Nach Möglichkeit sollte jede Art von Zensur ausgeschaltet werden. Auch unmoralische, sinnlose, perverse, kriminelle und absurde Gedanken und Gefühlsregungen sollten uneingeschränkt und unentstellt mitgeteilt werden. Dies wurde die »goldene Regel« der Psychoanalyse genannt.
Mit einer geradezu genialen Wendung hat Freud hiermit seine ganze psychotherapeutische Methode auf den Boden der *absoluten Wahrhaftigkeit* gestellt. Er ging offenbar von der Ahnung aus, daß der sogenannte Kulturmensch vor allem an der Verlogenheit seiner selbst und der Kultur erkrankt. Wenn man durch irgend etwas psychisch gesund werden kann, so ist dies immer nur die Wahrheit: »Die Wahrheit wird euch frei machen!« Psychotherapie ist gleichsam Schulung in der Wahrheitsliebe – zunächst zwischen zwei Menschen (Therapeut und Patient); später soll der Patient seine Redlichkeit auch in die Umwelt tragen.
Durch das redliche Aussprechen seiner Probleme und Konflikte leitet der Patient seinen psychischen Genesungsprozeß ein. Denn das Unausgesprochene im Seelenleben ist Herd und Keimstätte jeglicher Pathologie; alles hingegen, was *bekannt* wird, wird auch mit der Zeit *erkannt*, kann also korrigiert und modifiziert werden. Nur die verheimlichten Schwächen und Unzulänglichkeiten bekommen Dimensionen, die den Lebensprozeß als Ganzes zu überwuchern drohen; Offenheit und Ehrlichkeit sind große Heilmittel für alles verborgene seelische Elend. Diese Erfahrung wird Tag für Tag in der psychotherapeutischen Behandlung bestätigt.
Oft werden die Patienten in der Psychotherapie drückende Geheimnisse los, die ihr Leben überschatten können. Der Psychothe-

rapeut übernimmt hierbei die Funktion eines weltlichen Beichtvaters, der zwar keine Gnadenmittel zu spenden hat, aber mit Vernunft in Gewissensfragen urteilt. Hierfür ein Beispiel aus der Praxis:

Eine ältere Dame tritt an den Psychotherapeuten mit folgender Fragestellung heran: Im Jahre 1945 befand sie sich im Osten mit ihrer knapp dreijährigen Tochter auf der Flucht vor den russischen Armeen, die nach Westen vordrangen. Sie fand mit dem Kind in einer Scheune Unterkunft – die Russen waren ihnen dicht auf den Fersen. Die Scheune wurde von Soldaten der russischen Armee betreten; alle Flüchtlinge hielten den Atem an, um nicht entdeckt zu werden. Da fing die kleine Tochter an zu weinen. In ihrer Notlage hielt die Mutter dem Kind den Mund zu, und zwar so lange, bis sie das Kind regungslos in ihren Armen hatte. Die Soldaten der feindlichen Armee verließen die Scheune. Erst nach einigen Stunden erwachte das Kind aus seiner Bewußtlosigkeit. Es gab keine merklichen gesundheitlichen Schädigungen. Die Tochter entwickelte sich in späteren Jahren recht gut, hatte zwar Pubertätsschwierigkeiten mit psychosomatischen Symptomen, ist aber heute mehr oder minder psychisch stabil, findet sich auch im Leben zurecht.

Die Mutter hatte diesen Vorfall bereits vergessen. Bei einem Aufenthalt bei Verwandten, die Zeugen des Geschehens waren, wurde sie aber wiederum daran erinnert. Man fragte sie, ob sie der Tochter das alles erzählt habe; dies sei ihre Pflicht. Nun machte sich die Mutter Gewissensbisse und befragte den Psychotherapeuten, ob sie der Tochter die längst vergangenen Ereignisse beichten müsse.

Die Antwort des Therapeuten war eindeutig negativ; Schweigen sei hier richtiger als Reden. Sein Argument war: »Welchen Nutzen hätte ihre Tochter von diesem Bericht? Ich meine: gar keinen!« Und dieser Gesichtspunkt war wegleitend für die Auffassung, daß man an die verflossenen Schreckenstage nicht rühren solle – es sei gut, sie zu vergessen. – Die Mutter war merklich entlastet durch diese Konsultation.

C. G. Jung hat in der Frühzeit der psychoanalytischen Forschung mit Recht auf den krankmachenden Einfluß bedrückender Geheimnisse hingewiesen. Er meinte damit, daß das Verheimlichte eine Trennwand zwischen Mensch und Mitmensch, zwischen Individuum und Gemeinschaft aufrichte. Dadurch führt es zu innerer Vereinsamung und Isolierung. Aussprechen von Geheimnissen nähert der Gemeinschaft an. Die katholische Kirche trug diesem Faktum

Rechnung durch die Einführung der Beichte, womit sie Macht über die Seelen gewann. Die Psychotherapie strebt keine Macht und Herrschaft über die Menschen an; aber sie beruht auf der Möglichkeit, drückende und bedrückende Seeleninhalte mitzuteilen, um sich von ihnen frei zu machen. Eine ausgesprochene Not ist bereits eine halbe Not.

Man erlebt sehr oft in der Psychotherapie, wie heilsam die *ehrliche Atmosphäre* auf die Analysanden einwirkt. Manche Patienten erzählen dem Therapeuten und der Gruppe Sachverhalte, die sie jahrzehntelang qualvoll mit sich herumtrugen und nicht loswerden konnten. Sie atmen gleichsam auf, wenn ihnen ein Teil ihrer Last und Belastung abgenommen wird. Oft wird schon im Moment des Aussprechens erkannt, daß das sorgsam gehütete Geheimnis im Grund eine Nichtigkeit sein kann. Man kann daher lächelnd darüber hinweggehen.

So erzählte u. a. eine Analysandin in der therapeutischen Gruppe, daß sie viele Jahre lang ihre männlichen Partner über ihre sexuellen Empfindungen getäuscht habe. Um als feurige Frau zu erscheinen, spielte sie eine leidenschaftliche Liebhaberin und demonstrierte im Liebesakt Orgasmen, die sie gar nicht hatte. Unter dem Einfluß der Therapie wagte sie es, diese Schauspielerei aufzugeben. Nun bemerkte sie aber zu ihrem Erschrecken, daß sie jetzt viel weniger sexuelle Empfindungen hatte als vorher. Dies wurde ihr im therapeutischen Gespräch als notwendige Übergangsphase auf der Linie der Redlichkeit gedeutet; es sei besser, wenn sie zunächst den Ausfall der Gefühle ertragen lerne, um später echte Empfindungen haben zu können. Wer sein Leben lang (etwa in der Sexualität) auf Zehenspitzen herumstolziert sei, fühle sich vorerst recht klein, wenn er auf diese Plusmacherei verzichte; man könne aber nur weit gehen, wenn man den ganzen Fuß aufsetze, das heißt, nicht Scheingefühle zum besten gebe!

Rückblickend auf die Geschichte der Psychoanalyse können wir heute feststellen, daß Freud anläßlich seiner Versuche zur Neurosentherapie auf die Tatsache der habituellen Unehrlichkeit des Kulturmenschen stieß. Es scheint jedoch, daß er zunächst und dann auch zeitlebens von der »sexuellen Lüge« am meisten fasziniert war; die »allgemeine Lebenslüge« innerhalb der Kultur nahm er nur undeutlich wahr. Hätte er letztere schärfer ins Auge gefaßt, so würde ihm der Autoritarismus der gesellschaftlichen Verhältnisse als

Quelle aller neurotischen Verstrickungen faßbar geworden sein. Weil er dies nicht sah, bekämpfte er in erster Linie nur die sexuelle Repression und machte lediglich Vorschläge zur Milderung der sexuellen Unterdrückung. Dieses »reformistische« Programm hat aber wenig Aussicht, ins Werk gesetzt zu werden, da die asketische Grundhaltung in der Sexualität Teilstück einer ökonomischen Ausbeutung und einer politischen Herrschaft des Menschen über den Menschen darstellt. Verlogenheit in der Sexualität ist nur ein Symptom verzerrter menschlicher Verhältnisse überhaupt, über denen sich immer auch ein Überbau moralischer und weltanschaulicher Abwegigkeiten etabliert. Eine kranke Moral gehört zu einer kranken Kultur: Man kann das eine nicht ohne das andere ändern!

Die Herrschaft des Menschen über den Menschen – wovon Marx und die anderen Väter des Sozialismus ausgingen – ist wohl der Ursprung aller ethischen Defizite beim einzelnen und in der Gesellschaft. In der psychischen Erkrankung zeigt sich wie unter einem Mikroskop der trostlose Zustand der Sozietät. Indem Freud mit seiner ganzen Forscherleidenschaft alle Schlupfwinkel der neurotischen Psyche unter die Lupe nahm, vermehrte er den Geist der Wahrhaftigkeit in der Kulturwelt – so trug er zu einer künftigen Gesellschaftsveränderung weit mehr bei, als er wußte und wollte!

Als Beispiele für das Wahrheitsethos der Psychoanalyse sollen in der Folge die Probleme der Verdrängung, Rationalisierung und Projektion erörtert werden.

Was bedeutet *Verdrängung* im Seelenleben? Nach der ursprünglichen psychoanalytischen Theorie nimmt das Menschenkind frühzeitig in sich triebhafte Regungen und Ansprüche wahr, die den gesellschaftlichen Normen widersprechen. Um nicht die Liebe seiner wichtigsten Bezugspersonen zu verlieren, werden diese Triebe aus dem Bewußtsein ferngehalten; sie werden aus dem Bewußtsein herausgedrängt, also verdrängt. Nun wuchern und leben sie im Unbewußten weiter. Sie bestimmen weitgehend die Gedanken und Gefühle des Verdrängers, werden aber – unter dem Einfluß der sogenannten Zensur – nicht mehr in ihrer wahren Gestalt erfahren, sondern unter dem Deckmantel von Symptomen, Rationalisierungen, Projektionen, Reaktionsbildungen und Abwehrmechanismen.

Durch die Verdrängung wird das Ich aufgespalten in einen sozial akzeptablen und einen nichtakzeptierten, unterirdischen Teil, der meistens mächtiger ist als sein bewußter Gegenspieler. Die Gesellschaft erzeugt durch ihre Verdrängungspädagogik sozusagen eine künstliche Schizophrenie, eine Spaltung der Persönlichkeit. Da-

durch wird ein pseudoaristokratisches Teil-Ich geschaffen, welches im Hintergrund von einem verwahrlosten, proletarischen Gegenspieler in Schach gehalten wird.
Freuds Theorie – die wir hier nur sehr verkürzt wiedergeben – hat viele Kritiken gefunden, die hier nicht wiederholt werden sollen. Ihm selbst schien die Verdrängung zunächst ein Vorgang zu sein, der sich in tiefster Unbewußtheit abspielt; da er aber später zur Einsicht gelangte, daß ein Verdrängungsvorgang niemals abgeschlossen sein könne (denn der verdrängte Trieb bleibt weiterhin aktiv), sondern stets eines unermüdlichen Nachdrängens bedarf, ahnte er wohl schon, daß jedermann in irgendeiner Form um sein (angeblich) Verdrängtes wissen müsse. Sowohl Wilhelm Stekel als auch Alfred Adler betonten frühzeitig, daß die Patienten in der Therapie sehr wohl um ihr Verdrängtes wüßten; sie könnten es nur nicht verstehend in ihre Gesamtpersönlichkeit einordnen, kennen also nicht seinen *Sinn*, indes ihnen das *Faktum* selbst bekannt sei.
Diese These ist sehr einleuchtend, wenn man Freuds Bildersprache bezüglich der Verdrängung konsequent zu Ende denkt. So vergleicht er sie in einer Vorlesung mit dem Hinauswerfen von ein paar Radaubrüdern aus einem Hörsaal, wo ein Vortrag durch den unerwünschten Lärm gestört wird. Ein paar kräftige Männer begleiten die Störenfriede nach draußen und bleiben dann an der Türe stehen (Zensur!), um die weiterhin randalierenden Unruhestifter fernzuhalten. Nun muß aber die zensierende Instanz das Verdrängte ebensosehr kennen wie die Wache jene Störenfriede – denn sie darf es ja nicht ins Bewußtsein hereinlassen. Gibt sie aber vor, von all den primitiven Vorgängen nichts zu wissen, so verhält sie sich nach dem Muster: Mein Name ist Hase, ich weiß von nichts!
Verdrängung ist demnach ein Blindekuhspiel; man tut, als ob man etwas nicht wüßte, und man weiß es doch. So kann man hier geradezu von einer systematischen Unehrlichkeit sich selbst gegenüber sprechen. Wer auch sich selbst gegenüber darauf verzichtet, als Hochstapler und Plusmacher dazustehen, wird es kaum nötig haben, irgend etwas zu verdrängen. Man verdrängt nur, um – auch vor sich selbst – mehr zu scheinen, als man ist. Offene und geradlinige Menschen werden daher im allgemeinen nur wenige Verdrängungen haben. Der Ängstliche und der Selbstgefällige jedoch benötigen mehr Retuschierungen an ihrem Selbstbildnis, um die eigene Eitelkeit befriedigen zu können.
Es war für Freud eine erfreuliche Überraschung, daß dieser Gedankengang, an den er mit seinem Buch *Die Traumdeutung* (1900)

streifte, bereits einen Vorläufer hatte. Es handelte sich um den Wiener Ingenieur und Kulturkritiker Josef Popper-Lynkeus, der unter dem Titel *Phantasien eines Realisten* (1899) vielfältige Betrachtungen veröffentlicht hatte. In einem dieser Texte wird von einem Mann erzählt, der die merkwürdige Eigenschaft hat, niemals Unsinn zu träumen. Ein Freund sagt dem Betreffenden:

Diese herrliche Eigenschaft, zu träumen wie zu wachen, beruht auf deinen Tugenden, auf deiner Güte, deiner Gerechtigkeit, deiner Wahrheitsliebe: Es ist die moralische Klarheit deiner Natur, die mir alles an dir verständlich macht.

Der Träumer selbst jedoch, dessen Träume keine Zensur aufweisen, sagt über alle jene, die Sinnverwirrendes und oft auch scheinbar Sinnloses träumen:

Es scheint bei euch etwas Verstecktes in den Träumen zu liegen, etwas Unkeusches eigener und höherer Art, eine gewisse Heimlichkeit in euerem Wesen, die schwer auszudenken ist; und darum scheint euer Träumen so oft ohne Sinn, sogar ein Widersinn zu sein. Es ist im tiefsten Grunde aber nicht so; ja, es kann gar nicht anders sein, denn es ist immer derselbe Mensch, ob er wacht oder träumt.

Freud, der diese Textstellen wiedergibt, beschließt den Hinweis mit den aufschlußreichen Worten:

Ich glaube, was mich dazu befähigt hat, die Ursache der Traumentstellung aufzufinden, war mein moralischer Mut. Bei Popper war es die Reinheit, Wahrheitsliebe und moralische Klarheit seines Wesens.[15]

Eine weitere Korrektur muß allerdings am Freudschen Verdrängungsbegriff angebracht werden. Wir verdrängen kaum je »perverse Triebregungen«, wie es die orthodoxe Theorie behauptet – wer diese hat, weiß doch immer um sie und schämt sich heutzutage nicht einmal deswegen. Viel öfter als Triebe werden Gefühle und Wertmaßstäbe in den Hintergrund des Seelenlebens gedrängt. Was zum idealen Selbstbildnis nicht paßt (vor allem Elemente des Charakters), unterliegt der Verdrängung. Dies geschieht – wie Karen Horney feinsinnig ausführt – im Interesse des »idealisierten Selbst«, nämlich jenes Idols, welches der Patient vergeblich zu realisieren wünscht. Dunkle Partien des Charakters werden nicht wahrgenommen, um die gute Meinung über sich selbst zwanghaft aufrechtzuerhalten.

Je freier ein Mensch ist, um so weniger erschrickt er vor allen Merkwürdigkeiten und Zweideutigkeiten, die er in sich registriert. Er scheut vor der Wahrheit über sich selbst nicht zurück. Er nimmt sich selbst gegenüber die Haltung ein, die Spinoza in seiner *Ethik* (1677) so tiefgründig formuliert: »Weder lachen noch weinen, noch verurteilen, sondern nur verstehen!« Wer so zu sich selbst steht, wird nicht einmal vor kriminellen und wahnhaften Gedanken in seinem Innern erschrecken; er wird mit echtem Forscherinteresse lediglich untersuchen, wie er zu solchen seelischen Regungen kommt. Die Folge davon wird sein, daß sowohl Kriminalität als auch Wahn keine Macht über ihn gewinnen. Man erinnere sich beispielsweise daran, daß Goethe von sich bekannt hat, es gebe kein Verbrechen, das er unter bestimmten Lebensumständen nicht auszuführen fähig gewesen sei.

Wir erkennen hier auch einen weiteren Zusammenhang: Die Psychoanalyse hat seit langem betont, daß der Künstler – der *produktive Mensch* schlechthin – einen mehr oder minder uneingeschränkten Zugang zu seinem Unbewußten haben müsse; Künstler dürfen nur wenige Verdrängungen haben. Wir verstehen nun besser den Sinn dieser Worte: Nur wer Zugang zu seinem Innenleben hat, also gegen sich selbst ehrlich ist, kann sich auch voll und ganz zum Ausdruck bringen; Heimlichtuerei und Lebenslüge rauben ihm nicht seine wertvollsten Energien.

Aber nicht nur die Verdrängung ist Unehrlichkeit gegen sich selbst; auch Rationalisierungen und Projektionen haben im Grunde dieselbe Bedeutung.

Die *Rationalisierung* ist nichts anderes als das, was der Volksmund eine »faule Ausrede« nennt. Zu ihr greift jeder, der irgend etwas nicht kann oder will, aber vor der Umwelt immerhin den schönen Schein aufrechterhalten möchte. Adler sprach in diesem Zusammenhang gerne vom Gleichnis des Fuchses, dem die Trauben deshalb zu sauer sind, weil sie ihm ohnehin zu hoch hängen: Er will sich aber nicht eingestehen, daß er sie nicht erreichen kann.

Auch hier muß die Psychotherapie mit ihrer Erziehungsarbeit einsetzen. Sie geht davon aus, daß nur derjenige wirklich wachsen und werden kann, der seine Unzulänglichkeiten bekennt; wer damit anfängt, andere zu belügen, wird bald dort landen, wo er auch sich selbst gegenüber nichts Wahres mehr ertragen kann.

So etwa der Student, der zwar Prüfungsangst hat, aber nicht zugeben möchte, daß ihm die Furcht in den Knochen sitzt. Er behauptet daher dreist, Prüfungen seien »autoritärer Unfug« (was übrigens teilweise stimmen mag); er unterwerfe sich nicht solchen kleinbürgerlichen Machenschaften, sondern wolle autonom und frei sein!

Ein anderes Beispiel für Rationalisierung bietet der Philosoph Ar-

thur Schopenhauer, der ein Leben lang über die Nichtsnutzigkeit der Frauen wetterte, an denen er keinen guten Faden ließ. In Schopenhauers Schilderungen ist »das Weib« ein Schandfleck der Natur, nur dazu bestimmt, den Mann von seinen edlen Zielen und Zwecken fernzuhalten. Als man aber den alternden Pessimisten und Frauenfeind fragte, warum er nicht geheiratet habe, gestand er: »Ich habe die Frauen immer sehr gern gemocht, aber sie wollten mich nicht!«
Karen Horney beschreibt die Vorgänge der Rationalisierung unter dem Titel »System des Stolzes« und ist der Meinung, daß hierin ein Kernstück der Neurose liegt, an dem sich der Erfolg der Therapie entscheidet:

Niemand kann Kenntnis von seinem System des Stolzes und seinen neurotischen Lösungen erlangen, ohne daß irgendeine Reorientierung in ihm vorgeht. Er beginnt einzusehen, daß bestimmte Vorstellungen, die er von sich hatte, phantastisch waren. Er beginnt sich zu fragen, ob seine Forderungen an sich selbst nicht für jeden Menschen unerfüllbar sind [...]. Er beginnt einzusehen, daß er maßlos stolz auf bestimmte Eigenschaften war, die er in Wirklichkeit gar nicht hat oder zumindest nicht in dem von ihm angenommenen Maß. Er beginnt beispielsweise zu begreifen, daß seine Unabhängigkeit, auf die er so stolz war, eher eine Empfindlichkeit gegen Zwang als echte innere Freiheit war; daß er im Grunde gar nicht so vollkommen ehrlich ist, wie er sich selbst gesehen hat, sondern von unbewußten Vortäuschungen durchzogen ist [...]. Vielleicht sind seine Selbstvorwürfe doch nicht einfach ein Zeichen für seine moralische Empfindsamkeit? Vielleicht ist es doch nicht echte Lebensklugheit, jeden anderen Menschen als eine Art Verbrecher anzusehen? [...] Schließlich fängt er an, die Gültigkeit seiner Wertmaßstäbe und Zielsetzungen in Frage zu stellen.[16]

Von hier ergibt sich ohne weiteres der Übergang zum Projektionsproblem. Unter *Projektion* verstehen wir das Nach-außen-Verlegen von eigenen Schwächen, Unzulänglichkeiten und Lastern, die dann – mit der Pose moralischer Selbstgerechtigkeit – an den anderen unnachgiebig und unnachsichtig bekämpft werden. Der projizierende Mensch schafft sich sozusagen eine »reine Weste«, indem er allen inneren Schmutz dem Opfer seiner Projektionen zuschreibt. Diese Dynamik spielt bekanntlich in der Vorurteilsentstehung eine schauerliche Rolle. Sozusagen immer sind Vorurteils-Menschen sehr dürftige Exemplare der Gattung Homo; sie werten sich aber billig zu Edel- und Übermenschen auf, indem sie die eigenen Mängel ihrem Sündenbock aufbürden. Hier wird das Phänomen der Unehrlichkeit und Verlogenheit regelrecht gemeingefährlich – in den letzten Jahrzehnten, aber auch in der gesamten Kulturgeschichte der Menschheit hat diese psychologische Dynamik auf grauenhafte Weise Geschichte gemacht. Man denke etwa nur an den Hexenwahn, an den Faschismus usw.

Die Psychotherapie steht diesbezüglich vor der ethisch-pädagogischen Aufgabe, den Analysanden schonend dazu anzuleiten, seine Projektionen auf sich selbst zurückzunehmen. Er soll den Balken im eigenen Auge erkennen, um nicht am Splitter im Auge des Nebenmenschen dauernd Anstoß zu nehmen. Auch dieser Prozeß bedeutet eine wichtige Etappe auf dem Weg der Selbsterkenntnis und Selbstfindung. Projizierende Menschen leben an sich selbst vorbei. Sie bekommen sich gar nicht in den Griff, um sich zu wandeln, solange sie derartige Selbstverkennungen praktizieren. Andererseits gewinnt man gerade ein Stück seines Ichs zurück, wenn man anstelle einer Projektion Selbsterkenntnis setzen kann. Denn auch unsere anstößigen Seeleninhalte sind Teile unseres Ichs. Sie abspalten heißt das Ich verarmen lassen. Oft erweisen sich nämlich auch unsere angeblichen Laster als Kräfte, die dem Aufbau des Ichs dienen können. Aber zuvor müssen wir sie immerhin als *unsere eigenen* anerkennen, das heißt sie nicht am anderen bekämpfen.

Noch prägnanter wird das Wahrhaftigkeitsethos der Psychoanalyse, wenn wir das Verhältnis der Patienten zu ihren Symptomen *vor* und *in* der Therapie betrachten. Die meisten Analysanden schildern ihre Symptomatik so, als ob diese zu ihrer Persönlichkeit und Charakterorientierung gar keinen Bezug habe. Sie gleichen hierbei die psychischen Störungen den rein physischen Komplikationen an, für die man bekanntlich – wenn es sich um eine Infektion, eine körperliche Abnützungserscheinung usw. handelt – mehr oder minder nicht verantwortlich gemacht werden darf. So hat man dann (irrtümlicherweise) seine Ängste, Depressionen, psychosomatischen Störungen, Zwangsgedanken und Charakteranomalien in derselben Weise, wie man etwa Diphtherie, Tuberkulose oder sonst etwas hat. All dies ist einem eben *zugestoßen*, und man kann nichts dafür. Man fühlt sich in keiner Beziehung hierfür verantwortlich.

Die Therapie verändert aber bald die Einstellung des Patienten zu seinem psychischen Leiden. Sie zeigt ihm, daß er es in gewisser Weise selbst gemacht hat. Die Symptome sind Ausdruck eines (teilweise) unbewußten Lebensplanes; sie passen zur gesamten Lebensführung, zum Lebensstil, zu der Art der zwischenmenschlichen Beziehungen. Wenn der Analysand seine Symptomatik als seine ureigenste (falsche) Antwort auf spezifische Lebensfragen erkennt, gewinnt er die Kraft, auf das psychische Kranksein, das fast immer eine Alibi-, Anklage- und Verteidigungsfunktion hat, Verzicht zu leisten. Nun erst kann er gesund werden, da er sich nicht mehr darauf hinauszureden versucht, er unterliege einem blinden physischen oder psychischen Zwang.

Man kann auch gelegentlich mit Humor den Patienten darauf hinweisen, daß er allerlei Schliche benützt, um bezüglich seiner neurotischen Fehlhaltungen und deren unliebsamen Konsequenzen als unverantwortlich dazustehen. Zu diesem Zweck wird im Sinn der Sartreschen »Unredlichkeit« (la mauvaise foi) jede nur mögliche Scheinkausalität herangezogen, um zu zeigen, daß man eben einer Naturgesetzlichkeit unterworfen ist, die man nicht kontrollieren kann; etwa in den Formulierungen: Ich bin so und so, weil mich meine Eltern schlecht erzogen haben, weil ich ein Mann, weil ich eine Frau bin, weil ich so oft krank war usw. Die Ablehnung der Verantwortung kommt sehr hübsch in einer kleinen Anekdote zum Ausdruck: Einem Bauern war seine Frau gestorben. Bei den Bestattungsfeierlichkeiten kamen viele Gäste zusammen, aber beim anschließenden Mahl fehlte der Witwer. Man sucht ihn überall und findet ihn schließlich in der Kammer der Magd, zusammen mit der Magd im Bett. »Wie kannst du nur am Tage des Begräbnisses deiner Frau mit einer anderen Frau schlafen!« rufen die Leute vorwurfsvoll aus. Die Antwort des Bauern lautet so wie diejenige unserer Neurotiker: »Weiß ich denn, was ich in meinem Schmerz tue?!«

Der Neurotiker soll bald in der Therapie lernen zu wissen, was er alles in seinem Schmerz tut. Seine Verantwortung erstreckt sich nicht nur auf seine Symptome (psychisch und psychosomatisch), sondern auch auf seinen Charakter als Ganzes, das heißt auf seine Launen, Stimmungen, Gefühle und Verhaltensweisen. Besonders die Stimmungen und Launen müssen hier hervorgehoben werden. So mancher neurotische Patient meint, daß seine Stimmungen vom Himmel fallen oder aus dem Unbewußten aufsteigen: Er kann also wiederum nichts dafür. Aber bei genauerem Studium wird ersichtlich, daß Launen und Stimmungen ein prachtvolles neurotisches Mittel sind, um die Umwelt in Schach zu halten, niederzudrücken, auszubeuten und zu kommandieren. Die Laune ist oft das Einleitungskapitel zu einem ganzen Buch mit Forderungen, die an die Umwelt gestellt werden. Zum Beispiel: Weil es mir heute so schlecht geht, müßt ihr mich mit Glacéhandschuhen anfassen, in Ruhe lassen usw.; weil ich gereizt bin, müßt ihr mir aus dem Weg gehen und mir immer recht geben; weil ich so traurig bin, dürft ihr von mir keine

Beitragsleistung erwarten usw. Die meisten Affekte sind demnach Ankündigungen einer egozentrischen Politik der Selbstdurchsetzung mit neurotischen Mitteln.

Man soll daher den Analysanden dazu erziehen, seine Affekte als Angriffs- und Verteidigungswaffen zu sehen; mit ihnen bestreitet er seinen Kampf gegen die Umwelt. »Affekte und Launen zu haben ist unanständig!« – dies ist eine Regel der psychotherapeutischen Moral. Auch der kooperative und liebesfähige Mensch hat seine Hoch- und Tiefphasen, aber er läßt dies seine mitmenschliche Umgebung nicht entgelten. Er nützt sein Übelbefinden nicht dazu aus, andere zu terrorisieren, respektive ihnen Mitleid abzunötigen. Alfred Adler war einer der ersten, der die Affekte final, das heißt auf ihr Ziel hin, deutete und als Ausdrucksformen des Machtwillens beschrieb; allerdings hat Spinoza dies in seiner *Ethik* glänzend vorweggenommen.

Es gibt nur einen einzigen Affekt, den jedermann uneingeschränkt im Umgang mit seinen Mitmenschen walten lassen kann, ohne je unter das Verdikt der Asozialität zu fallen: die *Freude*.

Jeder Analysand soll in der Therapie dazu hingeführt werden, ein »Freudenspender« zu sein. Der freudig-freundliche Mensch ist der Mitmensch im eigentlichen Wortsinn. Auch er hat am Leben zu tragen; aber er trägt es tapfer und erhöht durch sein Beispiel die Summe an Wohlwollen und Liebenswürdigkeit in der Welt. Freude und Humor sind immer auch Ausdruck erreichter innerer Freiheit. Wer sich freut, hat ein Stück weit die menschliche Unzulänglichkeit überwunden, das heißt sich mit ihr arrangiert. Sartre sagt: »Die Erkenntnis der Freiheit durch sich selbst heißen wir Freude.« Wer frei geworden ist, wird zwar so manches nicht bewältigen und begreifen, aber er ist sich seiner Solidarität mit den anderen leidenden und strebenden Menschen bewußt. Daher resigniert er nicht, sondern freut sich immer jener Möglichkeiten, die für ihn offenliegen. Was nicht gelingt oder nicht möglich ist, muß nicht zur sterilen Trauer und zum niederdrükkenden Kleinmut Anlaß geben. Wir lesen in Adlers *Menschenkenntnis* hierüber:

> Beim Affekt der Freude sehen wir deutlich die Verbindung. Sie verträgt die Isolierung nicht. In ihren Äußerungen: Aufsuchen der anderen, Umarmung usw., zeigt sich der Hang zum Mitspielen, zum Mitteilen und Mitgenießen. Auch die Attitüde ist verbindend, es ist sozusagen ein Händereichen, eine Wärme, die auf den anderen ausstrahlt und ihn ebenfalls erheben soll. Alle Elemente zum Zusammenschluß sind in diesem Affekt vorhanden. Auch hier fehlt die aufsteigende Linie nicht [...]. Die Freude ist der richtige Ausdruck für die Überwindung von Schwierigkeiten.[17]

Die Psychotherapie ist eine Heilmethode, die letztlich auf der menschlichen Selbsterkenntnis aufbaut. Wie bereits weiter oben angedeutet, ist Selbsterforschung immer von einem moralisch-sittlichen Impuls angetrieben. Nur der Mensch, der die Absicht hat, seelische Mängel abzustreifen, das heißt besser, tüchtiger und liebesfähiger zu werden, bringt die Kraft auf, sich seine Unzulänglichkeiten einzugestehen. Blickt man auf jene großen Menschen zurück, die schon in der Zeit vor der Tiefenpsychologie bedeutende Selbsterkenner waren, so kann man sich des Eindrucks nicht erwehren, daß sie allesamt in ethischer Hinsicht über dem Durchschnitt der Menschen standen.

So war Sokrates einer der ersten, der den Standpunkt vertrat, daß ein ungeprüftes Leben nicht lebenswert sei. Die sokratische Methode, die auch in der Psychotherapie verwendet wird, richtet sich darauf, Selbsterkenntnis zu vermitteln. Sie postuliert, daß Tugend lehrbar sei: Tugend heißt in diesem Zusammenhang nichts anderes als richtige Lebenseinstellung. Wir wissen heute, daß eine rein rationale Belehrung nicht ausreicht. Die Psychoanalyse dehnt die Selbstbefragung des Menschen auf alle Sphären seiner Persönlichkeit aus.

Damit sind wir an einem Punkt angelangt, wo sich die Frage aufdrängt, was nun eigentlich der *Heilfaktor* in der Psychotherapie sei. Dies ist eines der schwierigsten Probleme der tiefenpsychologischen Theorie und Praxis. Man könnte es wohl mit einigen Schlagworten abtun, aber wem wäre damit geholfen? So pflegt man etwa zu sagen, daß die Therapie durch Erwecken des Gemeinschaftsgefühls, der Beziehungsfähigkeit und des Kontaktstrebens den Patienten gesund mache. Diese Antworten sind sicher nicht falsch. Aber was steht hinter diesen wohlklingenden Worten? Was heißt Gemeinschaftsgefühl? Beziehungsfähigkeit? Kontaktstreben? Jede tiefenpsychologische Schule umschreibt übrigens den Genesungsprozeß des Patienten mit anderen Worten. Wo findet man die grundlegende Orientierung, die das ganze Therapiegeschehen klar werden läßt?

Die orthodoxe Psychoanalyse behauptet, daß die Heilung in der Psychotherapie durch eine »Neuverteilung der Libido« erfolge. Freud erfand zur Klärung dieses merkwürdigen Sachverhaltes eine Libidoökonomie, die darüber spekuliert, inwiefern libidinöse Energien vom Ich zum Es, vom Es zum Überich, vom Überich zum Ich usw. transferiert werden können. Nun ist aber schon die Libido an sich nur ein theoretisches Konstrukt. Man kann von ihr dasselbe sagen, was Oscar Wilde spöttisch über die Liebe bemerkte: Sie sei wohl nur ein Gespenst; jeder rede von ihr, niemand habe sie wirk-

lich gesehen! Da die Existenz der Libido nicht bewiesen ist, bleibt alles Gerede von der Verschiebung libidinöser Kräfte nichts als Triebmythologie.
Die Verhaltenstherapeuten glauben realistischer zu sein; sie beheben keine Libidostörungen, sondern ganz einfach die Verhaltensanomalien. Mehr wollen sie nicht aussagen, weil sie Begriffe wie Persönlichkeit, Charakter usw. für metaphysisch halten.
Gewiß ändert man in der Psychotherapie auch Verhaltensweisen; aber das ist nicht das zentrale Geschehen. Das Abgewöhnen und Wegdressieren von ungutem Verhalten wird sehr oft dazu führen, daß anstelle der *einen* unerwünschten Reaktion irgendeine *andere* gesetzt wird. Wir nennen das *Symptomverschiebung*; hierfür hat die psychotherapeutische Praxis ausreichend Belege.
Die Änderung von Charakter und Persönlichkeit ist nun unseres Erachtens tatsächlich das legitime Anliegen der psychotherapeutischen Behandlung. Damit bringen wir zum Ausdruck, daß nicht ein Teilstück des Menschen isoliert ins reine gebracht werden kann: Man muß schon die Gesamteinstellung oder Gesamthaltung eines Menschen korrigieren, wenn man ein gesünderes Verhalten zuwege bringen will. Der Tiefenpsychologe ist sich wohl bewußt, daß das Wort »Gesamtpersönlichkeit« vieldeutig ist; er kann aber nicht darauf verzichten, wenn er die lebendige Erfahrung des ganzen Menschen, mit dem er zu tun hat, beschreiben will.
Einen Charakter verändern heißt aber eine *Wandlung in den Motivationen* eines Menschen einleiten. Unter Motivation verstehen wir die menschlichen Bewegungs- und Antriebskräfte. Wir gehen hierbei von der Vorstellung aus, daß es eine Tiefenschicht der Persönlichkeit gibt, wo fundamentale Motoren des Lebens und Handelns verankert sind: Motivation und Motor haben dieselbe sprachliche Wurzel und deuten auf »Bewegung« hin. Die Frage nach den Heilungsfaktoren in der Psychotherapie verlagert sich demnach auf das Problem, welche entscheidenden Motivationen im Menschen wirken und wie diese durch Einflußnahme verändert werden können.
Es ist hier nicht der Ort, eine allgemeine Theorie der Motivation auszubreiten. Wir verweisen auf die zahlreichen einschlägigen Standardwerke, etwa Hans Thomae (Hg.) *Die Motivation menschlichen Handelns* (1965). Trotzdem sei an dieser Stelle ein besonders wichtiger Gesichtspunkt von großer Bedeutung ins Auge gefaßt.
Die hauptsächlichen Motivationslehren lassen sich in zwei Rubriken einordnen. Die einen führen das menschliche Verhalten auf

Bedürfnisse zurück, die anderen leiten alles Handeln von *Zielen*, *Idealen* und *Wertsetzungen* ab. Beide Grundthesen entspringen sehr verschiedenen Menschenbildern und Weltanschauungen. Worauf soll sich nun der Tiefenpsychologe stützen? Wie findet er sich zwischen Skylla und Charybdis zurecht?

Alle naturwissenschaftlichen und materialistischen Psychologien neigen dazu, den Menschen als reines Bedürfniswesen zu charakterisieren. Das grundlegende Bedürfnis kann je nach Autor Sexualität, Hunger, Ökonomie, Selbsterhaltung usw. heißen. Immer aber wird hier das Seelenleben nur durch einen biologischen Mangelzustand in Bewegung gesetzt. Andere Bewegungskräfte als die animalischen werden kaum in Betracht gezogen. Diese zumeist sehr dogmatisch vorgetragenen Theorien stellen sich den Menschen so vor, als ob er ein Auto wäre, dessen Motor nur *hinten* und *unten* sein kann. Nur im Körper beheimatete Triebe sind die wahren Kraftquellen. Ein Motor, der eventuell *vorne* und *oben* angebracht ist, wird als Phantom (Metaphysik, Spekulation) völlig negiert.

An dieser Stelle setzen die geisteswissenschaftlichen und – wenn man sie überhaupt so nennen darf – idealistischen Psychologien ein, die den Menschen nicht nur von chemisch-physikalischen und biologischen Triebkräften beherrscht sehen. Für diese Richtungen sind Ideale und Werte (Ziele) vielleicht die stärksten Motoren psychischen Lebens und Erlebens. Gewiß kommt auch hier eine Dialektik zum Zug: Es ist schwer zu entscheiden, inwiefern die Bedürfnisse die gewählten Ideale bestimmen oder ob etwa gar die Ideale darüber entscheiden, welche Bedürfnisse Macht und Gewalt über den Menschen erlangen. Alle reduktiven psychologischen Systeme legen den Akzent auf die Bedürfnissphäre und »erklären« beispielsweise Werte aus den verschwiegenen und verkannten Bedürfnissen heraus. Als ein Beispiel unter vielen sei Nietzsches bekannter Satz zitiert: »Ich schließe vom Ideal auf jenen, der es nötig hat!«

Aber die Werte und Ideale sind eventuell nicht nur Spiegelungen unserer biologischen Bedürfnisse. Man kann sich durchaus auf den Standpunkt stellen, daß sie spezifische Kraftquellen unserer seelisch-geistigen Aktivität sind, die sich nicht einfach als Überbau eines determinierenden Unterbaus begreifen lassen.

Unsere lebendige Erfahrung scheint uns darüber zu belehren, daß wir beim Handeln nicht nur »geschoben« und »gestoßen« werden; Ziele und Werte »ziehen uns an«, bilden Leitsterne unseres Verhaltens, die uns wahrscheinlich noch viel kräftiger motivieren als jeder biologische Mangelzustand.

Daher kann man die Formulierung wagen, daß wir in der Therapie weder Libidoverteilung noch Verhaltensfragmente ändern, sondern Werterfahrungen, Werterlebnisse und Wertorientierungen. Dieser Hinweis hat den unschätzbaren Vorteil, daß er keinen Mystizismus enthält, sondern realistisch von jedermann, der irgendwelche Erfahrungen mit Psychotherapie hat, nachvollzogen werden kann. Es bedarf hierzu keiner geheimnisvollen Theorie, die auf mythologische Begriffskonstruktionen ausweichen muß. Das wirkliche Therapieerlebnis wird in Worte gekleidet.

Wie sieht das nun in der Praxis aus? Der neurotische Patient kommt gewöhnlich mit einem recht kläglichen Wertentwurf in die Therapie. Die Werte, auf die hin er sein Leben ausgerichtet hat, sind durchwegs das, was man in der Ethik niedere Werte zu nennen pflegt, also Sicherheit um jeden Preis, Angstvermeidung, Fehlerlosigkeit durch Nichtstun, Herrschen durch Schwächedemonstration, Ausnützen der Hilfeleistung anderer usw. Jeder Neurotiker ist mehr oder minder in seiner Lebensäußerung durch die Trias »kleiner Aktionsradius«, »geringer Aktivitätsgrad« und »geringe Verbundenheit mit den Mitmenschen« gekennzeichnet.

Kann der Therapeut angesichts dieses Sachverhaltes in der seelenärztlichen Behandlung völlig neutral bleiben? Ist es auch nur wünschbar, daß er unbeteiligt wie ein Spiegel die Reaktionen des Patienten widerspiegelt? Freud verlangte bekanntlich diese Haltung; Horney zweifelt, ob er sich selbst daran hielt:

> Da Neurosen Fragen des menschlichen Verhaltens und menschlicher Antriebe umfassen, so bestimmen gesellschaftliche und überlieferte Wertungen unbewußt die in Angriff genommenen Probleme und die gesetzten Ziele [der Therapie]. Freud hält sich selbst nicht streng an sein Ideal [der Wertfreiheit]. Er läßt den Patienten nicht im Zweifel über seine eigene Stellung z. B. zu dem Wert der in der heutigen Gesellschaft gültigen Sexualmoral oder über seine Meinung, daß Aufrichtigkeit sich selbst gegenüber ein wertvolles Ziel ist. Wenn er die Psychoanalyse eine Neuerziehung nennt, so widerspricht Freud de facto seinem eigenen Ideal, Erziehung sei denkbar ohne zumindest stillschweigend vorausgesetzte Maßstäbe und Zielsetzungen.[18]

Die Wertfrage ist ein unabdingbarer Bestandteil der seelenärztlichen Behandlung. Es ist wichtig, darauf hinzuweisen, daß auch in jeder psychischen Erkrankung Werte angestrebt werden. Nicht »Unwerte« sind das Ziel des Neurotikers; auch er will – wie jedermann – in seiner Weise »das Gute«. Nur ist er durch niederdrückende Kindheitserlebnisse dazu gedrängt worden, sich an die »niederen Werte« zu halten, da diese fast durchwegs auf die Lebenserhaltung konzentriert sind. In der Not geht es nur noch darum, nicht das Leben zu verlieren; der ständig bedrängte und sich bedrängt fühlende Neurotiker kreist um sein verängstigtes Ich und hat nicht den Ausblick auf Entwicklung und Entfaltung, auf Zusammenarbeit und Liebe, auf Kulturgenuß und Kulturschöpfung. Er lebt auch in Friedenszeiten unter dem harten Regime einer Kriegsökonomie.

Die Aufgabe der Therapie besteht nun darin, die *Wertsicht* des Patienten zu ändern. Es wäre demnach verfehlt, wenn man aus einem falsch verstandenen Toleranzbegriff heraus der Meinung wäre, man müsse in jeder Beziehung den Patienten »machen lassen«; man dürfe sein Wertgefühl nicht beeinflussen wollen. Wir geben wiederum zu diesem Problem Horney das Wort, welche »verstehen« und »billigen« scharf auseinanderhält:

Toleranz ist ein Ideal, dem man sich nur annähern, das man aber nicht verwirklichen kann. Je sorgsamer der Analytiker in der Wahl seiner Worte ist, desto näher wird er ihm kommen. Aber ist Toleranz im Sinne des Vermeidens von Werturteilen ein erstrebenswertes Ideal? Die Antwort ist letzten Endes eine Sache der persönlichen Weltanschauung und der persönlichen Entscheidung. Meine eigene Ansicht ist, daß die Eliminierung von Werturteilen zu jenen Idealen gehört, die wir lieber überwinden statt kultivieren sollten. Eine unbegrenzte Verständnisbereitschaft für die inneren Notwendigkeiten, die den Neurotiker zwingen, moralische Vorwände, schmarotzerhafte Wünsche, Machtgelüste usw. zu entwickeln und aufrechtzuerhalten, hindert mich nicht, diese Haltungen als Negativwerte zu betrachten, die einem wirklichen Glück im Wege stehen. Ich vermute sogar, daß die Überzeugung, Haltungen wie diese müßten überwunden werden, für mich einen der Antriebe darstellt, sie völlig zu verstehen.[19]

Anstelle der Minimalwerte des Patienten sollen mit der Zeit die höheren Werte treten, die die Therapiegruppe repräsentiert. Therapeutische Gruppen und auch Einzeltherapeuten beziehen sich gewöhnlich auf Werte, die auch vom ungeschulten Wertempfinden als »vollwertig« beurteilt werden; es sind dies u. a. Solidarität, Selbsterkenntnis, Menschenkenntnis, gegenseitige Hilfe, Liebenswürdigkeit und Wohlwollen, Lebensfreude, soziales Engagement, geistiges Interesse, kulturelle Offenheit, Vorurteilsfreiheit, Vernunft, Geduld, freundliche Umgangsformen, Optimismus, Zielstrebigkeit usw.

Indem der Patient jeden Tag diese Werte erleben und erfahren kann, ergibt es sich zwangsläufig, daß er sie nach und nach übernimmt. Die Psychotherapie schenkt ihm den Ausblick auf Wertstrukturen, die tragender und beglückender sind als das neurotische Sicherheitsstreben. Der Therapeut und die Therapiegruppe übernehmen hierbei die Funktion eines »Optikers des Gemüts«: Sie machen gleichsam einen Farbenblinden sehend. Sie stechen einen »grauen Star«, eine »Linsentrübung des Gefühlslebens«. Im emotionalen Sinn kurzsichtige Menschen werden hierdurch »weitsichtig« gemacht. Ein Psychotherapeut ist demnach – um die Redewendung von Theodor Reik *Hören mit dem dritten Ohr* aufzunehmen – ein Augenarzt für das dritte (geistige) Auge respektive ein Ohrenarzt für das dritte (geistige) Ohr. Im Verlauf einer gelingenden Therapie sehen und hören die Patienten mehr als zuvor; sie nehmen Chancen der Mitmenschlichkeit wahr. Schönheit, Vernunft und Wahrheit erschließen sich ihrem inneren Organ. Sie werden *schöpferischer* in allen ihren Lebensäußerungen.

Wie kommt aber der Patient dazu, neue Werte zu erleben und in sein Leben zu integrieren? Hier muß die Tiefenpsychologie Einsichten der *Wertphilosophie* zu Rate ziehen. In der letzteren (so bei Max Scheler) wird erklärt, daß man Werte nicht durch die Sinnesorgane wahrnimmt: Diese registrieren nur Tatsachen, nicht aber Werte. Der Wert kann nur durch die Gesamtpersönlichkeit wahrgenommen werden. Und innerhalb dieser Gesamtpersönlichkeit ist es in erster Linie das Gefühl, das für die Werterfahrung in Frage kommt. »Fühlen«, sagt Max Scheler, »ist Werterkennen.« Demnach würden also Werterlebnis und Gefühlsumwandlung jeweils parallel verlaufen. Nur wenn sich die Gefühle ändern, erblickt man neue Werte; nur wenn man neue Werte erfährt, wandelt sich das Gefühl. Es ist sinnlos zu fragen, was hierbei zuerst kommt; wahrscheinlich ist es ein dialektischer Prozeß.

Diese Formulierungen muten uns irgendwie bekannt an. Sie verwenden eine neuartige Sprache für bereits in der Tiefenpsychologie akzeptierte Erkenntnisse. Denn seit langem ist gesagt worden, daß die Heilung in der Therapie durch »emotional korrigierende Erfahrung« erfolgt, so etwa von Franz Alexander. Emotionale Um- und Neuerziehung ist das zentrale Motiv der seelenärztlichen Behandlung. Nun können wir aber genauer erklären, was die emotionale Korrektur eigentlich bedeutet: Sie ist das Vermitteln von Zielen und Idealen, die höher stehen als alles, was der Analysand zuvor als Leitbild seines Lebens zu sehen vermochte.

Bildlich gesprochen kann man es so ausdrücken, daß der Patient in die Therapie mit »fixierter Blickrichtung« einsteigt; gleichsam durch eine Halsmuskelversteifung ist er gezwungen, seinen Blick immer nach unten zu richten, wo die niederen Werte sichtbar sind.

Die Therapie lockert die Muskelstarre auf und leitet den Patienten dazu an, den Gesichtswinkel auszuweiten: Mit der Zeit kann er nach oben und vorne blicken. Indem er die höheren Werte begreift, wird sein Gefühl reicher, lebendiger, farbiger, heller und beglükkender. Im Licht dieser neuen Einsicht muß nun die orthodox-psychoanalytische Lehre vom Widerstand und von der Übertragung nochmals überprüft werden. Es wird sich hierbei zeigen, daß die Phänomene selbst eine ganz andere Sprache sprechen, als die ältere Psychoanalyse ihnen zuschreibt.
Die analytische Lehre vom Widerstand ist recht kompliziert und kann von uns nicht in allen Einzelheiten wiedergegeben werden. Wir müssen uns mit wenigen Aspekten begnügen. Bekanntlich empfand Freud, wenn er seinen Patienten irgend etwas bewußtmachen wollte, eine widerstrebende Kraft in ihnen: Manche Einsichten wurden nicht angenommen. Auch beim freien Assoziieren kam man an Themen, wo die Gedanken scheinbar abrissen; ebenso gab es bei der Traumdeutung Lücken in den Assoziationen des Träumers. Aus all dem und vielem anderen schloß Freud, daß der Patient gegen bestimmte Seeleninhalte eine Abwehr aufgebaut hat: Diese wirkt nun kräftig in die Therapie hinein und verhindert das Bewußtwerden oder Bewußtmachen der betreffenden seelischen Regungen. Es war unter anderem auch eine Aufgabe der therapeutischen Intervention, diese Widerstände abzuschwächen. Je mehr dies gelang, um so freier verfügte der Analysand über seine Erinnerungen, Gedanken und Gefühle, so daß er die Arbeit der Analyse ungehemmter durchführen konnte. Man maß geradezu den Fortschritt der Therapie am Abbau der Widerstände.
Gemäß Freuds Theorie waren es vor allem die sexuellen Motivationen (prägenitale Triebe, Ödipusschicksale usw.), die der Patient nicht wahrhaben wollte. Man mußte ihn regelrecht dazu drängen, solche Deutungen anzunehmen, gegen die sich sein moralisches Ich zu sträuben schien. Liest man heute manche dieser Deutungen, die die Psychoanalytiker ihren Patienten gaben, so meint man, daß die Patienten gewiß nicht immer unrecht hatten, sich zu wehren: So manche Interpretation war derart gewaltsam, daß der Analysand nach dem Vorbild des Kirchenvaters Origenes wohl sagen mußte: »Ich glaube es gerade deshalb, weil es so absurd ist!«
Nach unseren jetzigen Gesichtspunkten würden wir den Widerstand des Patienten, den es sicher gibt, anders auslegen. Man macht tatsächlich die Erfahrung, daß der Hilfesuchende die Hilfe oft nur sehr bedingt annehmen kann. Er wehrt sich sozusagen gegen sein

eigenes Glück, das heißt gegen sein Gesundwerden. Man darf hierbei allerdings nicht vergessen, daß die Neurose eine Schutzfunktion hat: Sie soll vor der fundamentalen Lebensangst schützen. In dieser Beziehung hat sie sich meistens auch bewährt; jedenfalls kennt der Patient nichts Besseres. Warum sollte er seine vertraute Sicherheit gegen ein unvertrautes Glück aufgeben? Man muß die Bedenken des Patienten auch verstehen können.

Der Widerstand ist u. a. die Angst vor dem Neuland der Genesung. Er ist auch das Mißtrauen des Analysanden, der oft genug in seinem Leben enttäuscht wurde oder glaubt, enttäuscht worden zu sein. Sodann ist Widerstand auch Ungeübtheit hinsichtlich wechselseitigen Verstehens, engerer Kooperation, Nähe von Mensch zu Mensch: All dies macht den Patienten zaudern und wirkt sich als Widerstandshaltung aus. Die »perversen Triebe« und Erinnerungen jedoch scheinen nur in der Phantasie der Autoren zu existieren.

Um bei unserem Gleichnis zu bleiben: Der Widerstand ist nichts anderes als die Muskelstarre, die den Patienten davon abhält, den Blick nach oben zu wagen. Er muß erst trainiert und massiert werden, bis er frei um sich blicken kann. Sein neu erwachtes Werterleben muß ihm den Elan vermitteln, sich in Wertregionen hineinzubegeben, die ihm von Kindheit an fremd geblieben sind.

Freud hat sehr richtig gesehen, daß die Widerstände im Feuer der Übertragungsliebe dahinschmelzen. Damit ist ausgedrückt, daß die Beziehung zwischen Therapeut und Analysand keineswegs gefühlsmäßig neutral ist. Es stellt sich bald in der Behandlung eine emotional intensive Atmosphäre her, der sich beide Teilnehmer des Vorganges nicht entziehen können. Die guten und oft überaus lebhaften Gefühle, die der Patient für seinen Seelenarzt empfindet, sind durchaus nicht als Störfaktoren der Behandlung zu betrachten. Sie stellen sich fast regelmäßig ein und müssen als Ingrediens der Therapie betrachtet werden. Es war wiederum eine geniale Leistung von Freud, daß er das Phänomen der Übertragung als Teil des therapeutischen Geschehens begriff. Ungeachtet seiner mechanistischen Erklärung, die er hierüber abgab (Wiederaufleben von Kindheitsgefühlen), war er sorgsam genug, den Sinn der Übertragung zu ahnen. Er sagt dazu:

> Wenn der Kranke den Normalkonflikt mit den Widerständen durchzukämpfen hat, die wir ihm in der Analyse aufgedeckt haben, so bedarf er eines mächtigen Antriebes, der die Entscheidung in dem von uns gewünschten, zur Genesung führenden Sinne beeinflußt. Sonst könnte es geschehen, daß er sich für die Wiederholung des früheren Ausgangs entscheidet und das ins

Bewußtsein Gehobene wieder in die Verdrängung gleiten läßt. Den Ausschlag in diesem Kampfe gibt nicht seine intellektuelle Einsicht – die ist weder stark noch frei genug für solche Leistung –, sondern einzig sein Verhältnis zum Arzt.[20]

Weil der Patient den Arzt mag, wagt er demnach, sich auf das Abenteuer der seelischen Wandlung einzulassen. Er fängt an, sich weiterzuentwickeln, weil er seinem Helfer zu glauben beginnt. Er nimmt diesen offenbar in sein Gefühlsleben auf. Er beginnt unter Umständen, seinen Ratgeber und Helfer zu lieben.

Wiederum kann uns an dieser Stelle eine Einsicht der Wertphilosophie weiterhelfen. Max Scheler sagt: »Die Bewegung vom niederen Wert zum höheren hin nennen wir Liebe.«

Somit begreifen wir nun, welche emotionale Kraft den Analysanden dazu ermutigt, die höheren Werte des Lebens ins Auge zu fassen. Er würde es nicht wagen, vom sicheren Hafen seiner Neurose sich aufs offene Meer der Gesundheit zu begeben, wenn er nicht Sympathie für den Therapeuten und die therapeutische Gruppe empfände. Aber seine guten Gefühle für die erwähnten Bezugspersonen treiben ihn dazu an, das tollkühne Werk der Genesung zu wagen.

Somit wäre die Psychotherapie eine Einführung in die »Kunst des Liebens«. Dies ist in der tiefenpsychologischen Literatur schon des öfteren so ähnlich gesagt worden. Aber was heißt »lieben«? Wir müssen uns davor hüten, Worte zu verwenden, deren Sinn nicht sehr klar ist. Die »Magie der Worte« ist ein großes Hindernis für den Fortschritt der wissenschaftlichen Erkenntnis.

Da wir dem Problem der Liebe ein besonderes Kapitel widmen werden, wollen wir uns an dieser Stelle noch nicht auf dieses Thema einlassen. Wir begnügen uns nur mit dem Hinweis, daß die Schelersche Definition durch die psychotherapeutische Erfahrung bestätigt wird. Daß die Liebe die »Bewegung vom niederen zum höheren Wert hin« beinhaltet, kann jedermann leicht nachvollziehen. Jeder, der einmal geliebt hat, weiß, daß dadurch die Welt um ihn herum *werthaltiger* wurde; die Natur wurde schöner, man war empfänglicher für die Kunst, man sah die Menschen freundlicher und zugewandter, man war glücklich und wollte andere glücklich machen. Liebe ist sicherlich ein Aufschwung zu den höheren Werten; vermutlich kann nur jener lieben, der diese Werte zu sehen bekommt. Für den Wertblinden jedoch gibt es nichts Liebenswertes auf der Welt, und er sieht sich wie die anderen als trostlose Figuren, auf die man nicht bauen kann. Oft erlebt man in der Therapie, wie der von der Werterfahrung belebte Analysand anfängt, sich selbst zu akzeptieren und andere liebzuhaben. Diese emotionalen Durchbrüche gehören zu den eindrücklichsten Erlebnissen in der Psychotherapie. Die Therapie gedeiht also im Medium der Liebe; und der Analysand, der zunächst als Liebesunfähiger in die Behandlung kommt, soll am Therapeuten und an der Therapiegruppe das Lieben erlernen. Oft fällt ihm das sehr schwer; man pflegt dies gewöhnlich auf seine Übertragungsschwierigkeiten zurückzuführen. Man sollte sich aber immer fragen, ob der Fehler nicht auch am Therapeuten liegen kann. Muß er denn immer »liebenswert« sein? Verdient er Liebe, Sympathie und Achtung? Er kann all dies nur beanspruchen, wenn er hinsichtlich seines Charakters und seines Strebens eine gewisse *Vorbildlichkeit* aufweist. Ist er selbst psychisch deformiert, wird die Förderung der Analysanden ziemlich prekär. Freud betont nachdrücklich die Notwendigkeit der psychischen Gesundheit beim Therapeuten:

Analytiker sind Personen, die eine bestimmte Kunst auszuüben gelernt haben und daneben Menschen sein dürfen wie auch andere. Man behauptet doch sonst nicht, daß jemand zum Arzt für interne Krankheiten nicht taugt, wenn seine internen Organe nicht gesund sind; man kann im Gegenteil gewisse Vorteile dabei finden, wenn ein selbst von Tuberkulose Bedrohter sich in der Behandlung von Tuberkulösen spezialisiert. Aber die Fälle liegen doch nicht gleich. Der lungen- und herzkranke Arzt wird, insoweit er überhaupt leistungsfähig geblieben ist, durch sein Kranksein weder in der Diagnostik noch in der Therapie interner Leiden behindert sein, während der Analytiker infolge der besonderen Bedingungen der analytischen Arbeit durch seine eigenen Defekte wirklich darin gestört wird, die Verhältnisse des Patienten richtig zu erfassen und in zweckdienlicher Weise auf sie zu reagieren. Es hat also seinen guten Sinn, wenn man vom Analytiker als Teil seines Befähigungsnachweises ein höheres Maß von seelischer Normalität und Korrektheit fordert; dazu kommt noch, daß er auch eine gewisse Überlegenheit benötigt, um auf den Patienten in gewissen analytischen Situationen als Vorbild, in anderen als Lehrer zu wirken. Und endlich ist nicht zu vergessen, daß die analytische Beziehung auf Wahrheitsliebe, das heißt auf die Anerkennung der Realität gegründet ist und jeden Schein und Trug ausschließt.[21]

Angesichts der obigen Darlegungen wird nochmals deutlich, wie stark Erfolg oder Mißerfolg der Therapie von der Persönlichkeit des Therapeuten – seiner Wertsicht, seiner Werthaltung, seiner Liebesfähigkeit, seiner Echtheit, seiner menschlichen »Größe« – abhängig ist. Es ist völlig illusorisch zu glauben, daß man in der Psychotherapie leichthin den einen Therapeuten durch einen anderen ersetzen kann. Es ist von schicksalhafter Tragweite, *wen* man zum Therapeuten nimmt. Von ihm wird man weitgehend geprägt wie von Mutter und Vater. Die Engen und Einseitigkeiten der Therapeutenpersönlichkeit beeinflussen die weitere Entwicklung des Analysanden ebensosehr wie seine Vorzüge und Stärken.

Man kann dies in einigen Überlegungen verdeutlichen, die sich einer nur groben Typologie möglicher neurotischer Restbestände beim Seelenarzt bedienen. Wie wirken sich etwa Restneurosen beim Arzt auf seinen Patienten aus?

a) Man setze den Fall, daß ein ängstlicher Patient an einen relativ mutlosen Therapeuten gerät. Dieser wird gewiß seinen Patienten zu ermutigen versuchen, aber nur so weit, wie es ihm selbst faßbar bleibt. Ein bestimmtes Ausmaß von Tapferkeit und Direktheit beim Analysanden wird den Therapeuten bereits beunruhigen; er will unbewußt seinem Schüler nicht mehr zubilligen, als er selbst an Mut besitzt. Sonst würde ja das therapeutische Gefälle abflachen!

b) Ein Patient kommt zu einem zwanghaften Therapeuten. Dieser wird nun durch die in der Therapie anwachsende Lebhaftigkeit des Analysanden irritiert; er gibt ihm verbal und auch präverbal zu verstehen, daß er sich mehr an Regel und Disziplin halten soll. Alle Spontaneität wird dadurch gedrosselt. Nach einiger Zeit der Behandlung sind Therapeut und Patient in gemeinsamer Zwanghaftigkeit beisammen und haben alles Unübersehbare, Allzulebendige aus dem Geschehen ausgeklammert.

c) Oder ein Patient konsultiert einen sexualgehemmten Therapeuten. Entweder läßt sich dieser nicht auf Sexualprobleme ein, oder er behandelt diese so oberflächlich, wie es der eigenen Prüderie und Gehemmtheit entspricht. Beide Gesprächspartner huschen über die tieferen Probleme der Sexualität hinweg und verweilen lieber bei anderen Fragen, die nicht so delikat sind. Es wird demnach nur eine partielle Therapie vollzogen, die gewiß auch in den anderen Bereichen nur Stückwerk bleibt.

d) Zuletzt noch die Situation, in der ein Patient einen (relativ) »ungebildeten« Therapeuten um Hilfe ersucht. Der wenig kultivierte Seelenarzt – den es genauso gibt wie die anderen drei Typen – wird kein Augenmerk darauf haben, daß er auch Kultur, Wissen und Bildung bei seinem Analysanden fördern muß, um diesen hinsichtlich seiner Ichstärke zu entfalten. So gibt man sich im Gespräch nur mit der persönlichen Erlebniswelt ab und lenkt kaum je den Blick auf allgemeine politische, soziale und kulturelle Zusammenhänge, die ja doch den Hintergrund jeder Neurose ausmachen. Die Förderung der Patientenpersönlichkeit bleibt im Alltäglichen und Privaten stecken!

Alle diese Beispiele, die um viele andere vermehrt werden können, werden nur in Erinnerung gerufen, um deutlich zu machen, wie sehr Psychotherapie eine *Existenzmitteilung* im Sinne von Sören Kierkegaard ist. Man vermittelt nicht nur Wissen, sondern man teilt sich als Mensch dem anderen Menschen mit. Dies ist, wie wir gezeigt haben, ein Prozeß der Wertvermittlung, der beim Analysanden im Laufe der Therapie eine *Umwertung aller Werte* auslösen soll. Nur eine Änderung der Werthaltung der Persönlichkeit kann Charakterveränderung genannt werden.

Damit ist auch unser Einwand gegen jegliche Pharmakotherapie psychischer Störungen formuliert: Es gibt bis jetzt keine Pille, die Werterfahrungen umstrukturieren kann. Gewiß mag das Medikament dann und wann als Tranquilizer, Aufmunterungs- und Dämpfungsmittel unentbehrlich sein. Aber durch die Biologie und die Biochemie kann eine Person nicht umgewandelt werden. Dies muß durch die Erziehungsarbeit der Psychotherapie geleistet werden, welche Werte und Gefühle eines Menschen tiefgreifend umformen und umgestalten kann.

Alfred Adler sprach davon, daß wir den Patienten dazu ermutigen müssen, die drei Lebensaufgaben der Arbeit, Liebe und Gemeinschaft in fruchtbringender Weise zu lösen. Auch C. G. Jung forderte in der Frühzeit der Psychoanalyse die Kulturleistung des Patienten als sichtbaren Ausdruck seiner Genesung. Mit anderen Worten:

Wir helfen dem Neurotiker nicht, indem wir ihn von der Kulturforderung entlasten, sondern nur dadurch, daß wir ihn zu einer tätigen Anteilnahme am schmerzenvollen Werke der Kulturentwicklung bringen. Die Leiden, die er in diesem Dienst erduldet, ersetzen ihm die Neurose. Während aber die Neurose mit ihren Beschwerden niemals gefolgt ist von jenem köstlichen Gefühl getaner Arbeit und erfüllter Pflicht, bringen die Leiden im Dienste nützlicher Arbeit und in der Überwindung wirklicher Schwierigkeiten jene Momente der Ruhe und der Sättigung, welche dem Menschen das unschätzbare Gefühl geben, sein Leben wirklich gelebt zu haben.[22]

Ethische Interventionen in der Psychotherapie

Wir rekapitulieren zunächst einige bereits gewonnene Einsichten: Auf dem Feld der Psychotherapie herrscht keine Einigkeit darüber, wie man seelisch gestörte Patienten beeinflußt, fördert und heilt. Die Vielfalt der Methoden, die hier angeboten werden, ist schier unübersehbar; sie reichen von den Dressurmethoden der Verhaltenstherapie über das »Psychodrama« (Moreno) und die Gesprächstherapie (Rogers) bis zu tausendfältigen Tricks und Techniken, die oft nur eine Saison lang die Gunst des Publikums genießen. Unseres Erachtens ist das glaubwürdigste Verfahren die analytische Psychotherapie, das heißt die langdauernde Selbsterforschung des Analysanden mit Hilfe eines Therapeuten, der durch eine umfassende theoretische und praktische Ausbildung in der Lage ist, im persönlichen Klärungsprozeß echten Beistand zu leisten. Dabei kommt es zu einer Forschungsarbeit zu zweit oder in Gruppen (Gruppentherapie), die immer auch psychologische, philosophische, gesellschaftliche und andere Themen einbeziehen muß. Ein Kernstück der therapeutischen Interaktion aber ist – wie wir meinen – die ethische Beeinflussung von Mensch zu Mensch, also die sittliche Erweckung oder Ermutigung des Patienten, in dem die Bereitschaft gefördert werden soll, Verantwortung für sein Leben und sein Schicksal zu übernehmen. Keine Therapie kann als gelungen bezeichnet werden, die nicht in die lebenslängliche Selbsterziehung des Analysanden einmündet.

Auch unter den analytischen Verfahren gibt es eine ganze Anzahl, die verschiedenartige weltanschauliche und wissenschaftliche Positionen einnehmen. Es ist hier nicht der Ort, den Streit dieser Schulen zu erläutern und zu klären. Unser eigener Standpunkt entstammt der Psychoanalyse und der Individualpsychologie, unter Einbeziehung von Anregungen aus der Neopsychoanalyse, der Daseinsanalyse, der »anthropologischen Therapie« (v. Gebsattel) und der Existenzphilosophie.

Von unserem Standort her gesehen, erweist sich jede ernstzunehmende Psychotherapie als »angewandte Ethik«, das heißt als eine systematische moralische Formung und Umformung des Patienten, die aber in keiner Weise in Moralismus ausarten darf. Alles Moralische muß eingebettet sein in das primäre Anliegen der Selbsterkenntnis, die ja selbst schon – wie wir weiter oben ausführten – einer ethischen Wurzel entspringt. Nur die um ihr inneres und äußeres Wachstum wahrhaft besorgte Persönlichkeit erwirbt im Verlauf ihres Lebens die Einheit von Selbsterkenntnis, Menschenkenntnis und Weltkenntnis.

Um dieses Programm in der Therapie unterbringen zu können, muß vorerst eine *tragfähige Beziehung* zwischen Analytiker und Analysand, Therapeut und Therapiegruppe (im Falle der Gruppentherapie) hergestellt werden. Ohne diese Beziehungsetablierung können tiefgreifende Erkenntnis- und Wandlungsvorgänge in Menschen nicht in Gang gebracht werden. Da jede emotional getönte Kontaktnahme alle Beziehungsschicksale eines Menschen von seiner Kindheit an latent oder manifest mobilisiert, kann die therapeutische Interaktion durch die Vergangenheit des Patienten (aber auch des Therapeuten) arg behindert werden. Beide Protagonisten müssen miteinander Geduld haben; enge Gefühlsbeziehungen gehen immer durch Krisen, hinter deren Überwindung produktive Zusammenarbeit möglich ist. Die Tiefenpsychologie hat diese Beziehungskomplikationen als »Übertragung und Gegenübertragung« beschrieben.

Schon im Durchstehen dieser Komplikationen der Kooperation geht es um praktizierte Ethik; Tugenden, die hierbei in Betracht kommen, sind Einfühlung, Toleranz, Verständigungsbereitschaft, Wißbegierde, Wahrheitsliebe und Überwindung von Eitelkeit.

Die von uns bevorzugte therapeutische Technik oder Kunst legt nicht so sehr den Akzent darauf, die ganze vergessene oder verdrängte Kindheit des Analysanden auszugraben, uferlos Träume zu deuten und seinen inneren und äußeren Werdegang durch gewagte Theorien zu dramatisieren; wir stellen in den Vordergrund die Untersuchung der *Charakterprobleme des Patienten*, seiner Beziehung zu sich selbst und zur Mitwelt. Charakteranomalien (Einstellungs- und Verhaltensfehler) werden interpretiert und in das Gesamtgefüge der Persönlichkeit eingeordnet.

Diese Charakteranalyse hat den großen Vorteil, daß sie – von einem wirklichen Experten gehandhabt – schneller und oft auch schmerzloser zu wesentlichen, das heißt charakterverändernden Ergebnissen führt. Sie erfordert allerdings von seiten des Therapeuten hochgradige Intuition, unmittelbares Erfassen von Persönlichkeitskonstanten, Erahnen ganzer Lebensentwürfe anhand winziger Symptomhandlungen und Gedankenmanifestationen.

Entscheidend ist hierbei das Auffinden von *Selbstgestaltungsfaktoren* im Glück und Unglück, das heißt von Eigenbeteiligung an dem, was einem scheinbar von außen zustößt. Der Patient kommt in die Therapie, um dort Schuldentlastung zu suchen; er will seine Misere erklärt haben durch die Ungeschicklichkeit seiner Eltern und Erzieher, die Bösartigkeit seiner Mitmenschen und die Verständnislosigkeit seiner Arbeits- und seiner Liebespartner. Aber der Therapeut kann nicht die Umwelt seines Analysanden ändern; was er vermag, ist der Einstellungswandel in letzterem, wodurch merkwürdigerweise sich auch dessen Umgebung wandelt oder zu wandeln scheint.
Adler nannte dieses Vorgehen die »finale Methode«, also das *Aufdecken der Ziele und Werte des Patienten*, die seine neurotischen Schwierigkeiten mit sich bringen. Anerkennung der Finalität im Seelischen ist von vornherein eine ethische Implikation; denn solche Zielsetzungen und Wertorientierungen – entstanden infolge unglückseliger Sozialisation und »Lebensirrtum« – sind meistens ethisch gering- oder gar minderwertig; die Heilung erfolgt durch die Wahl höherer und tragfähigerer Werte, in denen die eigene Perfektion mit dem Fortschritt der Gesamtheit verknüpft ist.
Entlarvt man die falsche Wertsetzung im analytischen Gespräch, so hat dies oft eine *Tendenz zum Humor*; Patient und Therapeut müssen oft darüber schmunzeln, mit welchen Finten und Verschrobenheiten sich jedermann um seine Ängste, Lebensaufgaben und Kulturleistungen herumzudrücken versucht. Wir geben in der Folge einige Beispiele solcher ethischer und oft auch humoristischer Interventionen; sie sind nur *Ausschnitte* aus Behandlungsgeschichten, aber sie lassen erahnen, wie wir uns »Bewußtmachen des Unbewußten« und »Heilung durch den Geist« (Stefan Zweig) vorstellen.

Fall Wilhelm: Ein vierzigjähriger Handwerker ist seit zwanzig Jahren verheiratet. Er versteht sich seelisch und geistig recht gut mit seiner Frau, aber seit Beginn der Partnerschaft bestehen gravierende Sexualprobleme. Die Frau erklärt, daß sie ihren Mann liebt, sich aber sexuell von ihm nicht angesprochen fühlt. In einer mehrjährigen Psychotherapie entwickeln sich beide Partner in vielfacher Hinsicht, können aber ihre Sexualbeziehung nicht wesentlich verbessern. Gelegentlich kommt es zu Phasen intensiveren Körperkontakts, die aber bald wieder abflauen. Die sexuelle Anästhesie der Frau konnte nicht behoben werden.
Schließlich unternimmt die Frau einen Versuch, sich von der Ehe zu

emanzipieren. Sie zieht aus und mietet eine Wohnung. Sie will seelisch und geistig selbständiger werden und eventuell auch eine andere Liebesbeziehung eingehen. Der Entschluß hierzu fällt ihr sehr schwer; auch hofft sie auf eine spätere Rückkehr zu ihrem Gatten, nur möchte sie zuvor sich selbst finden.
Für den Mann ist dies unter anderem eine narzißtische Kränkung. Seine Frau entspricht seinen Idealvorstellungen – wenn nur nicht die verwünschte Sexualabneigung wäre! Er fühlt sich von ihr im Stich gelassen und hegt intensiven Groll gegen sie. Dazu kommt, daß sie materiell von ihm abhängig ist. Sie verdient zwar einen Teil ihres Lebensunterhaltes selbst, aber das reicht für ihre Bedürfnisse nicht aus. Daher müßte er sie zumindest für einen gewissen Zeitraum unterstützen.
In einer gruppentherapeutischen Sitzung schildert er diesen Sachverhalt und bekundet die Absicht, seiner Gattin die erbetene materielle Hilfeleistung zu versagen. Die Gruppe ist skeptisch gegenüber dieser Haltung. Der Psychotherapeut lehnt sie regelrecht ab und empfiehlt ein ganz anderes Verhalten.
In einer detaillierten Stellungnahme deklariert der Therapeut die nachtragende und aggressive Haltung des verlassenen Liebespartners als ethisches Versagen in einer gewiß recht komplizierten Versagungssituation. Man kann begreifen, daß sich Unmutsgefühle mit dem Unglücklichsein vermischen; dennoch kann man es nicht billigen, daß man dem Partner, der einen nicht lieben kann, Steine nachwirft. Der Therapeut erinnert daran, daß viele Menschen in dieser kritischen Situation sich in Haß und Vernichtungsgefühle hineinsteigern; es kommen auch Verbrechen vor, die als eine ihrer Ursachen »verschmähte Liebe« haben. Seelisch kranke Menschen meinen, sie müßten den (angeblich) treulosen Liebespartner bestrafen, und oft führt dieses Motiv zu mörderischen Attacken mit nachfolgender Selbstvernichtung.
Wer aber wirklich »humanistisch« denkt, wird dem Partner die Freiheit geben, wenn dieser einem seine Liebe nicht mehr schenken kann. Er wird es auch vermeiden, dem Abschied üble Nachrede folgen zu lassen; es muß durchaus keine Bösartigkeit sein, die zur Trennung führt. Geradezu drollig war die Reaktion eines Gymnasiallehrers, den seine Frau verließ, um sich einem anderen Manne zuzuwenden; er sagte dem Therapeuten, er habe dessen Buch über Schizophrenie gelesen, und nun erst verstehe er, warum seine Frau ihn nicht lieben könne! Die Betreffende war aber weder schizophren noch psychopathisch, sondern der andere Mann paßte ein-

fach besser zu ihr. Unser Narzißmus fälscht oft unsere Urteile, und man muß keineswegs verrückt sein, wenn man ausgerechnet »unsere allerdurchlauchtigste Person« nicht liebt.
Die Trennung der Liebenden soll großzügig und vernünftig erfolgen. Es sollen – wenn irgend möglich – Reste von Freundschaft erhalten bleiben; denn es kommt oft genug vor, daß solche Partnerschaften nach einer Zeit der Distanz wieder zusammenwachsen. Dann soll kein Porzellan zerschlagen sein: Ein neuer Anfang bietet unter Umständen Chancen für beide Beteiligte.
Da es sich im vorliegenden Falle um einen einsichtigen, durch langjährige Therapie geschulten Mann handelt, nimmt er diese Argumentation bereitwillig auf und befolgt die ihm gegebene »Anweisung«. Die Frau ist glücklich darüber, daß sie die Beziehung zu ihrem Mann nicht ganz verliert. Die Zukunft wird erweisen, ob die beiden Partner in anderen Bindungen sexuelle Hingabe erlernen, die ihnen bei einem neuen Beziehungsversuch auch zur körperlichen Verständigung verhilft.

Fall Sabine: Eine Psychologin erzählt in einer Supervisionsstunde von der Behandlung eines siebzehnjährigen stotternden Mädchens. Die etwa zwei Jahre dauernde Therapie verlief im großen und ganzen befriedigend. Das Mädchen hat eine gute Beziehung zu seiner Therapeutin aufgebaut und kommt gerne in die Therapiesitzungen. Das Stottern hat sich gelegentlich gebessert, wird aber auch von Zeit zu Zeit wieder schlimmer: Von einer Heilung kann man noch nicht sprechen. Das Mädchen ist in der Schule tüchtig und wird wohl mit dem Abitur abschließen können. Zu Hause hat sie aber immer wieder Probleme; sie ist uneinig mit den Eltern, fühlt sich gegenüber einer jüngeren Schwester oft benachteiligt und sitzt nicht selten wie der leibhaftige Protest am Familientisch. Zu Hause ist ihr Stottern mitunter deutlich stärker als anderswo. Gespräche mit den Eltern haben nicht viel ergeben. Es sind brave und wohlmeinende Leute, aber psychologisches Verständnis haben sie offensichtlich nicht. Jedenfalls sieht die Psychologin keine Möglichkeit, die Eltern zu einer besseren Mitarbeit an der Therapie des Kindes zu motivieren. Es ist schon genug, daß sie diese nicht allzusehr stören.
Man diskutiert allerlei Möglichkeiten, um dem Mädchen noch intensiver helfen zu können. Zuletzt fragt der Lehranalytiker: »Haben Sie mit der Patientin bereits die Philosophie des Stotterns erörtert?« Die Psychologin verneint lächelnd, da sie bei dieser Aussage einen Scherz vermutet. Aber die Frage war ernst gemeint; und sie

wird folgendermaßen präzisiert: »Bei einem solchen Leiden muß unbedingt im Verlauf der Therapie die philosophische Lehre vom Wesen der Sprache diskutiert werden; das heißt, man muß dem Patienten verdeutlichen, was der zentrale Sinn des Sprechens überhaupt ist, denn das ist eines seiner vitalsten Probleme.«
Die anwesenden Psychologen rätseln daran herum, was denn nun das »Wesen der Sprache« sein könne. Wozu hat der Mensch die Sprache entwickelt? Ist sie ein Instrument der menschlichen Zusammenarbeit (Karl Marx), ein Hilfsmittel der sexuellen Kommunikation (Sigmund Freud), ein »Zeichensystem zur intellektuellen Bewältigung der Welt« (Semantik, Korcybski, Hayakawa) oder was sonst? Der Lehranalytiker bezweifelt nicht die Sinnhaftigkeit der genannten Definitionen, aber er fordert eine Aussage, die einer jungen Patientin – die keine Philosophin ist – wirklich helfen kann, ihr Leiden zu verstehen.

Als eine solche Erklärung wird nun vorgeschlagen: »Die Sprache wurde vom Menschen entwickelt, um dem Mitmenschen damit Freude zu bereiten.« Ähnlich mag es wohl mit dem Gesang der Vögel stehen; Konrad Lorenz behauptet zwar, daß im Singen der Vögel ihr Revieranspruch zum Ausdruck komme (»Dieses Territorium ist mein!«), aber das mag mit seiner konservativen Weltanschauung zusammenhängen. Mit ebensolchem Recht läßt sich deklarieren, daß die Vögel singen, weil es ihnen Freude bereitet und weil sie damit Beziehung zu Artgenossen aufnehmen.
Kronzeugen für unsere Definition sind die Dichter, unbestrittene Meister in der Sprachäußerung. Sie benutzen offenbar die Sprache, um Licht, Wärme, Freundlichkeit und Weltoffenheit um sich zu verbreiten. Gewiß ist die übrige Menschheit bemüht, aus der Sprache ein Instrument der Gewalttätigkeit, Unfreundlichkeit und Lüge zu machen; aber das ist eben pathologischer Mißbrauch der Sprache.
Stotterer und Menschen mit anderen Sprechtics oder mangelhaftem Sprachschatz haben in ihrer Sozialisation nicht gelernt, die Sprache als Element der Fremd- und Selbstbeglückung zu verwenden. Natürlich werden sie auch noch anders traumatisiert; aber die Aufdeckung dieser Traumen hilft meistens nicht viel. Eher schon ist es hilfreich, wenn die Gesamtmotivation verändert wird, wenn der Stotterer sich vornimmt, sprechend Freude auszustrahlen. Dann nämlich wird auch das Sichschämen unwichtig, das dem Stotterer so viele Qualen bereitet und sein Leiden verschlimmert. Wer andere er-

freuen will, denkt nicht an den Eindruck, den er dabei machen will. Die Psychologin erklärt dies ihrer Patientin, und in einer späteren Kontrollsitzung berichtet sie von den Folgen dieser Diskussion. Daraus erwuchsen viele weitere Gespräche, das Mädchen fragte viel, die Behandlung wurde belebt, und die Familie lobt das Kind, weil es jetzt daheim kooperativer und freundlicher geworden ist.

Fall Antje: Eine fünfzigjährige Frau, die verheiratet ist und drei Kinder hat, verliert ihren fünfzehnjährigen Lieblingssohn bei einem Unfall. Der Junge hatte ein Aortenaneurysma, von dem man keine Ahnung hatte. Beim Schwimmen ließen die Anstrengungen das Aneurysma platzen, und der Junge verblutete in kurzer Zeit – ärztliche Hilfe war nicht mehr möglich.
Für die Frau ist es begreiflicherweise ein furchtbarer Schlag. Mit dem Jungen hat sie sich besonders gut verstanden, mit ihm konnte sie über alles sprechen. Sie liebt auch die beiden anderen Kinder, ein älteres Mädchen (siebzehn Jahre) und einen Knaben (elf Jahre). Aber nun fühlt sie sich vom Leben gewaltig enttäuscht und weiß kaum mehr, wie sie sich zurechtfinden kann.
Die Ehe mit ihrem künstlerisch tätigen Mann gibt ihr wenig Halt und Stütze. Er geht ganz in seiner Kunst auf. Er ist mit einer anderen verheirateten Frau befreundet, und es ist unklar, wie weit diese Beziehung reicht. Mit seiner Frau unterhält er schon lange keine sexuellen Beziehungen mehr. So ist das Eheleben emotional karg, und die sehr sensible Frau leidet unter ihren Enttäuschungen, in die sich auch Eifersucht gegen die andere mischt.
Dazu kommt nun die schwere Traumatisierung durch den gänzlich unvorhersehbaren Todesfall. Sie ist wochenlang tief traurig, bricht immer wieder in Tränen aus, hat keinen Appetit mehr und kann nachts kaum noch schlafen. Oft hat sie Angstzustände und Herzrasen. Eine kleine, harmlose Brustoperation bringt sie vollends zur Dekompensation, sie klagt, daß sie »nicht mehr hochkommt« und glaubt, kein positives Lebensgefühl mehr erlangen zu können.
Sie hat eine vorzügliche Beziehung zum Psychotherapeuten, der in dieser Situation eine wirksame Hilfeleistung anstrebt. Bekannte haben ihr geraten, sich ihrem Schmerz »nur richtig hinzugeben«: Er müsse voll und ganz durchlebt werden. Ihr Gatte sucht Trost in seiner Kunst und kann ihr nicht helfen. Die verbliebenen Kinder leiden mit unter der Trostlosigkeit ihrer Mutter; das Mädchen kann das psychische Elend zu Hause nicht ertragen und übernachtet lieber bei Freundinnen.

In einigen Gruppentherapiesitzungen trägt die Frau ihre Notlage vor; die Gruppenmitglieder trösten sie nach Kräften, aber eine Umstimmung scheint noch nicht zu erfolgen. In dieser Situation versucht der Therapeut eine »ethische Intervention«.
Er erkennt an, daß die Situation tragisch ist und daß die von Freud beschriebene Trauerarbeit eine gewisse Zeit in Anspruch nehmen wird. Aber er bestreitet energisch, daß die Patientin sich in ihren Schmerz und ihren Kummer hineinfallen lassen darf. Sie hat zwei Kinder, die die Mutter als Erzieherin und Betreuerin benötigen. Ein Sichhineinwühlen in die Trauer würde einem Versäumen dieser Aufgabe gleichkommen. Die Pflicht gegen den verstorbenen Sohn ist nicht so groß wie die Verpflichtung gegenüber den lebenden Kindern.
Auch wird angedeutet, daß die starken psychosomatischen Trauererscheinungen (Herzrasen, Schlaf- und Appetitlosigkeit usw.) einen verborgenen Sinn haben können. Die Patientin leidet unter ihrer frustrierenden Ehe, und so könnte es sein, daß sie den Tod des Kindes unbewußt »benützt«, um sich aus der Partnerschaft und aus dem Leben zurückziehen zu können; so kann die Trauer zu einer Art »Klosterersatz« werden. In früheren Jahrhunderten hätten sich Frauen, die vom Leben enttäuscht waren und einen schlimmen Rückschlag erlitten hatten, ins Kloster begeben; aber das sei nicht sinnvoll, wenn man um eine Ehe noch kämpfen kann und Kinder hat, die Führung und Förderung brauchen. Auch bleibt das Problem der Selbstverwirklichung und sinnvollen Lebensführung nach Schicksalsschlägen bestehen.
Sodann kann ein Teil der Hoffnungslosigkeit und des Leidens eine Botschaft an den in seine Kunst versponnenen Gatten sein, sozusagen eine Liebeswerbung auf der Basis von Hilflosigkeit. Aber solche Werbungen kommen bei introvertierten Partnern kaum gut an. Der Therapeut verlangt Tapferkeit in der jetzigen Situation, Überwindung der Hilflosigkeit und weitere Lebensplanung. Die Patientin wird buchstäblich umgestimmt und zeigt keine Symptome mehr.

Fall Peter: Ein fünfunddreißigjähriger Arzt, der schon lange in psychotherapeutischer Behandlung ist, hat sich bei einem Besuch zu Hause mit seinem Vater heftig gestritten. Es ging um die Notwendigkeit von Atomkraftwerken; der Vater war pro, der Sohn contra. Die Leidenschaften gingen so hoch, daß der junge Mann seinen Besuch jählings abbrach; alle Beteiligten waren darüber traurig, denn

der Arzt lebt mehrere hundert Kilometer von seinen Eltern entfernt und kann sie nur ein- bis zweimal im Jahr besuchen.
Er erzählt den Vorfall in einer gruppentherapeutischen Sitzung; seiner Meinung nach ist sein Vater reaktionär und unwissend. Der Therapeut gibt zu bedenken, daß dies wohl möglich sei – gleichwohl ist der Verlauf der Begegnung mit den Eltern problematisch. Denn im Grunde seien weder Vater noch Sohn (ersterer ist ein Kaufmann in der Bekleidungsbranche) Experten auf dem Gebiet der Atomwirtschaft; daher müsse man die Frage aufwerfen, ob nicht hier »zwei Eitelkeiten aufeinandergestoßen seien«, zwei Menschen, die größer scheinen wollen, als sie in Wirklichkeit sind.
Da diese Deutung im freundlichsten Ton gegeben wird und die Beziehung des Analysanden zum Analytiker seit langem intakt ist, wird diese Intervention gut aufgenommen. Der Therapeut ergänzt sie durch den Hinweis, daß man vermutlich weitere Belege finden könne, wenn die Eitelkeitsinterpretation richtig sei.
Kurze Zeit darauf spricht der junge Arzt ein anderes Problem an: Er hat außerordentliche Mühe, sich in wissenschaftliche Literatur zu vertiefen. Schon nach kurzer Zeit verläßt er die Lektüre und landet vor dem Bildschirm, vor dem er kostbare Stunden verbringt. In der Wissenschaft kommt er fast gar nicht voran. Denn er liebt auch Kneipenbesuche, von denen er spät nach Hause kommt. Dann hat er am folgenden Tag meistens Mühe mit dem Aufstehen; er kommt regelmäßig zu spät in die Klinik, was von den Vorgesetzten zwar mit Geduld, aber auch mit Mißbilligung hingenommen wird.
Auch hier wird der Faktor Eitelkeit in Betracht gezogen. Lesen und Lernen stellen nach der Meinung des Therapeuten klassische Minderwertigkeitssituationen dar. Man fühlt sich klein und winzig, wenn man anspruchsvolle Literatur zur Hand nimmt. Auch kann man nicht umhin, der eigenen Dummheit gewahr zu werden, wenn man sich in kluge Bücher vertieft. Darum neigen die meisten Menschen dazu, solche Texte zu meiden. Illustrierte, leichte Romane, Krimis, Fernsehunterhaltung usw. umschiffen gewandt die Dummheitserfahrung, und die Eitelkeit bleibt unangetastet. Auch in der Kneipe ist man wer, wenn man seine Bestellungen aufgibt und sich durch Alkohol aufputscht. Ein »Nebengewinn« ist das durch das späte Einschlafen verursachte Zuspätkommen am folgenden Tag: Man erlangt unweigerlich Beachtung (»Der XY ist schon wieder noch nicht da!«), kann Trotz und Widerspenstigkeit ausagieren, und den Chef (der eine Vaterfigur ist) ärgern und erbittern. Mit solchen Mätzchen macht man sich wichtig, aber auf der »Unnützlichkeits-

seite« des Lebens. Auch hat man das Alibi: Wenn ich nicht diese merkwürdige Neigung zum Fernsehen, zum Kneipenbesuch, zum Verschlafen am Morgen hätte, was würde ich nicht alles leisten können! Aber leider habe ich diese kleinen Untugenden, und darum wird nichts aus meinen guten Vorsätzen. Die Eitelkeit im ganzen Geschehen bleibt ausgespart; sie anzuerkennen ist relativ schmerzlich.

Bald liefert der junge Arzt eine weitere Bestätigung seiner Ichvergötzung und seines Glaubens, eine Ausnahmeexistenz sein zu müssen. Er ist aus verschiedenen Gründen in finanziellen Schwierigkeiten; er hat sein Bankkonto stark überzogen und wird nun von Bankschulden bedrängt. Gleichwohl geht er auf eine sehr kostspielige Urlaubsreise, mit der Argumentation, er habe diese Ferien durch einige Arbeitsanstrengungen sehr wohl verdient. Nun aber müsse er – wie schon des öfteren – seinen Vater angehen, damit dieser ihm die Schulden bezahle. Der bereits erwähnte Zwischenfall macht aber ein solches Gesuch an den Vater recht unangenehm.

Auch hier wieder wird auf der Eitelkeit insistiert. Nur der ichhafte Mensch will alles haben, was er sich in den Kopf setzt. Realitätsprinzip ist für ihn eine Quantité négligeable – menschliches und berufliches Vorankommen ist aber nur möglich, wenn der Größenwahn abgebaut wird und die Gesetze der Wirklichkeit gesehen und anerkannt werden.

Fall Heiner: Ein zweiunddreißigjähriger Arzt und Psychologe leidet mitunter an erhöhtem Blutdruck, hat ein gewisses Alkoholproblem und kann mit seinen Partnerschaften nicht gut zurechtkommen. Er ist in der Ausbildung als Psychotherapeut, ist lebhaft an Wissenschaft und Philosophie interessiert und hat gute Aussichten, ein vortrefflicher Arzt und Therapeut zu werden. Aber ruhige und stetige Arbeit fällt ihm schwer; oft will er an den Abenden »noch etwas erleben«, und darum hat er früher auch eine »chaotische Lebensführung« praktiziert. Im ganzen aber ist er ein sehr aufgeschlossener und kluger Mensch, der auch in seiner Psychotherapie ungemein kooperativ war und ist.

In einer seiner Sitzungen kommt das Thema »Ehrgeiz« zur Sprache. Er bekennt sich unverhohlen zu einer starken Ehrgeizmotivation; er möchte sich eventuell habilitieren und irgendwann Professor werden. Es ist für ihn, wie er sagt, ein schrecklicher Gedanke, daß er nur mittelmäßig sein könnte. Er will sich hervortun und »groß werden«.

Nun ist Ehrgeiz bei einem jungen Mann keine ungewöhnliche Erscheinung; man muß vorsichtig sein, wenn man sie mit Pathologieverdacht belegt. Im Falle dieses Arztes jedoch sind Verbindungslinien zu seiner Sozialisation unmittelbar zu erkennen. Er wurde als gehätscheltes Einzelkind einer Familie erzogen, in der man vom »Sohn und Stammhalter« beste Leistungen erwartete. Diese erbrachte er auch in der Schule, absolvierte sein Studium mit Glanz und ergänzte seine medizinische Ausbildung – die noch nicht beendet ist – durch ein Psychologie- und Psychotherapiestudium. Dazwischen lagen aber immer wieder Durchbrüche einer unkontrollierten Extraversion; Eskapaden der Vergnügungslust, Alkoholkonsum usw. Der hohe Blutdruck paßt zu seinem Charakterbild; er steht unter Druck, mehr sein zu müssen, als er ist; und dies ist unzweifelhaft eine Nachwirkung seiner Erziehung, in der er zwischen zwei hochgradig nervösen Eltern stand und stellvertretend deren Ehrgeiz befriedigen mußte. Auch darum will er ein »Star« werden, allerdings – wie dies seinen Neigungen entspricht – im Bereich der Wissenschaft.

Der Therapeut bestätigt, daß die intellektuellen Fähigkeiten des jungen Mannes ehrgeizige Pläne durchaus als mehr oder minder realistisch erscheinen lassen, aber er warnt vor einer Hypertrophie dieser Entwürfe. Warum muß der Mensch eigentlich »mehr als Mittelmaß« sein? Liegt da nicht schon eine Deformation durch eine problematische Pädagogik vor? Wer über das Mittelmaß hinauswächst, hat nicht unbedingt das Großseinwollen als Zielvorstellung, sondern wird durch sein echtes Sachinteresse und durch das im Verlauf von Jahren wachsende Energiepotential in »die Größe« fast unabsichtlich hineingedrängt. Wo aber der Ehrgeiz allzusehr dominiert, geraten Kraft und Sachlichkeit ins Hintertreffen: Man macht sich unglücklich, wenn man dem Ruhm nachjagt, den man andererseits durch Vernachlässigung echter Persönlichkeitswerte geradezu sabotiert.

Dem Analysanden wird ganz schlicht Zufriedenheit mit sich selbst und mit dem bereits Erreichten nahegelegt. Er ist eigentlich längst kein Mittelmaß mehr, denn er hat zwei akademische Studien erfolgreich bewältigt. Er wird an Schopenhauers »Wertetafel« in den »Aphorismen zur Lebensweisheit« (*Parerga und Paralipomena*, 1851) erinnert; der Philosoph unterscheidet darin drei Wertstufen: Was einer *ist*, was einer *hat*, und was einer *vorstellt*. Letzteres ist Ruhm, Ehre, Ansehen und Glanz der Persönlichkeit, nämlich die Vorstellung, die sich andere von uns machen. Schopenhauer weiß,

daß derlei nicht unwichtig ist; aber er betont, viel wichtiger sei, was einer *ist*, nämlich Werte wie Gesundheit, Heiterkeit des Gemüts, geistige Wachheit, Vernunft usw. Unser Analysand hat durch Akzentuieren des Erfolgsstrebens seinen Blutdruck in die Höhe getrieben, ist oft rast- und ruhelos, braucht Alkohol, um sich zu beruhigen, und leidet an allgemeinen Nervositätssymptomen.
Er wird gefragt, ob er beim Erwachen ein Morgengebet spreche. Er verneint lachend, denn er selbst ist Atheist, und er weiß, daß der Therapeut auch nicht an Gott glaubt. Dennoch wird ihm folgende Gebetsformel halb im Spaß und halb im Ernst empfohlen: »Ich habe eigentlich alles erreicht, was man im Leben erreichen soll. Was dazukommt, ist ›Überschuß‹. Nur eines brauche ich noch: eine gute Partnerin, die Geduld mit mir hat und meinen Ehrgeiz durch Liebe heilt!«

Fall Anna: Eine sechsunddreißigjährige Lehrerin klagt über zwanghaftes Erröten, das sie seit ihrer Kindheit in psychische Not bringt. Sie will mit allen Mitteln vermeiden, daß ihre Umgebung dieses Symptom wahrnimmt; zum Beispiel in der Schule hält sie – auch im Herbst und Winter – ein Fenster offen, damit sich ihre Wangen abkühlen; die Schüler sollen nicht sehen, daß ihre Lehrerin rot wird. Oft gehen ganze Unterrichtsstunden daneben, da sie durch plötzliches Erröten gestört wird; sie gibt dann den Lehrplan auf, läßt die Kinder irgend etwas schreiben und zieht sich hinter ihr Pult zurück, bis sich die Gesichtsfarbe annähernd normalisiert. Auch im Liebesleben fühlt sie sich sehr beeinträchtigt. Der Partner weiß zwar um ihr Problem, aber sie versucht, in Errötungssituationen von ihm Abstand zu halten; fast dreißig Jahre Erythrophobie haben ihre innere und äußere Entwicklung stark beeinträchtigt.
Sie ist als Tochter einer katholischen Familie aufgewachsen. Der Vater war Gymnasialrektor und später Schulrat. Die Eltern achteten sehr darauf, daß keines der sieben Kinder im Städtchen unangenehm auffiel. Die Patientin und ihre Geschwister wurden auf formvollendetes Benehmen gedrillt. Sie durften keine Fehler machen, mußten vorzügliche Schüler sein und wurden natürlich sexuell nicht aufgeklärt. Im frommen Elternhaus wurde es wohl als blamabel betrachtet, daß der Mensch »einen Unterleib besitzt«. Natürlich bestehen derzeit auch sexuelle Störungen. Die Frau war viele Jahre lang extrem schüchtern. Aber inzwischen hat sie sich gefestigt, übt ihren Beruf mit Erfolg aus und hat schon seit Jahren eine einigermaßen stabile Partnerschaft, die allerdings durch ihre – nicht ganz unbe-

rechtigte – Eifersucht gestört wird. Sie hat Mühe, ihre Freizeit allein zu gestalten, ist sehr abhängig vom Partner und traut sich kaum eigene geistige Interessen zu. Sie ist aber ein liebenswerter Mensch, engagiert sich sehr in ihrer Psychotherapie und will über ihre neurotische Charakterstruktur hinauswachsen.
Ihr Erröten wurde schon oft in Therapiesitzungen besprochen, gedeutet und eingeordnet. Die Herkunft des Symptoms ist durch die obigen Andeutungen gut genug geklärt. Auch wurde sie ermutigt, sich in ihrem Beruf weiterzubilden, denn berufliche Kompetenz stärkt die Selbstachtung und verringert die Macht der Symptome. Gleichwohl hat sich am Erröten nicht viel geändert.
Nun kommt es in einer Sitzung zu einer massiven ethischen Intervention. Der Therapeut, zu dem eine gute Beziehung besteht, macht einen Generalangriff auf die Erythrophobie. Er interpretiert das Symptom als eine Haltung des »Unbedingt-einen-guten-Eindruck-machen-Wollens«; aber das sei kleinbürgerliche Moral, sozusagen Spießerethik. Es komme doch im Leben alles darauf an, daß man seine Sache voranbringe, daß man sich und die Mitmenschen fördere. Was soll dabei die Frage, ob man nun rot oder blaß wird! Der Beruf des Lehrers sei sehr wichtig; es handele sich dabei um nichts Geringeres als um die Übergabe des tradierten Wissens an die heranwachsende Generation. Der Lehrer habe die Aufgabe, die Kinder an die Kultur heranzuführen. Er soll sie lehren, das Leben als Bildungsgeschehen zu begreifen. Und verglichen damit sei die Frage, ob man hübsch oder weniger hübsch aussehe, geradezu lächerlich. Das sei wie in der folgenden Geschichte: Ein Kind fällt ins Wasser und droht zu ertrinken. Ein Mann ist in der Nähe, springt aber nicht hinein, sondern läßt das Kind untergehen. Man tadelt ihn später: »Warum bist du nicht ins Wasser gesprungen?« Er antwortet: »Ich hatte keinen schönen Anzug an, und wenn nachher die Pressefotografen gekommen wären, hätte es in den Zeitungen kein gutes Bild von mir gegeben!« Und darum mußte ein Kind untergehen!
Spaßhaft schimpfend sagt der Analytiker: »Und so lassen Sie immer wieder Ihre Schulklasse untergehen, weil Sie rot werden! Was soll dieses kindliche Kreisen um sich selbst? Stehen Sie zu Ihrer Sache, zu Ihrer Aufgabe! Nehmen Sie sich vor, rot zu werden, denn: Red is beautiful! Darauf kommt es doch nicht an.« Die Lehrerin lächelt und sagt auf späteren Sitzungen, daß sie auf das Erröten nicht mehr so sehr achtet.

Fall Hanna: Eine siebenundsechzigjährige Frau leidet seit etwa acht Jahren an einer Depression, die in Schüben auftritt; zwischen Phasen der Erleichterung ergeben sich Zeiten der Melancholie, die schwer erträglich sind. Sie ist seit rund vierzig Jahren verheiratet; der Ehemann ist Techniker. Die beiden Eheleute, die zwei Kinder großgezogen haben, verstehen sich im allgemeinen recht gut. Aber natürlich belasten die depressiven Verstimmungen das Eheleben ganz beträchtlich.

Der Mann hat sich pensionieren lassen; die Frau arbeitet halbtags als Verkäuferin in einem Juweliergeschäft. Sie liebt ihre Arbeit, da hierdurch ihre Depressionen gemildert werden. Allerdings ist sie mit ihrer Chefin nicht ganz zufrieden, da diese mit Lob geizt und leicht nörgelt.

Die Beziehung zu den Kindern, die beide schon Kinder haben, ist eher locker; der Sohn hat Alkoholprobleme, und die Tochter hat mit ihrer Ehe genug zu tun. Die Großeltern sind jedoch gern gesehen, wenn sie zu Besuch kommen, und vor allem die Enkelkinder machen ihnen Freude.

Die lebensgeschichtliche Herleitung der Depression ist schwierig. Sie brach angeblich aus, als das Ehepaar Erbschaftsschwierigkeiten hatte; sie wurden hierbei von einem Menschen enttäuscht, den sie für anständig und ehrlich gehalten hatten. Aber es ist sehr fraglich, ob man eine solche periphere Frustration als Depressionsursache annehmen kann. Meistens ist es ja ein ganzes Ursachengeflecht, das bei solchen Formen der Neurose in Betracht kommt.

Die Patientin ist als Einzelkind in einfachen Verhältnissen groß geworden. Der Vater litt in späteren Jahren an Depressionen; sie glaubte immer, daß sie eine depressive Anlage mitbekommen habe, aber der Therapeut verneint die angeborene Disposition zur Trauer; eher läßt er gelten, daß die Patientin eine wichtige Bezugsfigur aus der Kindheit nachahmt. Man lernt sehr viel von seinen Eltern, unter anderem auch das neurotische Erleben und Verhalten. Der Hinweis auf Vererbung dient meistens nur der Mystifikation und Resignation – er ist wissenschaftlich nicht haltbar.

Aber was mögen nun die wirklichen Ursachen der Depression sein? Die Patientin ist heute noch eine schöne Frau, und man kann ahnen, daß sie in ihren jungen Jahren sehr attraktiv gewesen sein muß. Solchen Menschen macht mitunter das Altwerden viel zu schaffen. Sie müssen sich damit abfinden, daß die Schönheit dahinschwindet; und wenn sie darin vielleicht den obersten Wert ihres Lebens gesehen haben, dann kann das auf sie wie eine Katastrophe wirken.

Diese Vermutung wird vom Therapeuten zart und behutsam angesprochen. Die Patientin bestätigt, daß ihr der Anblick alter Leute, wenn diese körperliche Verfallserscheinungen zeigen, regelrecht weh tut; sie und ihr Mann gehen zweimal in der Woche in ein Warmwasserschwimmbad, das von alten Leuten besucht wird. Die Patientin muß immer wegschauen, wenn gebrechliche Menschen darunter sind; offenbar wird sie dadurch an ihr eigenes Schicksal erinnert.
Der Therapeut erörtert mit der Patientin das Sich-abfinden-Müssen mit dem Älterwerden, mit der »Endlichkeit des Lebens«, somit also auch mit dem Sterbenmüssen. Die Frau versteht ganz gut den Gedankengang, aber es kommt nur zur mäßigen Abschwächung der Depressionen; immerhin kann sie berichten, daß sie nun mitunter wochenlang ganz beschwerdefrei ist. Aber dann kommen auch Rückfälle.
Nun äußert der Therapeut die Hypothese: Wo ein neurotischer Wesenszug besteht, muß es mindestens noch einen zweiten geben, und oft ist dieser therapeutisch leichter anzugehen als der erste. Aber wo liegt die zweite Neurose?
Der Mann ist leidenschaftlicher Segler, und er liebt sein Segelschiff »fast soviel wie seine Frau«. Dies ist jedenfalls die Meinung seiner Gattin, die auf das Schiff eifersüchtig ist. Das führt zur Vermutung, daß sie tatsächlich an Eifersucht leidet. Dies wird bestätigt, und so kommt es zur psychologischen Konjektur (Mutmaßung): Die Patientin ist durch das Herannahen von Alter und Tod zur Angst und Depression disponiert, aber sie »verwendet« ihre Symptomatik, um sich ein Übergewicht gegenüber ihrem Mann zu verschaffen; sie muß auf diese Machtattitüde verzichten, wenn sie von der Depression geheilt werden will. Auf diese Deutung hin erfolgt wieder eine merkliche Zustandsbesserung.

Fall Walter: Ein etwa fünfzigjähriger Hochschulprofessor konsultiert den Psychotherapeuten wegen eigentümlicher moralischer Skrupel, die er sich nicht erklären kann. Der Mann war viele Jahre lang verheiratet und hat drei Kinder. Vor einigen Jahren ließ er sich scheiden; seine drei Söhne leben bei seiner Frau und sind zwischen fünfzehn und zwanzig Jahre alt. Sie haben sich sehr gut entwickelt, kommen in der Schule voran, haben zum Vater eine gute Beziehung und besuchen ihn in Abständen. Auch die Abstimmung mit der Mutter der Kinder ist – sofern gemeinsame Entschlüsse zu fassen sind – nicht schwierig. Der Mann ist seit einigen Jahren mit einer

etwa 38 Jahre alten Lehrerin liiert; er liebt diese Frau sehr und will sie bald heiraten. Auch seine ehemalige Gattin ist eine Partnerschaft eingegangen, mit der sie offenbar zufrieden ist.
Das störende Symptom wird folgendermaßen beschrieben: Immer wenn der Gelehrte mit seiner Partnerin in Urlaub fahren will, stellt sich die Sorge ein, seine Kinder könnten ihn brauchen, so daß er mit seiner Reise Unrecht an ihnen begehe. Aus diesem Grunde kann er sich schon Wochen vorher nicht auf die Reise freuen. Er wird nachdenklich und traurig, und diese Stimmung hält meistens fast für die Hälfte der Ferien an. Später wird er gelöster und unbekümmerter und ist glücklich über das Zusammensein mit seiner Freundin, von der er sagt, daß sie ihn ausgezeichnet verstehe und auch seine Launen mit Geduld hinnehme.
Da es sich um eine Einzelkonsultation handelt (der Mann wohnt einige hundert Kilometer vom Wohnort des Therapeuten entfernt und kann nicht öfter zur Behandlung kommen), ist der Analytiker gezwungen, eine »Blitztherapie« zu versuchen. Es geht darum, dem intelligenten Ratsuchenden irgendeinen Hinweis zu geben, durch den er seine Symptomatik vernünftig einordnen kann.
Der Therapeut gesteht seine Ratlosigkeit, meint aber, in *einem* Punkt könne er trotz Unkenntnis von Charakter und Persönlichkeit seines Gegenübers eine Aussage wagen. Und zwar scheine es sich hier um eine moralisch-ethische Reaktion zu handeln, aber es sei ganz unwahrscheinlich, daß die Sache wirklich etwas mit Moral und Ethik zu tun habe. Der Gelehrte ist erstaunt über diese Feststellung und quittiert sie mit der Frage: »Was kann es denn sonst sein?« Die Antwort darauf muß umständlich ausfallen.
Der Analytiker denkt an die Wirkung, die das Verhalten des Ratsuchenden auf diesen selbst und auf dessen Partnerin ausübt: Der Patient dämpft ganz offensichtlich sich und sie und verhindert das Gefühl der Freude und der intensiven Lebensbejahung. Anstelle dessen setzt er moralische Skrupel, die keinen Wert haben und völlig unnötig sind. Denn seine Kinder haben ihm oft versichert, er dürfe ruhig seinen Urlaub genießen; sie benötigten ihn nicht, und falls Not am Mann sei, sei ihnen die Mutter eine ausreichende Hilfe.
Der Therapeut erklärt daraufhin: »Es gibt Menschen, die in ihrer Kindheit nur schlecht gelernt haben, Freude zu empfinden und Freude zu bereiten. Sie wachsen meistens in einem Milieu auf, wo eine puritanische und pessimistische Stimmung vorherrscht; alles dreht sich um Pflicht und Gewissenhaftigkeit, und wenn ein Kind sich mächtig freut, wird es von den Erwachsenen gleich zur Ord-

nung gerufen. Soll ein solcher Mensch sich später des Lebens freuen, dann erwachen sofort Schuldgefühle und Strafängste in ihm; also wird er heitere Gefühle bei sich und anderen zu verhindern suchen, damit nicht diese urtümliche Angst in ihm erwacht. Das maskiert sich dann leicht als moralisches Phänomen, indem man es mit einer halbwegs nachvollziehbaren ›Sorge‹ (hier um die Kinder) verknüpft. Es ist jedoch kaum etwas anderes als eine *Rationalisierung*, das heißt die Bemäntelung der Unfähigkeit zur Freude durch pseudoethische Begründung. Man soll aber solche Selbsttäuschungen aufgeben; der Fuchtel pedantischer Erzieher entronnen, muß der Mensch nicht moralischer scheinen wollen, als er ist.«

Der Patient ist sichtlich erheitert über seinen Selbstbetrug. Später erfährt der Therapeut von der Partnerin des Professors, daß dieser gerne an die Sitzung zurückdenkt und sich nun sorgenfreie Urlaube gönnt.

Fall Petra: Eine dreißigjährige Medizinstudentin muß das sogenannte praktische Jahr absolvieren, das heißt im Krankenhaus unter der Leitung erfahrener Kollegen arbeiten, damit sie die im Studium gewonnenen Kenntnisse in die Praxis umsetzen lernt. Sie hat dabei große Schwierigkeiten; sie getraut sich kaum, Fragen zu stellen und fürchtet ständig, sich vor den Ärzten und Oberärzten zu blamieren. Daher fühlt sie sich in der Klinik unwohl, weint zu Hause viel und kompensiert ihr Unglücklichsein durch den häufigen Gang zum Kühlschrank. Dies löst die Befürchtung bei ihr aus, zu dick zu werden; sie hat zwar durchaus Normalgewicht, aber schon seit Jahren kreisen ihre Gedanken oft um Essen und Gewichtszunahme.

Sie ist schon länger in der Psychotherapie und hat eine gute Übertragung zum Therapeuten aufgebaut. Daher kann sich dieser einen radikalen Eingriff leisten, wobei er das Verhalten der Patientin ethisch in Frage stellt.

Es wird ihr dringend nahegelegt, ihrer Blamagenangst nicht nachzugeben, sondern die Zeit wirklich für die Vermehrung ihrer Kenntnisse und Fertigkeiten zu nutzen. Sie muß den Anfängerstatus akzeptieren; schämt sie sich zu sehr ihrer Unzulänglichkeit und versäumt Chancen des Lernens, dann wird sie vielleicht später in verantwortlicher Situation der Lage nicht mächtig sein und allenfalls ihren Patienten schaden. Auch kommt es darauf an, in dieser Lehrzeit Tapferkeit und Sachbezogenheit einzuüben; es geht gar nicht um das armselige Prinzip der Fehlerlosigkeit, sondern um die Entwicklung zum praktizierenden Arzt. Wer aber stets um das Prestige der eigenen Person bangt, hat keinen Blick für die eigentlichen Berufsprobleme und bleibt in sich verfangen, was für die Patienten verhängnisvoll sein kann. Auch handelt es sich hier um einen Beruf, in dem man dem Hilfesuchenden durch den eigenen Mut und die eigene Lebenszugewandtheit Zuversicht einflößen muß. Wie will man das erreichen, wenn man selbst ein zimperliches Wesen ist, das sich seinen Aufgaben nicht stellt? Die Patientin begreift, daß ihre Einsicht in die ethischen Forderungen ihres Berufes ihre persönlichen Probleme lösen kann.

Charakter und Neurose im Licht der Wertphilosophie

Wir haben in den vorangegangenen Kapiteln mehrfach von niederen und höheren Werten gesprochen. Damit haben wir vorausgesetzt, daß wir wissen (oder ahnen), was Werte überhaupt sind. Nun stehen wir aber vor der Aufgabe, explizit zu erläutern, was die Rede von einer Werthierarchie – der Rangordnung im Reich der Werte – bedeuten soll.

Die Frage nach den Werten gehört der Wertphilosophie respektive der Ethik an. Der Psychologe ist Laie auf diesem Gebiet und muß sich davor hüten, apodiktische Feststellungen zu machen. Er kann lediglich eine vorläufige Orientierung anstreben, wobei er stets für Korrekturen offenbleiben muß. Aber es ist prinzipiell wohl möglich, von der Psychologie her die Probleme der Werte und der *Werterfahrung* zu schildern.

Von Aristoteles (*Nikomachische Ethik*) bis Nicolai Hartmann (*Ethik*, 1925) ist die Frage nach dem Wesen und der Natur des Wertes ein Kernstück der ethischen Forschung. Eine eindeutige Klärung ist allerdings bis heute nicht erfolgt.

Die meisten Autoren gehen davon aus, daß man zwischen der *Tatsachenwelt* und der *Welt der Werte* grundsätzlich unterscheiden müsse. Es handelt sich um einen ontologischen Unterschied, nämlich eine Unterscheidung, die die sogenannte Seinsweise berücksichtigt. Tatsachen *sind* schlechthin; Werte aber *sollen sein*. Im Gegensatz zu den Tatsachen, die einfach existieren, schreiben wir den Werten einen Forderungscharakter zu. Diese Forderung kann gesehen und gehört, aber auch übersehen und überhört werden. Die Tatsache drängt sich uns massiver und handgreiflicher auf als der Wert; erstere wird durch die Sinnesorgane wahrgenommen, indes letzterer auf ein weniger sicher reagierendes »Organ des Wertvernehmens« verweist. Dies wird in der Literatur u. a. das Gewissen, das Gefühlsleben oder die Gesamtpersönlichkeit genannt.

Die Tatsachen sind offensichtlich vom Menschen unabhängiger als die Werte. Man kann sich die materielle Welt sehr gut ohne den Menschen vorstellen: Sie würde keine Einbuße erleiden. Sterne und Erde, Land und Meer, Pflanzen und Tiere wären weiterhin vorhanden; es würde der Natur nichts fehlen. Die Realität in ihrem »An-sich-Sein« (Hegel) bedarf des Menschen nicht, um ihre volle Existenz zu bewahren.

Anders ist es bei der Wertwelt. Zwar gibt es Theorien (etwa von Nicolai Hartmann), die den Werten auch ein An-sich-Sein bestätigen: Sie sollen sozusagen unabhängig vom Menschen existieren und darauf warten, daß sie vom Menschen erkannt und verwirklicht werden. Diese Auffassung können wir nicht überprüfen. Auch wenn sie richtig wäre, würde sich nichts daran ändern, daß die Werte auf den Menschen weit mehr angewiesen sind als die Tatsachen. Ein Kosmos der Werte ohne den Menschen ist nur ein Phantom, das keine Möglichkeit besitzt, realisiert zu werden. Daher läßt sich auch Sartres Auffassung verstehen, die Werte würden allesamt vom Menschen geschaffen und ohne ihn gar nicht existieren.

Man kann dies mit einem schönen Satz von Immanuel Kant verdeutlichen: »Wenn es keine Gerechtigkeit mehr gibt, dann hat es keinen Wert mehr, daß Menschen auf der Erde wohnen.« Dreht man den Satz um, so lautet er – ebenfalls sinnvoll: »Wenn es keine Menschen mehr auf der Erde gibt, dann hat es keinen Wert mehr, von Gerechtigkeit zu reden.« So hat die Wertwelt eine enge Beziehung zum Menschen, der sie entweder schafft oder durch sein Leben und Wirken zumindest trägt und erhält. Diese Auffassung wird durch die meisten Theorien der Wertphilosophie bestätigt.

Versuchsweise kann man – mehr als Gedankenexperiment – auch dem Tier schon ein dunkles Wertempfinden zuschreiben. Faßt man den Wert als ein Ziel auf, nach dem man strebt, so ergibt sich ohne weiteres, daß auch das animalische Leben (im gewissen Sinn sogar das pflanzliche) schon Bewertungen vornimmt, indem es auswählt, vorzieht und hintanstellt. Überall, wo Leben ist, finden wir die Phänomene des Strebens und der Wahl.

So kann man sich einen Einzeller denken, der in einem Wassertropfen herumschwimmt. Bringt man diesen Tropfen unter ein Mikroskop und erwärmt die Hälfte davon durch einen Lichtstrahl, so wird sich bald zeigen, daß die Mikrobe zum Licht und zur Wärme hinschwimmt. Auch das Einbringen von Nährstoffen in die Lösung wird Schwimmbewegungen auslösen. Das winzige Tierchen gibt damit kund, daß es den wärme- und nahrungshaltigen Teil des Tropfens für wertvoller ansieht als den anderen Teil. Und bei allen seinen Angriffs- und Abwehrbewegungen, Veränderungen im Raum usw. hält es an einer fundamentalen Wertung fest, ohne die sich das Leben nicht erhalten könnte: nämlich, daß das Leben wertvoller ist als der

Tod. Diese Grundwertung ist zutiefst in den Code der lebendigen Substanz eingeschrieben.
Aber trotz dieser Analogie zwischen Tier und Mensch sollte man von Werten und Werterfahrung – so auch Nicolai Hartmann – eigentlich nur beim Menschen sprechen. Nur ein Wesen, das *seiner selbst bewußt* ist und *Wahlmöglichkeit* besitzt, kann Werte erleben und verwirklichen. Erst dem Menschen eröffnet sich der Kosmos der Werte. Vielleicht hängt das damit zusammen, daß er – mehr und prinzipiell anders als andere Lebewesen – ein »Mängelwesen« (Herder) ist.
Im Wert erkennen wir die Chance der Kompensation des Mangels, der tief in unserer Wesensverfassung steckt. Sartre spricht regelrecht davon, daß der Mensch durch seine Bewußtseinsstruktur »ein Loch im Sein« darstelle. Er hat weniger Substantialität und Sein als die Dinge, die kompakt und unerschütterlich vor uns stehen. Jedes Ding ist immer ganz, was es ist. Beim Menschen gibt es immer eine Zukunft, die noch nicht da ist, aber bereits bestimmend in die Gegenwart hineinragt. Menschsein heißt immer als Werdender leben, ein Wesen der Möglichkeiten, ein Projekt sein. Dieser Mangel an Konsistenz ist zugleich auch eine Auszeichnung. Nur so kann der Mensch sich unendlich entwickeln und entfalten. Gerade weil er eine »aufgeweichte Stelle im Seinsganzen« (Sartre) ist, erahnt er im Wert die mögliche Seinsfülle und Selbstverwirklichung. Er kann aber nie die Kompaktheit der Dinge erlangen, die ihm angesichts der Fragilität seines Bewußtseins oft genug als Ideal vorschweben mag. Er ist und bleibt ein Werde-Sein. Nur im Gottesbegriff hat er sich eine Vorstellung geschaffen, in der sich das Ziel seiner Träume erfüllt: Gott ist Bewußtsein *und* zugleich Ding an sich. Daher nennen ihn die mittelalterlichen Theologen auch *ens realissimum* (wirklichstes Sein), in dem Tatsache und Wert eins geworden sind. Aber Gott ist nur ein Glaubensartikel, und der Mensch sollte nach Möglichkeit darauf verzichten, Gott werden zu wollen. Sartre urteilt über den Wunsch des Menschen, ein dinghaftes Bewußtsein oder ein bewußtes Ding zu werden: »Der Mensch ist ein verunglücktes Unternehmen, Gott zu werden!«
Daher kann man mutmaßen, daß die Werte sozusagen die Kompensation der menschlichen Daseinsmängel sind. Sie sind Leitbilder, denen wir nachstreben, weil wir so unvollkommen und unzulänglich sind. Unsere Schwächen sind gleichsam die Augen, mit denen wir auf unsere Ideale blicken.
Der Mensch nimmt eine Mittelstellung zwischen Tatsachen- und

Wertwelt ein. Er ist nicht mehr nur Tatsache wie die Steine, die Pflanzen, die Tiere, und er ist noch nicht Wert wie unsere Ideale, Ziele. Er hat aber die Aufgabe, zur Wertverwirklichung hinzustreben. In diesem Prozeß ist der Aufbau echten Menschseins und einer Welt der Humanität inbegriffen.
Werte sind noch nicht, aber sie *sollen* sein. So kann etwa niemand behaupten, daß Wahrheit und Gerechtigkeit schon existent seien. Sie sind da und dort in Ansätzen realisiert, aber ihre totale Verwirklichung läßt noch auf sich warten. Indem wir Schritt für Schritt diese und andere Werte in die Welt *hineinarbeiten*, erbauen wir das Reich des Menschen auf dieser Erde und vollenden den Prozeß der Menschwerdung: »Der Mensch ist die Zukunft des Menschen.« (Sartre)
Nur aus dieser Sicht wird der bereits weiter oben zitierte Satz Adlers aus dem Buch *Der Sinn des Lebens* (1933) transparent:

Es besteht die berechtigte Erwartung, daß in viel späterer Zeit, wenn der Menschheit genug Zeit gelassen wird, die Kraft des Gemeinschaftsgefühls über alle äußeren Widerstände siegen wird. Dann wird der Mensch Gemeinschaftsgefühl äußern wie Atmen.[23]

Ähnlich wie Sartre und Adler verlegt auch Karl Marx die Realisierung aller Wertmöglichkeiten in die Zukunft, das heißt in die klassenlose Gesellschaft. Alles, was davor liegt, ist nur die »Vorgeschichte des Menschen«. Der Mensch ist unterwegs zu seinen Zielen. Wahrscheinlich wird sich dies kaum ändern. Denn wir wären Götter, wenn wir keine Werte mehr nötig hätten, die uns Ziel und Richtung unseres Strebens weisen. Die Selbstschöpfung der Menschheit wäre abgeschlossen, wenn wir bereits alle Werte in uns trügen. Es ist sehr fraglich, ob dieser ideale, absolute Zustand wünschbar wäre. Jedenfalls ist es derzeit bestimmt noch nicht soweit. Nach Adler ist die Formel für den Menschen noch nicht gefunden. Noch müssen wir suchen und streben; alles an uns und in uns ist im Werden. Wir selbst sind ein Übergang.
Dies macht ein hübscher Scherz eines amerikanischen Biologen deutlich. Dieser knüpft an die Tatsache an, daß die Naturforscher seit den grandiosen Erkenntnissen Darwins darum bemüht waren, das Mittelglied, »the missing link« zwischen Affe und Mensch zu finden. Man machte die berühmten paläontologischen Entdeckungen, Skelette oder Schädelknochen des Neandertalers, des Peking-, Java-, Piltdownmenschen usw. wurden gefunden, aber das eigentliche Mittelwesen schienen diese prähistorischen Menschentypen nicht zu sein. Auf einer Naturforscherversammlung gab jener Bio-

loge nun bekannt: »Ich habe das Mittelglied zwischen dem Affen und dem Kulturmenschen gefunden!« Atemlose Stille im Raum. Darauf der Biologe: »*Wir* sind es!«

Nicht mehr Affe und noch nicht Mensch – dies ist unser vorläufiges Schicksal. Allerdings erleben wir Tag für Tag die Menschwerdung des Menschen. Werteschaffend und wertempfindend baut sich die Menschheit selbst auf. Aller Fortschritt vollzieht sich durch die Schaffung oder Verinnerlichung von Werten, die den Bestand der Kultur ausmachen. Werte sind die erfüllten Möglichkeiten des Menschen. Wohl mag es im Einzelfall strittig sein, was nun wirklich Wert und Unwert ist, aber das menschliche Bewußtsein schreitet fort und sieht hierin immer deutlicher und klarer. So wird niemand zweifeln können, daß die im folgenden aufgezählten Werte echte Kulturwerte sind, wenn man auch da und dort wird erörtern müssen, was sie faktisch beinhalten: Freiheit, Liebe, Vernunft, Redlichkeit, Gesundheit, Wissen, Schönheit, gegenseitige Hilfe, Kunst, Wissenschaft, Philosophie, sozialer Fortschritt, Selbsterkenntnis, Güte, Humor usw.

Für den Psychologen und Psychotherapeuten ist es bedeutsam, einen Überblick über den Kosmos der Werte und die darin vorherrschenden Rangordnungen und Rangstufen zu erhalten. Denn im Therapiegeschehen wird man oft vor die Aufgabe gestellt, in gewissen Konfliktsituationen die Wahl des Patienten zwischen zwei Möglichkeiten – sprich *Werten* – zu unterstützen. Gewiß darf der Seelenarzt nicht Schicksal spielen und dem Analysanden Entscheidungen abnehmen; aber er ist immer in den Prozeß der Entscheidungsfindung einbezogen und darf zumindest als Entscheidungshelfer in Funktion treten.

Die Klärung der Werthierarchie ist wiederum ein Thema der philosophischen Ethik. Wir verweisen auf die umfassenden Darlegungen in der Philosophie von Aristoteles bis Nicolai Hartmann – Gedanken von Plato, den Stoikern, Descartes, Spinoza, Hume, Rousseau, Kant, Fichte, Schopenhauer, Nietzsche, Feuerbach, Marx, Bergson, Scheler, Sartre u. a. m. sind in diesem Zusammenhang wichtig, können hier aber von uns nicht referiert werden. Wir müssen uns lediglich darauf beschränken, einige Hinweise zum Problem der Rangordnung verschiedener Werte zu geben, wobei eine endgültige Klärung der Sachlage nicht erwartet werden darf. Die Menschheit ringt seit Jahrtausenden um das wahre Wertbewußtsein; im Lauf der Zeit ändern sich Wertgefühl und Werterfahrung, so daß man ein Ende dieser Entwicklung nicht absehen kann.

Die Geschichte lehrt uns die allmähliche und oft sehr tiefgreifende Veränderung des Werthorizonts. Man wird an das Gleichnis Nicolai Hartmanns erinnert, daß der Werthimmel dem Sternenhimmel gleicht; so wie man mit besseren Teleskopen immer neue Sterne entdeckt, erkennt auch die Menschheit in ihrer kulturellen Entwicklung immer neue sittliche und moralische Leitsterne. Erst am Ende der Geschichte wird die Universalität der Werte für den Menschen ohne Einschränkung zugänglich sein.

Für das Wachstum und die Veränderung des Wertbewußtseins lassen sich leicht einige Beispiele anführen:

a) Wir erinnern in diesem Zusammenhang etwa nur an das Problem der Schwangerschaftsunterbrechung. Für ein modernes Denken ist es selbstverständlich, daß die Frau das Recht haben soll zu entscheiden, ob sie ein Kind haben will oder nicht. Sie als die eigentlich Betroffene müßte sagen dürfen, ob sie sich materiell, psychisch und physisch der Geburt und Erziehung eines Kindes gewachsen fühlt. Ihr Leben ist der höhere Wert im Vergleich zu jenem Zellhaufen, der sich in ihrem Leib zu organisieren beginnt. Dem halten nun religiöse und konservative Kreise entgegen, daß das Leben selbst in seinen anfänglichsten Formen schon »göttlich und geheiligt« sei. Also muß die Frau nach den Vorstellungen von Kirche und Konservatismus jedes Kind austragen, selbst wenn sie das Opfer einer Vergewaltigung ist. Merkwürdigerweise sind dieselben Instanzen, die sich so lebhaft für das Schicksal von Embryonen im Mutterleib interessieren, gänzlich stumm, wenn der Staat im kriegerischen Wahnwitz Millionen junger und blühender Menschen in den sicheren Tod schickt. Dann wird von den Kanzeln und im Feld jeweils der »Tod fürs Vaterland«, für die »gerechte Sache«, für die »Werte des Abendlandes« usw. schamlos verkündigt. Die herrschende Moral hat offenbar zwei Gesichter: Der etablierten Macht gegenüber ist sie immer zur Zustimmung bereit, indes sie den Schwachen und Hilflosen drohend begegnet.

b) Zahlreiche Autoren behaupten wohl mit Recht, daß die persönliche Liebe zwischen Mann und Frau erst spät in der Kulturentwicklung als Wert in Erscheinung tritt. Wahrscheinlich gab es immer schon da und dort echte Liebesgefühle zwischen Liebespartnern; aber erst die Troubadours des 13. Jahrhunderts, die Minnesänger der provenzalischen Frührenaissance, die Nietzsche als Ritter, Sänger und Freigeister bewunderte, schufen das Ideal wahrer Partnerschaft zwischen Liebenden. Angesichts der christlichen Frauenverachtung war dies eine revolutionäre Tat.

c) Die Wertwidrigkeit der Sklaverei war dem Altertum und dem Mittelalter durchaus unbekannt. So ist es für Aristoteles kaum denkbar, daß es keine Sklaven geben soll; er sieht den Unterschied zwischen freien und versklavten Menschen als naturgegeben an. So dachte man noch bis weit in die Neuzeit hinein; die Abschaffung der Feudalhörigkeit und der Sklaverei erforderte gewaltige Kämpfe und Umwälzungen. Der amerikanische Bürgerkrieg von 1861 bis 1865 wurde angeblich um die Abschaffung der Sklaverei geführt. Um dieselbe Zeit nötigte der russische Zar durch ein Edikt seine Feudalbesitzer, Land an die Bauern abzutreten, doch der Feudalismus blieb unter dem Deckmantel übergroßer Verschuldung der Bauern weiter bestehen. Auch die Sklaverei wußte sich in der neuzeitlichen Industriegesellschaft geschickt zu tarnen.

d) Die notwendige Ächtung des Krieges als Mittel der Politik ist bis heute noch nicht ins Wertbewußtsein der Politiker und der von ihnen ge- und verführten Volksmassen gedrungen. Wiewohl der Wahnwitz aller Kriege längst offenkundig ist, wird immer noch wettgerüstet, und dies sogar mit atomaren und biologischen Waffen, die alle Menschen dieser Erde ausrotten können. Noch denken die Menschen in den veralteten ideologischen Kategorien der Macht und der Stärke, der Einschüchterung und des Imponiergehabes, der ökonomischen und politischen Vorherrschaft, des vorurteilsbehafteten Cliquen- und Klüngelsystems. Die Einheit der Menschheit wird als Wert noch nicht gesehen, und der Gedanke einer internationalen Solidarität aller mit allen ist – vor allem bei den Männern an den Hebeln der Macht – nicht ins Wertgefühl aufgenommen worden.

So sehen wir an diesen wenigen Beispielen, die ohne weiteres vermehrt werden könnten, wie sehr Mensch und Menschheit noch der Wertbildung und Werterziehung bedürfen. Die Menschheit befindet sich darin noch auf Entdeckungsfahrt; sie muß die Werte finden, verstehen und sich aneignen. Hierüber schreibt Hartmann in seiner *Ethik*:

Jeder neue Lebenskonflikt stellt den Menschen vor neue Aufgaben und kann dadurch zum Erfassen neuer Werte führen. Das primäre Wertbewußtsein wächst eben mit der Steigerung des moralischen Lebens, mit seiner Komplizierung und Intensivierung, mit der Mannigfaltigkeit und tatsächlichen Werthöhe seines Inhalts. Dann ergibt sich aber, daß die ganze Menschheit unausgesetzt an der primären Entdeckung der Werte arbeitet, und zwar ohne diese Arbeit als Zweck zu verfolgen: jede Gemeinschaft, jedes Zeitalter, jedes Volk an seinem Teil und in den Grenzen seines geschichtlichen Seins; und ebenso im Kleinen jeder Einzelne für sich, in den Grenzen seines moralischen Gesichtskreises. – Die Konsequenz ist: es gibt überhaupt keinen absoluten Stillstand des Wertbewußtseins. Auch hier, wie überall in der Welt, ist alles im Fluß. Unter der scheinbar beruhigten Oberfläche ist die beständige Revolution des Ethos am Werk [...]. Es gibt also ein andauerndes Sichherausarbeiten neuer ethischer Wertgehalte. Das ist keine Umwertung der Werte, wohl aber eine Umwertung des Lebens [...]. Der Prozeß der ethischen Revolution ist ein echter Entdeckungsprozeß, echte Wertenthüllung, Werterschließung [...].[24]

Wie kann sich der Psychologe inmitten der Vielfalt möglicher Werte orientieren? Was lehrt uns die ethische Literatur über die Rangordnung der Werte? Inwiefern spielen solche Werthierarchie-Überlegungen in die Praxis des Psychotherapeuten hinein?
Aristoteles war einer der ersten, der die Werte in ihre Mannigfaltigkeit zu gruppieren versuchte; so spricht er in der *Nikomachischen Ethik* von äußeren Werten (Gütern), von Werten des Leibes und der Seele. Er läßt keinen Zweifel darüber, daß er die Seelenwerte am höchsten einstuft. Und unter ihnen ist es offenbar das Denken, welches ihm als besondere Auszeichnung des Menschen erscheint. Der »vernünftige Mensch« ist das ethische Ideal der aristotelischen Philosophie.
Schopenhauer übernimmt die Dreizahl dieser Einteilung, gibt ihr aber einen anderen Sinn, indem er in seinen »Aphorismen zur Lebensweisheit« (1851) schreibt:

Hiervon nun nichts als die Dreizahl behaltend, sage ich, daß was den Unterschied im Lose der Sterblichen begründet, sich auf drei Grundbestimmungen zurückführen läßt. Sie sind:
1. Was einer *ist*: also die Persönlichkeit, im weitesten Sinne. Sonach ist hierunter Gesundheit, Kraft, Schönheit, Temperament, moralischer Charakter, Intelligenz, Ausbildung derselben begriffen.
2. Was einer *hat*: also Eigentum und Besitz in jeglichem Sinne.
3. Was einer *vorstellt*: unter diesem Ausdruck wird bekanntlich verstanden, was er in der Vorstellung anderer ist, also eigentlich, wie er von ihnen vorgestellt wird. Es besteht demnach in ihrer Meinung von ihm und zerfällt in Ehre, Rang und Ruhm.[25]

Schopenhauer ist der Meinung, daß Güter, Ehre, Rang und Ruhm dem Menschen durch Schicksalsschläge genommen werden können; was ihm aber niemand wegnehmen kann, ist seine Persönlichkeit. Daher ist dies ein Wert, der beständiger ist als alle anderen: Man muß ihn an die Spitze aller Werte setzen. Je vernünftiger der Mensch ist, um so mehr wird er sein Leben darauf ausrichten, den *Wert seiner Persönlichkeit* zu kultivieren, selbst wenn er dabei mate-

rielle Güter und Ansehen bei den Mitmenschen aufs Spiel setzen muß.
Auch andere Forscher haben Rangordnungen im Reich der Werte festgestellt. So hat Friedrich Schiller in seiner Abhandlung *Über Anmut und Würde* (1793) zwei Werte (Tugenden) einander gegenübergestellt, die sowohl ähnlich wie auch grundverschieden sind. Anmut wird hierbei als die Freiheit in der körperlichen Erscheinung beschrieben; Würde hingegen ist das Freisein bei der Beachtung des Sittengesetzes. Der anmutige Mensch nähert sich der physischen Vollkommenheit an; der würdevolle Mensch hat an der psychischen Vollkommenheit teil. Schiller ist wohl für die vollendete Pflege und Schulung des Körpers, aber er stellt die geistig-sittliche Förderung höher. Nur im Dienst des »guten Menschen« haben körperliche Kräfte und Fähigkeiten einen Sinn.
Vor allem Nietzsche ist der unbestrittene Meister der modernen Wertforschung. Sein Kampf gilt vor allem der überlieferten christlich-abendländischen Moral, deren Lebensfremdheit und Lebensverneinung er deutlich macht. Nietzsche entlarvt die christlichen Werte (Tugenden) der Armut, der Keuschheit und des Gehorsams als Scheinwerte; sie dienen nicht der Lebenssteigerung, sondern der Dekadenz und dem kulturellen Niedergang. Diese alten Wertetafeln sollen durch neue ersetzt werden. Auf den letzteren wird man nicht mehr die Ideale der Selbstlosigkeit und der Selbstverneinung finden. Nietzsche predigt die blühende Entfaltung des Lebens, wozu unter anderem auch ein gesunder Egoismus, Bejahung der Sexualität, des schaffenden und tätigen Menschen, der Erde und der Menschheitskultur gehören.
Max Scheler (*Der Formalismus in der Ethik und die materiale Wertethik*, 1923) hat viele Anregungen Nietzsches aufgenommen und fruchtbar weitergeführt. Sein Hauptwerk bringt viele neuartige Gesichtspunkte, die für das moderne ethische Denken umwälzend gewirkt haben. Schelers Polemik richtet sich gegen Kant, dessen abstrakter Pflichtbegriff (Formalismus) den Reichtum sittlicher Phänomene verblassen lasse. Demgegenüber wird auf der Basis »emotionaler Erkenntnis« (»Logik des Herzens« bei Pascal, »Ordnung der Liebe« bei den alten Scholastikern) eine neue Wertforschung angestrebt. Dieser phänomenologische Blickwinkel liefert entscheidende Einsichten über Wertstufen und Wertgesetzlichkeiten, die wir im einzelnen nicht schildern können. Aber auch Scheler scheint den Wert der *menschlichen Person* an die höchste Rangposition zu setzen.

Dasselbe gilt wohl auch für Nicolai Hartmann, dessen *Ethik* einen großangelegten Entwurf zur Wert- und Tugendanalyse darstellt. Hartmanns Werk ist die gründlichste und umfassendste Untersuchung über die ethischen Grundfragen, die es derzeit gibt. Ihr Studium empfiehlt sich für jedermann, der sich im Gewirr ethischer Sachverhalte und Theorien zurechtfinden will. Neben scharfsinnigen theoretischen Konstruktionen bietet Hartmann auch sehr feinfühlige Schilderungen der Werte und Tugenden, um die es im Menschenleben geht. Das Reich der Werte tut sich vor dem Leser auf, der seinen eigenen Wertentwurf mit demjenigen des Philosophen vergleichen kann. Denn der Schüler in der Ethik ist nicht dazu aufgerufen, ein Dogma zu übernehmen; er soll sich selbst auf die Wertsuche begeben und seinen eigenen Werthorizont erkunden, wobei ihm die Führung durch Vorbilder und Vorläufer nur von Nutzen sein kann. Auch in dieser Haltung ist die philosophische Ethik der Psychotherapie ähnlich.

Die Psychotherapie hat es mit Werten, Werterziehung und Wertkonflikten zu tun. Sehr oft muß der Therapeut seinem Analysanden eine Entscheidungshilfe leisten, wenn zwischen zwei zur Wahl stehenden Werten gewählt werden soll. Niemand kann sich darauf herausreden, daß der Seelenarzt neutral bleiben soll. Dies ist weder möglich noch wünschenswert. Es ist unmöglich, denn jede Erzählung des Patienten löst im Therapeuten emotionale und intellektuelle Vorgänge aus, die Zustimmung oder Kritik bedeuten. Dies läßt sich kaum ganz verheimlichen, da man mimisch und gestisch, im Tonfall und in der Wortwahl immer zu den Problemen der Patienten Stellung nimmt, selbst wenn man sowenig wie möglich aussagen möchte. Daher soll der Psychologe im Verlauf einer Therapie sein eigenes Wertsystem offen zu erkennen geben, so daß der Analysand sich damit auseinandersetzen kann. So wird ihm kein Werturteil heimlich ins Seelenleben geschmuggelt, vielmehr suchen die beiden Protagonisten des therapeutischen Prozesses gemeinsam eine Wertorientierung. Kein Therapeut soll seine Wertordnung verabsolutieren. Wie nun einmal die Dinge liegen, ist niemand mit der endgültigen Wertauffassung gesegnet; wir alle sind Sucher – zur Hybris hat niemand Anlaß.

Zur Veranschaulichung der *Wertkonflikte* geben wir einige Beispiele:

a) Ein Analysand wird von seinen Eltern, die Bauern sind, bedrängt, sein Studium und seine Therapie in Berlin aufzugeben; er solle nach Hause (in Westdeutschland) kommen und bei der Arbeit helfen:

Der Hof sei in Gefahr zu verkommen. Er gerät dadurch in einen Gewissenskonflikt. Soll er die Pflicht gegen die Eltern in den Vordergrund stellen oder an die Entwicklung seiner Persönlichkeit denken? Schon kurzfristige Besuche zu Hause werfen ihn emotional in seiner Entwicklung deutlich zurück. Er kommt immer gedämpft von seinen Heimaturlauben in die Therapie zurück. Auch liegt ihm sehr viel an seinem Studium, mehr als am Besitz eines Hofes. Der Therapeut und die Gruppe lassen durchblicken, daß sie psychische Gesundheit und persönliche Entfaltung höher einstufen als Hilfeleistung für die Eltern. Der Analysand bleibt in Berlin, und die Eltern finden sich damit ab.

b) Ein Kind ist im Sport tüchtig und erfährt von seinem Schwimmlehrer, daß es eventuell für eine Meisterschaft in Frage kommt. Nur müsse es hierzu einige Jahre lang täglich mehrere Stunden für den Schwimmsport trainieren. Das Kind fragt den Therapeuten, ob es soviel Mühe in den Sport investieren soll oder ob die hierfür notwendige Zeit besser beim geselligen Umgang, beim Studium von Büchern usw. verwendet wäre. Der Therapeut und die Gruppe bekunden mehr oder minder deutlich, daß sie soziale Beziehungen und Bildung der Persönlichkeit für wichtiger erachten als einseitiges Training für eine sportliche Meisterschaft, die doch im Grunde nicht viel bringt. – Der Schwimmlehrer wird hier natürlich ganz anderer Ansicht sein!

c) Ein Hochschullehrer bekommt ein Angebot aus einem Staat, dessen politische Verhältnisse unfrei sind, weshalb auch die Redefreiheit eingeschränkt ist. Es werden hierbei größere materielle Vorteile geboten. Auch sind in Forschung und Lehre Vergünstigungen vorgesehen, die der Dozent momentan vermißt. Er steht nun vor der Wahl, ob er die genannten Pluspunkte höher bewerten soll als seine Gesinnungs- und Redefreiheit; wobei er noch zusätzlich in Betracht ziehen muß, daß die Annahme der Professur in einem solchen Staat eine Unterstützung des bestehenden Regimes bedeutet. Vom ethischen Standpunkt wird der Therapeut, wenn er angesichts dieser Wahlsituation befragt würde, eher raten, eine solche Professur auszuschlagen. Gesinnung steht höher als materieller Vorteil, es sei denn, daß sehr triftige Gründe (Existenzsicherung) vorübergehend für die andere Lösung sprechen.

d) Ein Ehepaar ist gemeinsam in der gruppentherapeutischen Behandlung. Die Ehe ist schlecht; der Mann hat schon verschiedene Emanzipationsbemühungen unternommen, hat aber nicht die Kraft gefunden, sich von seiner Frau zu lösen. Im Verlauf der Therapie wird wohl versucht, das Ehepaar zur wechselseitigen Verständigung zu führen; es zeigt sich aber, daß dies nicht möglich ist. Schließlich gibt der Mann die Ehe auf und findet eine Partnerin, die besser zu ihm zu passen scheint. Er ist mit der neuen Lösung zufrieden; die verlassene Ehefrau jedoch ist unglücklich, da sie noch an ihrem ehemaligen Partner hängt.

Die therapeutischen Gespräche tendieren dahin, sie mit ihrem Schicksal zu versöhnen, da dieses unabänderlich ist. Sie sieht das wohl ein, bleibt aber länger im Gefühl der Trauer um ihre verlorene Ehe, als dies sinnvoll und passend erscheint. Sie hat einige günstige Gelegenheiten zu einer neuen Partnerschaft, die sie aber nicht wahrnimmt. In der Therapie wird ihre depressive und kleinmütige Weltschmerzstimmung bearbeitet. Man billigt ihr zu, daß sie ein Stück Trauerarbeit leisten muß, um den Gatten zu vergessen. Aber sie tut offenbar des Guten zuviel.

An diesem Punkt wagt der Therapeut die Deutung, daß hier mehr sadomasochistische Anhänglichkeit im Spiel sein könnte als Liebe. Es entspreche einer humanistischen Ethik, den Partner – der nicht mehr mitmachen will – frei ziehen zu lassen. Ein übergroßes Maß an Traurigsein wolle ihn festhalten, und das sei nicht richtig. Wir übergehen weitere Einzelheiten dieses Falles, da es uns nur auf die moralische Stellungnahme ankommt.

e) Ein Analysand berichtet in einer Gruppensitzung, daß er »Einwände gegen den Therapeuten« habe. Er habe das Gefühl, der Therapeut sei gegenüber einer bestimmten Analysandin ungeduldig und eventuell sogar ungerecht. Ein anderer Analysand springt sofort ein und verteidigt den Therapeuten; diese Analysandin sei in der Tat schwierig, man könne mit ihr kaum auskommen.

Der Therapeut hingegen gibt offen zu, daß er mit dieser Analysandin Schwierigkeiten habe. Ihre psychische Disposition belaste ihn wirklich, und er habe selbst das Gefühl, nicht jederzeit ihr gegenüber geduldig und souverän sein zu können. Die Gruppe möge eventuelle Unausgewogenheiten seines Verhaltens ausgleichen.

Hier hat der Therapeut durchaus die Möglichkeit, eine Kritik abzuweisen, die teilweise berechtigt ist. Er verschmäht jedoch die billige Lösung und vollzieht vor der Gruppe einen Akt der Selbsterkenntnis. Auf diese Weise trägt er dazu bei, die Therapiegruppe zur Wahrhaftigkeit zu erziehen. Denn wie sollen Patienten wahrhaftig werden, wenn es ihnen der Therapeut nicht vormacht? Ein anderer Analysand bestätigt hernach, daß er dieses Bekenntnis des Arztes als sehr wohltuend empfunden habe – auch weitere Patienten bestäti-

gen diesen Eindruck, wodurch sich der Therapeut in seiner Haltung bestärkt fühlt.
Mit solchen Wertfragen und Wertkonflikten hat man in der Therapie ständig zu tun. Aber sie präsentieren sich nicht immer in der obigen Zuspitzung. Der Therapeut und die Gruppe sind nicht hauptamtlich Ratgeber bei Entscheidungen irgendwelcher Art. Ihre wichtigsten Aufgaben sind die Charakteranalyse und die Neurosentherapie. Dies bedeutet nun in erster Linie kontinuierliche Arbeit an der Persönlichkeit des Analysanden, was wiederum in unserem Sinn mit Werterziehung identisch ist.
Der Neurotiker kommt in die Therapie, weil sein Wertentwurf zu schmal, zu karg und zu einseitig ausgefallen ist. Wir sagen dasselbe mit anderen Worten, wenn wir die Neurose als Gefühlsarmut, Gefühlskargheit und Gefühlseinseitigkeit definieren. Die Wertordnung, die der Patient in sich trägt und lebt, ist dürftig; niedere Werte haben oft gänzlich den Platz der höheren Werte eingenommen. Daraus erwachsen dem betreffenden Menschen viele persönliche und zwischenmenschliche Komplikationen. Sein Leben entbehrt der tieferen Sinnhaftigkeit. Es ist von der Gemeinschaft weitgehend abgeschnitten und gerät meistens in einen Stillstand: Er tritt auf der Stelle. Meist endet die neurotische Daseinsbewegung in einem selbstgemauerten Gefängnis, woraus sich der Patient nicht aus eigener Kraft befreien kann.
Hier muß die Hilfeleistung einsetzen. Sie beginnt damit, daß man den anderen zu verstehen versucht. Vielleicht kann man aber einen Menschen überhaupt erst richtig erkennen, wenn man ihn fördern und verändern will. Kurt Lewin pflegte zu sagen: »Wenn du einen Menschen kennenlernen willst, so versuche ihn zu ändern!«
Nun heißt Erkenntnis eines Menschen in der Neurosentherapie, daß man seinen Charakter studieren muß. Charakterstruktur ist aber für uns mit Wertorientierung gleichzusetzen; etwa in dem Sinn: Sage mir deine Werte, und ich sage dir, wer du bist! Oder: Sage mir deinen höchsten Wert, und ich sage dir, wie du Menschen und Dinge beurteilst!
Die Menschen können aber ihre Wertsysteme nicht so einfach aussprechen: Sie *leben* sie zwar, aber sie *wissen* nicht viel davon. Denn unsere entscheidenden Wertungen sind uns noch viel unbewußter als unsere Triebe. Daher muß regelrecht analytische Arbeit geleistet werden, um dem Analysanden seine Art zu werten und zu urteilen bewußtzumachen.
Die Tiefenpsychologie lehrt uns, daß jeder Mensch infolge seiner

spezifischen Kindheitsbedingungen, seiner biologischen Ausstattung, seiner Erziehung, der ökonomischen, politischen und sozialen Verhältnisse, der Epoche und der Kultur im ganzen eine besondere Wertauswahl für sich trifft: Diese bestimmt seine Gefühlswelt und seine Charakterstruktur. Die meisten leiden an Begrenzungen dieses Wertentwurfs, oft auch an dessen Uneinheitlichkeit, da uns häufig widersprüchliche Werte anerzogen werden, die nicht zusammenpassen wollen: Nächstenliebe und wirtschaftlicher Egoismus um jeden Preis, Ehrgeiz und Liebessehnsucht, Geltungsstreben und Demut usw. Dieses Wertsystem sowohl zu vervollständigen (nach oben hin) als auch zu ordnen, die Wertvorstellungen aufeinander abzustimmen, ist eines der Ziele der seelenärztlichen Behandlung.
Dabei muß es zum Wachstum der Persönlichkeit kommen, das heißt zur Entfaltung der Wertsicht und des Werterlebens. Je reicher die Gefühlswelt einer Person ist, um so größer wird ihr Werthorizont. Man holt gewissermaßen ein Stück Kindheit nach, wenn man Gefühle und Werte vermittelt, denn die wichtigsten Erfahrungen dieser Art werden in den Kinderjahren gemacht. Da bildet sich der Charakter, den wir als Inbegriff der Werthaltungen eines Menschen (seiner Tugenden, das heißt seiner Tüchtigkeiten und Tauglichkeiten) zu deuten haben.
Erik H. Erikson hat in seinem vortrefflichen Buch *Einsicht und Verantwortung – die Rolle des Ethischen in der Psychoanalyse* (1964) die Kindheitsentwicklung des Menschen ohne das Beiwerk der orthodox-psychoanalytischen Sexualmythologie beschrieben. Danach muß in der Kindheit ein *moralisch-sittliches Lernpensum* absolviert werden. Das Kind durchläuft also nicht Stadien der Libido-, sondern der Tugendentwicklung. Jede Tugend ist eine Grundtüchtigkeit des Menschen und hat nichts mit der traditionellen Triebfeindlichkeit zu tun. Sie ist ein Stück Kulturfähigkeit, wobei es zu einer Abfolge von Tugenden kommt, die aufeinander aufbauen.
So lernt der Säugling an der Mutterbrust – sofern er gut gestillt wird – zunächst das Gefühl der *Hoffnung* (Fritz Künkel sprach vom Urvertrauen). Hoffnung ist eine Form von Optimismus; man hofft, daß das Gute kommen werde. Indem der Säugling richtig geliebt und gepflegt wird, setzt sich in ihm die Zuversicht fest, daß die Welt und die Menschen im Grunde freundlich sind.
Nur auf dieser Basis kann sich später – wenn die motorische und wahrnehmungsmäßige Besitzergreifung der Welt für das Kind aktuell wird – der *Wille* entwickeln. Wille als Überwinden von Widerständen ist ohne Hoffnung nicht denkbar. Der Wollende muß daran

glauben, daß man etwas erreichen kann. Die Mutter in ihrer Sensibilität für die kindlichen Bedürfnisse und Antriebe ist die erste Lehrmeisterin des Hoffens und des Wollens.

Aus dem Wollenkönnen entsteht *Zielstrebigkeit*. Hier werden Ziele ins Auge gefaßt, die über die Augenblickssituation hinausreichen. Auch dies kann ohne Hoffnung und Wille nicht geschehen. Eine beeinträchtigte Frühkindheit kann die kindliche Tugendentwicklung so sehr an der Basis schädigen, daß sich Zielstrebigkeit nicht entfaltet. Erst wenn die beiden vorausgehenden Phasen neu absolviert werden, kann die dritte Stufe manifest in Erscheinung treten.

Als viertes bildet sich schon im Kindesalter die *Tüchtigkeit* heraus. Sie ist die Voraussetzung für alles Können überhaupt, für Lebenstüchtigkeit schlechthin. Man muß bei diesen Formulierungen immer auch das kleine Kind vor Augen haben, das durch sorgfältige Betreuung gelernt hat, seine Pflichten zu erfüllen, reinlich und ordentlich zu sein, richtig zu sprechen, eine gute Haltung zu haben. Aus diesen unscheinbaren Vorbedingungen entfalten sich später die Tüchtigkeiten des Berufs, der menschlichen Umgangsformen, der Kultur.

Als fünfte Stufe beschreibt Erikson die *Treue*. Sie ist nur möglich bei demjenigen, der sich selbst treu ist. Nun kann nur jener treu sein, der hoffen, wollen, streben und tüchtig sein gelernt hat. Denn wer die grundlegenden Werthaltungen des Menschseins nicht erworben hat, weiß gar nicht, was dauerhafte menschliche Beziehung ist. Er selbst ist zu unstet, um anderen Treue halten zu können.

Nur aus Treue kann die *Liebe* hervorgehen. Liebe als Krönung einer Gefühlsentwicklung sieht den anderen so, wie er wirklich ist. Sie will ihn weder beherrschen noch parasitär ausnützen. Sie strebt danach, ihn voll und ganz zu bejahen, auch ihn in seinen Schwächen zu akzeptieren. Man vergißt in der Regel, daß dies eine hohe psychische und geistige Leistung ist. Im allgemeinen Bewußtsein ist Lieben mehr eine genießende und empfangende Gefühlseinstellung. Der wahrhaft Liebende jedoch ist tätig; er wirkt am eigenen Wohl und an der Entfaltung des anderen.

Darum geht Liebe meist nahtlos in die *Fürsorge* über. Fürsorglichkeit ist eine allgemein altruistische Haltung, die das Wohlbefinden anderer anstrebt. Die meisten Autoren sind sich klar darüber, daß Liebe zu einer einzelnen Person nur dann gedeiht, wenn eine positive Einstellung auch zur übrigen Menschheit vorliegt. Man kann nur ein Du lieben, wenn man grundsätzlich liebesfähig ist: Egois-

mus zu zweit ist keine Liebe. Daher müssen Liebe und Fürsorge einander sinnvoll ergänzen.
Als höchste Stufe der menschlichen Tugendentwicklung – wobei wir mit Treue, Liebe und Fürsorge bereits das Kindesalter verlassen haben und uns in der »Zeit der Reife« bewegen – nennt Erikson die *Weisheit*. Hier wird ein Blick auf das Menschenleben gewonnen, mit dem man die eigene Endlichkeit und Begrenztheit nicht resignativ wahrnimmt: man bescheidet sich zwar in seinen Grenzen, möchte aber das eigene Leben und das der Mitmenschen schöner, heller, vernünftiger und freier machen. Der weise Mensch ist nicht umsonst das durchgehende Ideal der europäischen Kulturentwicklung. Die Psychotherapie soll, wenn sie ihre Ziele wirklich hoch steckt, die Patienten nicht nur von ihren Krankheitssymptomen befreien; sie soll sie auch zur Treue, Liebe und Fürsorge befähigen und sie letztlich sogar noch ein wenig weise machen.
Denn der Mensch ist erst dann in das höchste Stadium seiner seelisch-geistigen Entwicklung eingetreten, wenn er nicht nur wissend, sondern auch weise geworden ist. Aber wie kann ein Therapeut Weisheit vermitteln, wenn er nicht selbst ein Weiser ist? Wie kann er Treue und Liebe lehren, wenn er nicht selbst treu und liebesfähig ist?
Wir sehen demnach, daß die Anforderungen an den Therapeutenberuf außerordentlich hoch sind. Mit Recht haben alle Kenner dieses Berufs hervorgehoben, daß man die wahre Reife und Geschicklichkeit, die dazu nötig sind, erst im vorgerückten Alter erwerben kann. Denn mit Intelligenz allein kommt man hier nicht allzuweit. Man kann sich die hohen Fertigkeiten dieses Faches, die rational allein nicht faßbar sind, weder durch Lesen noch durch Nachdenken so ohne weiteres aneignen; man muß sie durch Alt-, Reif- und Weisewerden *erdauern*. Die menschliche und moralische Entwicklung kann weder der Therapeut noch der Analysand im Schnellkurs absolvieren. Hier muß man wachsen und werden wie die organische Substanz, wie das Leben.
Eriksons Modell hilft uns weiter, indem es uns klarmacht, daß die Psychotherapie ein Nachreifungs- und Nacherziehungsvorgang ist. Wir überfordern den Patienten, wenn wir ihm hohe Werte und Tugenden empfehlen, die er aufgrund seiner Sozialisation und Lebensgeschichte noch gar nicht nachvollziehen kann. Charaktermängel sind also *Entwicklungsdefizite* aus der Kindheit; erst wenn diese behoben sind, kann sich die Persönlichkeit entfalten. Neurose ist die Manifestation solcher tiefliegender Mängel; wenn die Therapie ethi-

sche Vollwertigkeit des Menschen anstrebt, so muß sie zuerst die seelischen Mangelphänomene beheben, die einer eigentlichen Menschwerdung im Weg stehen.

Der Therapeut sollte allerdings nicht nur seine Krankheitslehre im Kopf haben, sondern auch um die Beschaffenheit eines vollwertigen menschlichen Lebens einigermaßen Bescheid wissen. Philosophische Anthropologie und Ethik dürfen ihm daher nicht fremd sein. Wir wollen dies nur an einem einzigen Grundgedanken aufzeigen, der schlaglichtartig die Bedeutung ethischer Einsichten beleuchtet.

Max Scheler unterscheidet in seinem ethischen Hauptwerk zwischen leiblichen, seelischen und geistigen Werten der menschlichen Persönlichkeit. Da diese grundlegend für die Selbstverwirklichung des Menschen sind, wollen wir wenigstens einige von ihnen aufzählen.

Leibeswerte: Gesundheit, Kraft, Anmut, Schönheit usw.

Seelenwerte: Liebenswürdigkeit, Wohlwollen, Mitgefühl, Freude, Freigebigkeit, Großmut usw.

Geisteswerte: Vernunft, Kunstverstehen, wissenschaftliche Gesinnung, soziale Verantwortung usw.

Diese drei Wertgruppen sind allesamt erstrebenswert. Die Therapie muß demnach bemüht sein, den Patienten, der überall *Lücken* aufweist, für alle genannten Werte und noch eine Reihe anderer zu enthusiasmieren. Je mehr davon eingepflanzt werden kann, um so schneller erfolgt der Prozeß der Heilung und darüber hinaus der Persönlichkeitsbildung.

Gemäß dem Eriksonschen Modell werden wir aber auch hier erwarten, daß die drei Wertstufen sehr voneinander abhängig sind. Der geistige Wert *Vernunft* beispielsweise wird im therapeutischen Gespräch angestrebt in Form der Dialogfähigkeit, der Selbsterkenntnis, der Menschenkenntnis, der Toleranz, der Einsicht im weitesten Sinn des Wortes. Macht man den Patienten mit der Zeit vernünftig, so wird es keine Mühe bereiten, ihn auch zum seelischen Wert *Freude* zu erziehen. Auch ein vernünftiger Mensch leidet unter Belastungen, er wird aber deswegen nicht resignieren. Seine eigenen Benachteiligungen im Leben sieht er als Teil allgemeinmenschlicher Nöte und Bedrängnisse. Folglich wird er kaum je den kindlichen Ankläger spielen, der glaubt, wegen irgendwelcher Rückschläge im Leben andere bedrücken und parasitär ausnützen zu müssen. Er trägt vielmehr freudig Glanz und Elend des menschlichen Daseins. Hierdurch wiederum wird er am ehesten auch zur leiblichen *Ge-*

sundheit kommen. Freude ist das beste Medikament für physische und psychische Erkrankungen – übrigens auch das beste Prophylaktikum! Der »Freudenspender« hält sich eher gesund als der Trauernde, Verstimmte, Ärgerliche: Was kränkt, macht krank. Man kann daher sagen, daß Vernunft zur Lebensfreude und diese wiederum zur Gesundheit führt. Umgekehrt gilt, daß Gesundheit die Wege zur Freude eröffnet und daß Freude allemal der Boden ist, auf dem Vernunft am besten gedeiht. Ähnliche dialektische Verhältnisse bestehen sicherlich auch zwischen anderen Tugenden des Leibes, der Seele und des Geistes. Dies muß dem Therapeuten deutlich vorschweben, wenn er seine Arbeit zielgerecht durchführen will.

Die Umgestaltung eines Charakters und einer Persönlichkeit ist ein weitverzweigtes Geschehen. Schultz-Hencke meint, man müsse einen ganzen Baum ausgraben, der nicht nur Erd-, sondern auch Luftwurzeln hat. Jedenfalls muß viel Detailarbeit am Fühlen des Menschen geleistet werden, bis er zu neuen Werthorizonten aufbrechen kann.

Im Licht unserer neugewonnenen Erkenntnisse soll nun auch die Neurose wertphilosophisch und wertpsychologisch charakterisiert werden. Für diese Neubestimmung des Neurosenbegriffs wird es nützlich sein, zunächst alle bisherigen Umschreibungen kurz Revue passieren zu lassen. Neurose ist u. a.:

a) Störung der Erlebnisverarbeitung (Speer);
b) Werdenshemmung (von Gebsattel);
c) Ausweichen auf die Unnützlichkeitsseite des Lebens, mangelhafte Lösung der Lebensaufgaben (Arbeit, Liebe und Gemeinschaft), fiktives Arrangement zur Selbsterhöhung ohne Beitragsleistung, Ausdruck eines entmutigten, asozialen Lebensstils usw. (Adler);
d) Leben auf ein ideales Selbst hin unter Verkümmerung des realen Selbst, erhöhte Grundangst, Manöver der Selbst- und Fremdtäuschung, unbewältigter psychischer Konflikt (Horney);
e) Konflikt zwischen Bewußtem und Unbewußtem, Moral und Trieb, Überich und Es, prägenitale Triebstruktur und Charakterhaltung, mangelhafte Sublimierung, Ichschwäche usw. (Freud);
f) verfehlte Individuation (Selbstwerdung), Mißverhältnis zwischen Extraversion (Nachaußenleben) und Introversion (Nachinnenleben), Selbstentfremdung, Zerrissenheit zwischen bewußten und unbewußten Tendenzen, Bequemlichkeit und Infantilismus (Jung);

g) gehemmte Antriebswelt, geschwächtes Besitz-, Sexual- und Geltungsstreben, Bequemlichkeit und Riesenerwartungen, Rationalisierungen, verfehlte Arbeitstechnik, schlechte Menschenkenntnis usw. (Schultz-Hencke);
h) erhöhtes Sicherheitsstreben auf Kosten der Befriedigungsmöglichkeiten, Schwäche des Selbst, Lebensangst, Reifungsmanko usw. (Sullivan);
i) verzweifeltes Man-selbst-sein-Wollen und verzweifeltes Man-nicht-selbst-sein-Wollen, Angst, Furcht vor der Individualität, Selbstverlust (Kierkegaard);
j) Selbstentfremdung, Charakterpathologie, Furcht vor der Freiheit, Angst, Wertmanko der Person (Fromm);
k) Lebenslüge (la mauvaise foi), faule Ausreden, Sich-um-die-Verantwortung-Drücken, sich mit dem Schein einer Dinghaftigkeit um das Subjektsein drücken, Angst vor der Liebe als Beziehung zweier Subjekte usw. (Sartre);
l) verengter Daseinsentwurf, Angst, verkümmerte Wertbezüge, schmalspurige menschliche Beziehungen, abgekapseltes In-der-Welt-Sein etc. (Binswanger, Boss);
m) verfehlte Sinnfindung im Leben, mehr haben als sein, Ichschwäche infolge zu geringer Geistigkeit, Angst (Frankl);
n) Ichhaftigkeit, verminderte Sachlichkeit, Angst vor dem Subjektsein, Angst vor dem Objektsein, Verlust des Urvertrauens, Psychosklerose, falsche seelische Dressate (Künkel);

Schon diese Hinweise, die mühelos ergänzt werden könnten, geben zusammen ein Gesamtbild der Neurose in ihrer anthropologischen Tragweite. Alle tiefenpsychologischen Forscher kommen offenbar darin überein, daß die Neurose nicht einfach eine Krankheit wie alle anderen Krankheiten ist; sie ist – weit mehr als jede Körpererkrankung – ein Schlüssel zum Verständnis der menschlichen Natur, der Stellung des Menschen in der Menschengemeinschaft.

Alle genannten Definitionen haben als gemeinsamen Nenner das *Wertdefizit des neurotischen Menschen* gegenüber einer postulierten, erahnten oder erschlossenen *Normalität des Seelenlebens*. Daher ist es für den Tiefenpsychologen unumgänglich zu bestimmen, was für ihn als normal gelten soll.

Die psychische Normalität hängt offenbar mit der Fülle und Weite des Wertentwurfs eines Menschen zusammen. Es ist hier nicht der Ort, alle Werte, die in Betracht kommen, im einzelnen beschreiben zu wollen. Wir haben schon weiter oben auf die reichen Möglichkeiten menschlichen Selbstseins hingewiesen. Die Neurose, in der die

Sicherheitstendenzen dominieren, ist eine Verarmung des menschlichen Lebens. In seine »innere Festung« eingeschlossen, entbehrt der Neurotiker der vielfach beglückenden Teilhabe an Menschen, Lebewesen, Sach- und Kulturwerten. Sein »Organ« des Wertvernehmens und der Wertverwirklichung ist verkümmert. Manche Autoren sprechen geradezu von einer *Schuldhaftigkeit des neurotischen Daseins*.

Natürlich will man mit solchen Äußerungen den Neurotiker ebensowenig anklagen wie die Umstände, die ihn hervorgebracht haben. »Schuldig« ist niemand, oder wir sind es alle: Wir sind in den Kulturprozeß verstrickt und können allesamt nichts dafür, daß wir in einer Zwischenphase des Gemeinschaftslebens stehen, in der weder Menschen noch Zustände den Ansprüchen echter Mitmenschlichkeit gerecht werden. Es kann daher niemand überheblich auf andere hinabschauen; wir alle leiden an diesen Unzulänglichkeiten. Gewiß muß der Einsichtige auf Mißstände des privaten und öffentlichen Lebens aufmerksam machen. Aber er muß immer wissen, daß die wahre Kultur erst im Entstehen begriffen ist. Kein Gott und kein Heiland können dem Menschen die Aufgabe abnehmen, zusammen mit allen vernünftigen und wohlmeinenden Menschen den Weg in die Zukunft des Menschen zu suchen. Es ist hierbei niemand mit der absoluten Wahrheit gesegnet. Daher soll sich jeder für die Verminderung gemeinschaftswidriger Lebens- und Denkformen einsetzen und seine Selbstheilung im Rahmen einer Heilung der Kultur im ganzen anstreben.

Heinz Häfner hat in einem schmalen, aber gehaltvollen Buch (*Schulderleben und Gewissen. Beitrag zu einer personalen Tiefenpsychologie*, 1956) die Wertproblematik der Neurose sehr eindringlich geschildert. Er verweist darauf, daß man die Neurose als einen Versuch der Ich- und Schuldentlastung verstehen kann. Der Neurotiker hat aus vielen Gründen, die dem Tiefenpsychologen geläufig sind, ein relativ schwaches Ich; daher kann er nur wenig von der Tatsachen- und Wertwelt assimilieren. Er lebt mit einem schmalen Daseinsentwurf. Er übernimmt zu wenig Verantwortung für sich selbst, für die Mitmenschen und den Weltenlauf. Dadurch bleibt er sich und anderen viel schuldig – was er großenteils nicht weiß und sicher auch allein nicht ändern kann.

Hier setzt nun die psychotherapeutische Bemühung ein, die immer eine »Therapie auf Verantwortlichkeit hin« sein will. Sie will den subjektiven Wertentwurf des Patienten ausweiten. Dies kann sie nur, wenn sie die Angst abbaut, die jeden Wertentwurf umgibt. Der

Neurotiker lebt und sieht nur die Werte, die er sich zu verwirklichen zutraut. Nur wenn man seinen Lebensmut und seine Liebesfähigkeit steigert, kann er höhere Werte erkennen und anstreben.
Das »Organ der Werterkenntnis« nennen wir nun aber seit jeher das *Gewissen*. Somit kann man die neue Definition wagen, daß *jede Neurose eine Gewissenserkrankung* ist. Und jede Psychotherapie muß daher auch eine Gewissensheilung sein.
Warum erkrankt ein Mensch an einer Neurose? Wir müssen die altvertrauten Themen der Psychoanalyse nochmals unter dem Aspekt der Wertphilosophie und Wertpsychologie durchdenken.
Warum wird man angstneurotisch? Weil man als Kind ein so enges Wertsystem aufgebaut hat, daß die eigene Lebendigkeit nirgendwo Platz finden kann; die nunmehr nutzlose Vitalität verwandelt sich in Angst.
Warum wird man depressiv? Weil man sich als Kind ängstlich, trotzig und verschlossen von der Umwelt abgewandt hat und daher aus dem Dunkel des eigenen Gemüts heraus nichts Helles und Hoffnungserweckendes im Dasein sehen kann.
Warum wird man hysterisch? Weil man in einer Welt der Scheinhaftigkeit aufgewachsen ist, in der jeder jedem etwas vorspielt, in der Unechtheit und Verlogenheit in allen menschlichen Beziehungen vorherrschen. So spielt man den anderen auch etwas vor und weiß zuletzt nicht mehr, wer man ist.
Warum erleidet man die großen seelischen Zusammenbrüche (Psychose, Suizidalität usw.)? Der Mensch bricht zusammen, wenn er einen Wert verliert, der für ihn eine tragende Funktion hatte. Viele Menschen haben nur ganz wenige Werte, auf die sie bauen können. Fällt ein solcher Wert aus, so erscheint alles als wertlos. So kann der Geschäftsmann nach einem Geldverlust, der Ehrgeizige nach einem Mißerfolg, der Liebeshungrige nach einem Liebesverlust usw. den »Weltuntergang« erleben, bei dem auch sein Ich untergeht.
In allen genannten Fällen haben wir eine Gewissenspathologie und Daseinsschuld vor uns, nämlich eine Deformation des Werterlebens und des Werthorizontes. Was aber sind Schuld und Schuldgefühl? Dieser Frage soll unser nächstes Kapitel gewidmet werden.

Schuld und Schuldgefühl

Schuld und Schuldgefühl sind seit langem ein Thema der tiefenpsychologischen Forschung. Es ist schon früh aufgefallen, daß ein Großteil der Neurotiker in mehr oder minder diffuser Weise an Schuldvorstellungen leidet; ganz deutlich wird dies bei Depressiven und Melancholikern, deren Gedanken um moralische Schuldhaftigkeit kreisen; bei den letzteren kann sich dies sogar bis zum »Versündigungswahn« steigern. So mancher Suizid wird unter dem Eindruck quälender Schuldgefühle begangen, ohne daß man die angebliche Schuld des Patienten intersubjektiv nachvollziehen kann. Genaue Beobachter haben immer wieder festgestellt, daß den Selbstbezichtigungen neurotischer Menschen etwas Fiktives, Übersteigertes und Irreales anhaftet. Daher auch das Interesse der Psychologie am Problem von Schuld und Schuldgefühl. Auch die Philosophie und die Theologie haben bei dieser Frage mitzureden.
Für den Theologen leitet sich alle Schuldhaftigkeit des Menschen von der Erbsünde her. Danach haftet jedem Menschen eine Urschuld an, für die er eigentlich nicht verantwortlich gemacht werden kann, denn das Delikt von Adam und Eva im Paradies hat sich zugegebenermaßen schon vor langer Zeit ereignet und sollte eigentlich verjährt sein. Aber die Theologie besteht darauf, daß jedes nachgeborene Menschengeschöpf die Ursünde in irgendeiner Weise wiederholt, so daß der Kreislauf der Sünden kein Ende nimmt. Aber alle diese Erklärungen sind so merkwürdig, daß die kritische Vernunft mit ihnen kaum etwas anfangen kann.
Wichtiger sind da schon die Begriffsbestimmungen der Philosophie. Bei Schopenhauer zum Beispiel nimmt das Thema »Schuld« breiten Raum ein. Der Philosoph behauptet, daß alles menschliche Handeln und Verhalten kausal bestimmt sei; darum könne man niemanden für sein Tun moralisch anschuldigen. Aber die eigentliche Schuld liege im Sein. Jedermann verdankt seine Existenz einem pränatalen Willensentschluß, einer wilden Begierde des »Willens zum Leben«, der sich ins Dasein stürzt, um triebhafte Selbstverwirklichung zu üben. Diese Begehrlichkeit sei unentrinnbar mit Schuld verkoppelt. Die Religionen hätten eine Ahnung davon, aber die Annahme eines

personalen Gottes und der Schuldhaftigkeit des Menschen ihm gegenüber hätten diesen Zusammenhang verschleiert. Nach Schopenhauer, der sich an indische Religionslehren anlehnt, ist niemand gegenüber einer Gottheit schuldig. Gleichwohl würden wir, solange wir dem Lebenstrieb folgen, ein Schuldgefühl nicht los; erst wenn wir im Sinne der Heiligen das Triebhafte in uns überwänden, schweige der Lebenswille in uns, und vielleicht sei es uns sogar möglich, das »Rad der Wiedergeburten« anzuhalten. Das ist sehr dunkel geredet, und die von Schopenhauer abgelehnte Religion schaut unter dem Mantel des Philosophen hervor, als ob sie ihn überlistet hätte; mit Recht hat Wilhelm Busch geäußert, Schopenhauer wohne im Nachbarzimmer des Christentums, nur gebe es keine Durchgangstür.

Nietzsche ist in seinem Buch *Zur Genealogie der Moral* (1887) weit realistischer. Er sieht den Ursprung der menschlichen Schuldgefühle in einer ganz konkreten Tatsache der sozialen Interaktion: Schuld komme von »Schulden haben«. Da die Religionen den Menschen immer Schuldgefühle suggeriert haben (dadurch wird er leichter regierbar und ist besser auszubeuten), malten sie immer wieder aus, wie großzügig und spendabel sich Gott der Menschheit gegenüber benehme, indes von den Menschen nur Undank und Sünde zu erwarten seien. Darum sei Schuld die Urtatsache der menschlichen Moralität, auch nachdem Jesus Christus einen Teil der menschlichen Schuld durch seinen Opfertod gesühnt habe.

Im *Zarathustra* (1883–1885) vertritt Nietzsche sogar die seltsame These, daß der Verbrecher oft *vor* der Tat Schuldgefühle habe und sein Delikt begehe, um diese Schuld endlich zu konkretisieren: eine Beobachtung, die Sigmund Freud bewundert und bestätigt hat.

Die Psychoanalyse hat sich sehr gründlich mit dem Schuldthema auseinandergesetzt. Auch Freud spricht von einer menschlichen Urschuld und verknüpft diese mit dem angeblichen Vatermord in der urzeitlichen Menschenhorde (*Totem und Tabu*, 1912). Die frühen Menschengruppen hätten oft unter der Diktatur eines gewaltigen und gewalttätigen Hordenvaters gelebt, der seine heranwachsenden Söhne entmannt und vertrieben hat, um im Alleinbesitz der Frauen zu bleiben. Die exilierten Söhne taten sich zusammen und töteten den Vater, aber sie bereuten hernach die Tat, weil sie ambivalente Gefühle gegen ihren ehemaligen Unterdrücker hegten. Darum wurde der Ermordete später als Gott verehrt; man symbolisierte ihn durch ein Totemtier, das den Zusammenhalt der Gemeinschaft garantierte. Das Totem durfte weder gejagt noch gegessen werden; so entstanden die ersten Moralgebote, die u. a. auch verboten, Frauen des eigenen Clans zu heiraten (Gebot der Exogamie). Die Schuld gegenüber dem Vater wurde zur Quelle von Religion und Moral; so erhielt der Ödipuskomplex auch eine stammesgeschichtliche Komponente, denn Freud meinte zeitlebens, es gebe eine Vererbung erworbener Eigenschaften im Sinne Lamarcks.

Diese Theorie ist mehr als fragwürdig, aber in der Neurosenlehre war die Psychoanalyse beim Studium der Schuldgefühle wesentlich erfolgreicher. Sie verwies darauf, daß die Erfahrung der Schuldhaftigkeit irgendwie mit der Triebverdrängung verbunden sei. Eine entscheidende Rolle spiele dabei das Überich oder Gewissen; unter dem Druck der Erziehung wird diese moralische Instanz »über dem Ich« errichtet, und sie bestimmt darüber, welche Triebregungen zum Bewußtsein zugelassen werden. Ins Überich fließen bei unglücklichen Triebschicksalen und unsachgemäßer Pädagogik aggressive Energien ein; ein derart deformiertes Überich terrorisiert dann das Ich und das Es (die Triebhaftigkeit), wobei auch Schuldgefühle verwertet werden, um das Ich zu verkleinern und zu destruieren. So liegt unter Umständen in der Moral ein selbstzerstörerisches Moment – ein weiterer Berührungspunkt zwischen Nietzsche und Freud.

Schuld- und Schamerziehung gehen meistens Hand in Hand; zwei Jahrtausende christlicher Religiosität haben sich darum bemüht, den Menschen mit seiner Leiblichkeit zu entzweien, das heißt, aus ihm einen seelischen Krüppel zu machen, der sich wegen irrealer Schuld quält und durch Neurose um Glück und Selbstentfaltung betrogen wird.

Etwas anders formuliert Alfred Adler das Schuldthema. Auch er kannte die Selbstaggression der Depressiven und der Melancholiker, aber er deutete sie eher in Nietzsches Sinn. Nietzsche hatte gesagt, daß »alles Klagen eine Form der Anklage« sei. Demnach müsse man erraten, wen der Melancholiker mit seinen Selbstbeschimpfungen eigentlich beschimpfen wolle. Nach Adler wird die Umgebung solcher Menschen merklich herabgedrückt, und dies ist auch immer ein Ziel solcher »Stimmungsmache«. Des weiteren müsse man bedenken, daß in einem moralisierenden Milieu der Lebensirrtum entstehen könne, wer sich selbst erniedrige, sei moralisch hochstehend; jedenfalls legt die Bibel derlei nahe. So kann man also dem melancholischen Patienten bei guter therapeutischer Beziehung auf den Kopf zusagen, daß er in der Selbstanklage seine Feindseligkeit gegenüber anderen ausspricht, was nicht selten die Flut der Selbstbeschuldigungen abebben läßt. So können nach Adler Schuldgefühle auch eine Lebenslüge sein, und der zur Ehrlichkeit mit sich selbst erzogene Patient verzichtet auf dergleichen »ethische Plusmacherei«.

In seiner späteren Lehre beschreibt Adler das Schuldgefühl als Äußerungsform des Gemeinschaftsgefühls im Menschen. Der Mensch gilt ihm als soziales Lebewesen, das mit einem angeborenen und anerzogenen Sozialinteresse ausgestattet sei: Jeder *Verstoß gegen die gemeinschaftlichen Verpflichtungen* (Arbeit, Liebe, Teilhabe an der Kultur, Einsatz für den Fortschritt usw.) werde vom Gewissen des Menschen mit Schuldgefühlen beantwortet, denn der Mensch sei »unrettbar moralisch«. So haben Depressive und Melancholiker durchaus Grund, sich schuldig zu fühlen, denn in ihrer Selbstbezogenheit und Lebensangst bleiben sie der Gemeinschaft tatsächlich viel schuldig, nur setzen sie meistens ihre Schuld am falschen Ort an. Die Therapie muß hier korrigierend eingreifen, indem sie den Schuldbegriff zurechtrückt; damit erkennt der Patient seine eigentlichen Lebensaufgaben, und erst indem er diesen gerecht wird, kann er die Stimme seines Gewissens beschwichtigen. Wer sich der Liebe und Verantwortung weitgehend entzieht, wird nie vom Gefühl der Schuld freikommen.

Ähnlich definiert auch die Daseinsanalyse von Ludwig Binswanger und Medard Boss die Schuldthematik. Beide Autoren gehen aus von Martin Heideggers Philosophie in *Sein und Zeit* (1927). Dort wird lapidar die Daseinsschuld des Menschen beschrieben als »Ursache für ein *Nicht*«. Das bedeutet wohl, daß der Mensch in seinem »Offenstehen für alles Sein« die unendlichen Bedeutungsbezüge der Welt wahrnimmt, aber in seinem Handeln und Verhalten immer nur Teilaspekte von Sinn verwirklichen kann. Daher bleibt er sich selbst und »allem Seienden« (zu dessen Hirt und Hüter er nach Heidegger bestellt ist) vielerlei schuldig; niemals fühlt er sich ganz von Schuld frei; diese Schuld gehört zu seinem Dasein. Boss folgert daraus, daß der Patient in der Psychotherapie meistens von uneigentlicher Schuld redet (neurotisches Schuldgefühl), wobei man ihn zur eigentlichen Schuld zurückführen müsse; er soll handeln und sich entscheiden lernen, und dadurch wird er frei von neurotischen Schuldgefühlen, die ihm die Sicht auf seine wahren Lebensaufgaben verstellen. Man erkennt ohne weiteres, daß damit dasselbe wie bei Adler ausgedrückt wird, nur um einiges komplizierter.

Ebenfalls eine aufschlußreiche Fassung gab unserem Thema der Freud-Schüler Otto Rank. In seiner »Willenstherapie« postuliert er als Aufgabe des Menschenlebens, »Individualität« zu werden. Dies ähnelt dem Geburtsvorgang: Der Weg der Individualisierung führe durch einen Engpaß und sei mit Angst besetzt. Denn der Mensch tauche tief ins Kollektive ein, und jeder Schritt zur Selbstwerdung mobilisiere Ängstlichkeit, das heißt Furcht vor sozialer Isolierung. Das Kollektiv erzieht auch dazu, im Alleingang ein Verbrechen zu sehen; so ist Individuation fast immer mit Schuldgefühlen verbunden. Andererseits fühlt jeder Mensch tief in seinem Inneren die Aufgabe, ein einzelner zu werden; versäumt er diese Pflicht gegen sich selbst, so ist er ebenfalls Opfer der Schulderfahrung, nur versteht er in der Regel diesen »Gewissensruf« nicht, da man ihm von Kindheit an eingebleut hat, daß er allein gegenüber dem Kollektiv Pflichten hat. Man erzieht uns zur Selbstvergessenheit, und Neurose ist eine der Formen des Sich-selbst-Verfehlens, was immer auch als »Erkrankung des Willens« diagnostizierbar ist. Die Ranksche Willenstherapie will den Willen zum Selbstsein stärken.

Alle skizzierten Auffassungen scheinen einander zu widersprechen oder weichen doch so weit voneinander ab, daß es unmöglich scheint, sie auf einen gemeinsamen Nenner zu bringen. Und doch gibt es vielleicht eine umfassende Theorie, die den so divergenten Thesen einen Stellenwert zuweist, worin etwas richtig Gesehenes seine Anerkennung findet. Wir meinen, daß ein solches Theoriekonzept formulierbar ist.

Wir gehen aus von folgendem Satz, der eine Synthese von Existentialismus und Tiefenpsychologie anstrebt; er besagt:

Eigentliche Schuld wird erfahren, wenn der Mensch Urheber einer ontologischen Wertminderung im Kosmos und in sich selbst ist. Schuldfrei fühlt er sich dann, wenn er den Eigenwert steigert und / oder die Wertfülle der Welt zu erhalten oder zu vermehren fähig ist.

Zur Erläuterung dieses Theorems: Die Ontologie ist die Lehre vom Sein. In ihrer modernen phänomenologischen Ausprägung (bei Edmund Husserl, Martin Heidegger u. a.) geht sie davon aus, daß die Wirklichkeit verschiedenartigen Seinscharakter besitzt. Anders ist zum Beispiel das Sein eines materiellen Dinges, einer Pflanze, eines Tieres, des Menschen, menschlicher Werkzeuge, eines Kunstwerkes, eines wissenschaftlichen Lehrsatzes, einer Sitte oder Moral usw. Phänomenologische Ontologie untersucht die Seinsart dieser verschiedenen Formen des Seins und bekämpft alle Nivellierungstendenzen, die ontologische Rangordnungen verwischen und vertuschen wollen. So meinte etwa der Naturalismus des 19. Jahrhunderts, er könne aus der Darwinschen Abstammungslehre folgern, der Mensch sei »ein Tier wie alle anderen Tiere«; aber dieser Schluß ist unzulänglich, denn durch einige wesentliche Evolutionsschritte hat der Mensch das Tierreich hinter sich gelassen und ein neues Kapitel der Wirklichkeitsgestaltung begonnen. Auch war es gewiß ein Irrtum, menschliches und tierisches Wahrnehmen, Erkennen und Begehren gleichzusetzen; hier sind Ähnlichkeiten, aber keine Identitäten vorhanden. Lächerlich wird es gar, wenn man menschliche Kunstschöpfungen mit dem instinktiven Bauen von Nestern bei Vögeln, von Dämmen bei Bibern usw. vergleichen will. Des weiteren kann die menschliche Vergesellschaftung nicht aus dem Staatenbau der Insekten abgeleitet werden. Menschliches Sein und menschliches Tun sind eine ontologische Region sui generis.

Heidegger erklärt in seinem Buch *Sein und Zeit*, der Mensch habe ein originäres (ursprüngliches) Seinsverständnis. Damit wird gesagt, daß es wesensmäßig zu ihm gehört, die Seinsfülle der Welt und Wirklichkeit zu verstehen; aber Wissenschaft und Philosophie müssen ihm zu Hilfe kommen, um dieses diffuse Seinsverständnis klar zu artikulieren und Irrtümer der Denktradition zu beheben. Wer aber einigermaßen zur Vernunft (Vernunft kommt von »vernehmen«) erwacht, spürt die Seinsart jedes Seienden, und er ahnt, daß es Stufen des Seins gibt, die man auch Wertstufen nennen kann. Der »Wert« von Stein, Pflanze, Tier und Mensch ist verschieden; ein echtes Kunstwerk ist mehr wert als ein Werkzeug, das in Serienproduktion hergestellt wird; wissenschaftliche Erkenntnis ist mehr wert als bloße Meinung; sittliches Verhalten (was immer das sei) steht höher als reine Triebhaftigkeit (wenn es das überhaupt beim Menschen gibt) usw. Wo Menschen existieren, gibt es die Sicht auf ein Wertreich, das allerdings immer unkomplett und gelegentlich auch von Scheinwerten besetzt ist.

Man kann unseren Satz in Anlehnung an Kant den »ontologischen Imperativ« nennen, und er ist unseres Erachtens klarer und konkreter als der »kategorische«, der nur verlangt: »Handle so, daß die Maxime deines Willens zum Prinzip einer allgemeinen Gesetzgebung werden könnte.« Aber wie soll man nun wirklich handeln? Schon Schopenhauer bemängelte die Inhaltslosigkeit der Kantischen Forderung und setzte dagegen: »Schade niemandem, sondern hilf jedem, soviel du nur kannst!« Das ist gewiß deutlicher gesprochen, aber es reduziert die ethische Aufgabe auf eine helfende Verpflichtung gegenüber den Mitmenschen, und schon Schopenhauer weitete die Pflicht auf die Tiere aus, deren Mißhandlung er ein Sakrileg nannte. Er warf dem Christentum vor, daß es die Moralität auf die Zwischenmenschlichkeit einenge; Tiere seien aber auch Geschöpfe des »Willens zum Leben« und darum mit dem Menschen verwandt. Aus diesem Grunde bekämpfte der Philosoph zum Beispiel die Vivisektion, die er nur für äußerst wichtige medizinische Experimente reserviert wissen wollte. Die Moralität fordere Tierliebe, und wer je einen Hund gehabt habe (Schopenhauer liebte seinen Pudel mehr als die Mitmenschen!), wisse, was uneigennützige Zuneigung (nämlich die des Tieres zum Menschen) sei.

Der »ontologische Imperativ« umschreibt unsere Pflichten gegen alles Seiende, sei es Materie, Leben, Mitmensch, Kunstwerk, Gesellschaft, Sprache, Wissenschaft usw. Ihm kann man auch entnehmen, was die große Aufgabe jeglicher Erziehung ist, die diesen Ehrentitel verdient und nicht nur Dressur anstrebt. *Erziehung soll dem Zögling das Gefühl und die Erkenntnis hinsichtlich der Seins- und Wertstruktur der Wirklichkeit vermitteln.* Ist dies mehr oder minder gelungen, dann hat der Heranwachsende die sittliche und geistige Orientierung für das Leben; hat man dies versäumt, dann können auch alle Zwänge, Dressuren, Gebote und Verbote wenig ausrichten.

Auch in der Psychotherapie heilt nicht so sehr die mühsame Erinnerung an längst vergessene Kindheitsdramen, die immer fragliche Deutung von Träumen (deren Interpretation je nach der Schule, der der Traumdeuter angehört, enorm verschieden ausfällt), das Übertragungsgerangel von Analytiker und Analysand, sondern hauptsächlich die Tatsache, daß der Therapeut dem verschlossen und dumpf vor sich hinlebenden Patienten durch seine eigene Persönlichkeit die Möglichkeit eines welt- und wertoffenen Existierens aufzeigt. Diese Vorbildhaftigkeit hat Freud für den Beruf des Psychoanalytikers geradezu gefordert; er sprach auch von der erzieherischen und weltanschaulich befreienden Macht des Therapeuten, die für die Heilwirkung unentbehrlich sei. Für den Analytiker gilt genau wie für den Erzieher, daß beide nicht durch das wirken, was sie *sagen*, sondern durch das, was sie *sind*: Im Sein einer Persönlichkeit erfassen wir ihren *ontologischen Horizont*, ihr Wissen um Werte, Sinn und Seinsstrukturen. Psychotherapie ist demnach unter anderem auch *Konstruktion und Rekonstruktion der umfassenden Wirklichkeitserfahrung*, die im Zug einer schiefen Sozialisation und psychischen Erkrankung lädiert und geschrumpft ist.

Der Begriff einer »ontologischen Wertminderung« als Urphänomen der Schuldhaftigkeit des Menschen muß noch detaillierter bestimmt werden. Sie kommt zwar sehr häufig vor, wird aber kaum deutlich genug wahrgenommen und eingeordnet. Einige Beispiele mögen dies veranschaulichen.

1. Eines der krassesten ontologischen Delikte ist offensichtlich der *Mord*. Vor ihm schaudert die Menschheit seit ihren Anfängen zurück; sie hat aber gleichwohl bis zum Exzeß getötet. Im Mord wird ein personal existierendes Seiendes – ein Mensch mit Selbst- und Weltbewußtsein – verwandelt in ein Stück tote Materie; anders ausgedrückt: Durch die Untat wird das Produkt einer mehrere Milliarden Jahre dauernden Evolution mit einem Schlag rückgängig gemacht. Das kunstvolle Resultat einer vermutlich auf unzähligen Glücksfällen beruhenden Entwicklung wird jählings zerstört; es ist zu bedenken, daß möglicherweise Leben in personaler Gestalt einzigartig ist. Anstatt nun dieses Wunderwerk des Kosmos zu hegen und zu pflegen, wendet sich ein idiotisches und größenwahnsinniges Lebendiges gegen Mitlebendes – an sich ein Verbrechen von kaum sühnbarer Konsequenz. Von hier aus wird verständlich, daß Staatsmänner, Heerführer und andere »Helden der Geschichte«, die in Kriegen Hunderttausende oder Millionen Menschenleben geopfert haben, um ein bißchen Ruhm oder ein Stück Land zu gewinnen, eigentlich als die gefährlichsten Geisteskranken aller Zeiten geächtet werden müßten. Der breite Raum, den ihr Leben und ihr Tun in der üblichen Geschichtsschreibung einnehmen, ist durch nichts gerechtfertigt; es wäre schon viel, wenn man ihrer in kleingedruckten Anmerkungen kurz und warnend gedenken würde.

2. Ein anderes ontologisches Verbrechen haben die Wortführer des Sozialismus angeprangert, am beredtesten vielleicht Karl Marx. Es besteht darin, daß man den Menschen – ein Wesen, das nach Kant Würde besitzt – wie eine *Ware* kauft, verkauft, gebraucht, verwertet und vergeudet. Die *Umwandlung einer Person in eine Sache* ist kriminell; sie geschieht in jeder Wirtschafts- und Gesellschaftsordnung, heiße diese nun Kapitalismus oder Kommunismus. Marx empört sich als Humanist gegen diese Herabwürdigung des Menschen durch den Menschen. Er forderte den Aufbau einer Welt des Friedens, der Freiheit, der Kooperation und der Achtung vor dem Menschen, der im Feudalismus, in den kapitalistischen Gesellschaftsformen, im Militarismus usw. immer geschunden und erniedrigt wurde. Marx konnte nicht vorausahnen, daß auch der Bolschewismus in die Fußstapfen seiner Vorläufer treten würde; auch bei ihm ist Menschenwürde nur ein Wort, das lediglich Propagandawert be-

sitzt. Aber der Mensch ist weder Sache noch Ware, sondern eben »Person«.

3. Unsere Überlegungen werfen ein neues Licht auf das Phänomen des *Sadismus*. Sadismus ist kein Naturtrieb im Menschen, sondern eine Haltung, eine Einstellung, eine Gesinnung und Weltanschauung, deren Prinzip darin liegt, daß dem Opfer die Merkmale personalen, selbstbewußten und innerlich freien Daseins abgesprochen und geraubt werden sollen. Der Sadist ist ein angsterfüllter, kläglicher und infolge von Entwicklungsunfähigkeit sich für »das Böse« entscheidender Mensch. Er will nicht den Blick einer anderen Person auf sich gerichtet sehen, denn das würde Gegenseitigkeit bedeuten; er möchte den anderen zu einem zitternden Stück Fleisch herabwürdigen, einem Wesen ohne Selbstachtung, einem bloßen Objekt, dem er selbst als schrankenlos freies Subjekt gegenübersteht. Daher die zahllosen Taktiken der Fesselung, Demütigung, Quälerei und die Aufforderungen zur Selbstverkleinerung und Selbstbesudelung des Opfers; der Sadist genießt hierbei die kümmerlichen Wonnen des Gottähnlichkeitswahns, denn auch Gott hat kein Gegenüber, das seine Macht einschränken und mindern kann. So optieren sadistische Verrückte und Halbverrückte für eine Größenillusion, die ihre furchtbaren Ängste und Kleinheitsgefühle für Momente zum Verstummen bringt. Um so mehr tobt sich in ihnen das Schuldgefühl aus, weil sie dauernd um *Wertdestruktion* bemüht sind. Dieses Schuldgefühl wird meistens mit Suchtmitteln betäubt, oder aber es äußert sich in psychosomatischen Leiden, in Zwangsgedanken und Zwangshandlungen usw.

4. Eines der geläufigsten ontologischen Verbrechen ist die *üble Nachrede*. Sie ist nicht so dramatisch wie die oben geschilderten Delikte, aber sie nimmt im Menschenleben sehr viel Platz ein. In der zivilisierten Gesellschaft kann man den Mitmenschen nicht leicht verbal oder brachial direkt attackieren; also wählt man das Über-ihn-Sprechen, wobei jede Herabminderung seines Wertes als Selbstwerterhöhung empfunden wird. Dieses Hobby kostet nicht viel und ist für dürftige Menschenseelen sehr erquickend. Man überprüfe einmal die alltäglichen Gespräche von Herr und Frau Jedermann; man wird finden, daß sich ein Großteil davon um Familienangehörige, Nachbarn, Freunde und andere Mitmenschen dreht, und der Tenor ist stets die Dummheit und Böswilligkeit der anderen, die sich schlimm gegen die eigene Superiorität abheben. So wird die Menschenwelt dauernd angeschwärzt, beschmutzt und verunstaltet; Nationalisten, Chauvinisten, Rassisten und fanatisch Religiöse be-

treiben derlei im großen Stil, indem sie andere Nationen, andere Rassen und andere Religionen oder Weltanschauungen mit mörderischem Vokabular belegen. Solche Wortführer von Menschengruppen sollte man »geistige Brunnenvergifter« nennen; ihr Tun führt nicht unbedingt unmittelbar zu Mord und Totschlag, sondern mitunter erst nach Jahren und Jahrzehnten, wenn das Gift ganze Völker und Kulturgruppen moralisch korrumpiert hat.

5. Erst in der allerjüngsten Vergangenheit ist man darauf aufmerksam geworden, daß der Mensch auch für seine Umwelt auf diesem Planeten verantwortlich ist. In früheren Epochen hat man im Zug der Bereicherungsideologie mit grenzenloser Unachtsamkeit Wälder abgeholzt und niedergebrannt, Flüsse verschmutzt, Gifte im Boden abgelagert usw. Der Gedanke einer ökologischen Vernunft kam gar nicht auf oder wurde, wenn er sich regte, mit Verleumdungen aus dem Felde geschlagen. Nun zeigen sich aber immer deutlicher die Folgen einer verantwortungslosen Umweltpolitik. Man beginnt sich daran zu erinnern, daß die alten Griechen in der Natur eine Gottheit sahen, die Verehrung fordern darf. Leider hat das Christentum in seinem abgehobenen Spiritualismus das Verhältnis des Menschen zur Natur radikal gewandelt; die Natur wurde zum Widersacher des Menschen, teilweise auch zum Teufelswerk, für das weder Liebe noch Fürsorge sinnvoll sei. Zwei Jahrtausende christlicher Unterweisung haben uns zu *Naturrohlingen* gemacht, die rücksichtslos das Antlitz der Erde verwüsten. »Natur ist Sünde, Geist ist Teufel« (*Faust*) – wer so denkt, kann lange Naturschutz predigen, und doch wird er ein liebendes Bezogensein zur »Mutter Erde« weder suchen noch finden.

6. Angesichts der religiösen Welt- und Wirklichkeitsentwertung können wir die Hypothese wagen, daß die bisherige Menschheit in Verkennung ihrer ontologischen Aufgabe fast ihr Hauptvergnügen darin gesehen hat, *bestehende Wertstrukturen zu reduzieren und Unwert anstelle von Wert zu setzen*. Der Lust- und Krankheitsgewinn hierbei liegt offenkundig darin, daß der »Wertverminderer« – immer ein Mensch oder eine Gruppe, die im *Wertschaffen* sehr inkompetent und hilflos ist – in der Entwertung einer Sache, eines Menschen, einer Idee, eines Sinnzusammenhangs usw. eine billige und relativ mühelose Überlegenheit erwirbt. Werte schaffen und Werte steigern ist stets mühevoll; es braucht ernstes und intensives Selbstwertstreben, Auseinandersetzungen mit den eigenen Unzulänglichkeiten und Erbärmlichkeiten, die man erkennen muß, um sie strebend verbessern zu können. Sodann muß man das erschaute

Ideal in den spröden Stoff der Wirklichkeit einarbeiten; das Reale nimmt das Ideelle nicht einfach an, sondern es häuft Widerstände aller Art vor dem Schaffenden auf, der nur mit List, Klugheit, Geduld und moralischer Größe den Widerstand der stumpfen Welt zu besiegen vermag. Da sich hierbei lange und beschwerliche Wege vor dem einzelnen und vor der Menschheit auftun, war man seit jeher darauf bedacht, »Abkürzungen zum Größenerlebnis« zu suchen. Die bereits genannte Entwertung ist ein solcher Weg, der ins Weglose führt; Narkotika, Aggression, Lebenslügen und Laster aller Art sind weitere »Weglosigkeiten«. Sie erfreuen sich großer und allgemeiner Beliebtheit, da sie den schnellen Weg zur Überlegenheit vorspiegeln; aber die Bequemen, Ehrgeizigen und Unvernünftigen, die auf solche Weise zur Höhe gelangen wollen, landen bekanntlich in der Gosse. Die Geschichte lehrt, daß dies nicht nur für einzelne gilt, sondern für ganze Völker.
Schuld und Schuldgefühl begleiten den Menschen auf seinen Wegen zu falschen Vollkommenheiten, greifen warnend ein und werden meistens überhört. Psychologie, Philosophie und Politik müssen die *ontologische Sensibilität* schulen und wachhalten, damit in einer näheren oder ferneren Zukunft die Kultur auf sicherem Fundament fortschreiten kann.
Wir haben diese Beispiele des ontologischen Schuldigwerdens, die man leicht vermehren könnte, dargelegt, um zu zeigen, daß ein echtes Verstehen von Schuld und Schuldgefühl über die psychologischen Theorien hinaus ins Philosophische greifen muß. Wenn unsere Überlegungen richtig sind, dann müssen sich die anfänglich namhaft gemachten Lehren der Tiefenpsychologie in unser Gesamtkonzept einbauen lassen.
Das theologische Theorem der Erbsünde haben wir insofern bestätigt, als die Menschen sich seit jeher an der »Wertminderung des Kosmos« abgerackert haben. Das Essen vom Baum der Erkenntnis war hierbei gewiß das glimpflichste Vergehen; schlimmer war der Brudermord und das Töten von Tieren zwecks Ernährung. Derlei geschieht im Tierreich auch, aber das Tier kann mit seinem Opfer nicht mitfühlen; vielleicht ist die Tiervergottung in allen frühen Religionen bereits ein Ausdruck des bestehenden Schuldgefühles gegenüber den Mitgeschöpfen, ohne deren Vernichtung der Mensch nicht zu leben weiß.
Schopenhauers Begriff von der Seinsschuld durch den begehrlichen »Willen zum Leben« visiert wohl die Tatsache an, daß jede Form von Triebhaftigkeit auf menschlicher Ebene etwas Schuld auf sich

lädt. Schon Hegel sagt in der *Phänomenologie des Geistes* (1807), daß die Begierde darauf aus ist, das *fremde Dasein zu konsumieren und zu verbrauchen*; der Trieb sieht nicht das gegenüberstehende Subjekt, sondern lediglich ein Objekt für seine Bedürfnisse. Es ist die große Aufgabe einer menschenwürdigen Lebensführung, triebhafte Bedürfnisse in personale Beziehungen einzuordnen, so daß Triebbefriedigung ein wechselseitiges Nehmen und Geben unter gegenseitiger Achtung der Personalität wird.

Fehlt dieser Hintergrund, dann wird der andere zum Hilfsmittel meiner eigenen triebhaften Abreaktion, die mich selbst zwar möglicherweise entspannt, aber immer auch unglücklich und unbefriedigt zurückläßt. Man kann das am Verhältnis des »Freiers« zur Dirne erläutern. Der Reiz, den er sucht, ist nicht nur ein Objekt für eine bloße Begierde, sondern er genießt auch die Herabwürdigung einer Frau zu seinem Lustwerkzeug; dafür zahlt er den vereinbarten Preis. Prostituierte und Kunde vereinigen sich zur gemeinsamen Idee, daß man Menschen auf Zeit kaufen kann (insofern sind beide Kapitalisten), aber der Genuß ist jämmerlich, denn im Sexuellen will man die *Anerkennung der Person durch eine andere Person auf der Stufe der Leiblichkeit*. Man will durch Zärtlichkeit und Zuwendung mit Hilfe eines Du leiblich existieren; dazu kommt es nicht bei dem geschäftlich abgewickelten Koitus, für den wohl in fast allen Fällen die alte lateinische Regel gilt: »Jedes Tier ist nach dem Sexualakt traurig.«

Schopenhauers Kampf gegen die Begierde meinte wohl unausgesprochen das Ringen um die Liebe, worin wahrhaftig eine der Aufgaben des Menschseins liegt. Unnötigerweise hat der Philosoph die Heiligen zu den großen Liebenden und Selbstüberwindern gezählt; er hätte ganz einfach die Überwindung der Begierde im liebenden Miteinandersein schildern müssen (wobei diese Überwindung keinen Verzicht fordert, denn in der Liebe ist der Sexus mitanwesend, aber in veredelter und beglückender Form) – aber dies konnte der Misanthrop Schopenhauer nicht, da er selbst ein ziemlich liebloses Leben führte.

Auch Nietzsches Schuldtheorie ist einleuchtend. Wer Schulden macht, trägt zur ontologischen Wertminderung bei, denn er macht sich abhängig vom Kreditor, und der Gläubiger selbst wird in Abhängigkeit zum Schuldner versetzt, denn er hat einen Teil seines Geldes und damit seiner Freiheit in ihn investiert. Verbrecher begehen ihre Delikte aus einem Schuldgefühl heraus: Denn da sie meistens unfähig zum Arbeiten und zum Lieben sind, drückt sie

Schuld nieder, und sie fühlen Entlastung, wenn sie durch konkretes Schuldigwerden zu wissen meinen, warum sie immer so elend sind.

Sigmund Freuds Urvatermord-Theorie ist rein spekulativ, aber sie legt mit Recht den Nachdruck darauf, daß der Mord das tragischste ontologische Delikt des Menschen bedeutet. Auch hebt sie hervor, daß gedanklicher Totschlag viel häufiger vorkommt als reales Töten; in der Ödipusphase der kindlichen Entwicklung wird angeblich derlei von Kindern häufig genug in Richtung auf die geliebten Eltern praktiziert, und man dürfte sich nicht wundern, daß solche Gedankenverbrechen ebenfalls zu Schuld und Schuldgefühl starken Anlaß geben. Wahr daran ist wahrscheinlich, daß Kinder, die durch die Ungunst der Verhältnisse ihre Eltern nicht lieben lernen, meistens zu ihrem Haß auch ein tiefsitzendes Schuldgefühl erwerben; denn der Hasser bleibt seinen Mitmenschen die Liebe schuldig, und aus diesem Schuldigsein heraus kommt seine Abneigung gegen sich selbst, sein Selbsthaß, der bis zum Selbstmord reichen kann. Man tut gut daran, Patienten mit dem Syndrom der Selbstdestruktivität (Unfallneigung, psychosomatische Erkrankungen, Selbstmordneigung usw.) darüber zu informieren, daß sie erst dann wahre Fürsorge für sich selbst entwickeln können, wenn sie den Mitmenschen Achtung, Liebe und Förderung zuteil werden lassen. Selbst- und Fremdliebe gehören zusammen.

Dies erklärt auch das destruktive Überich bei aggressiv gestimmten, feindseligen Charakteren. Die Psychoanalyse empfiehlt, man solle bei solchen Patienten an der Milderung der Überichforderungen arbeiten; aber wie will man das erreichen, wenn man den Analysanden nicht zu einer freieren und umfassenderen Wertsicht erzieht, die ihn gefühlvoller, liebesfähiger und vernünftiger macht? Der Selbsthasser wird durch den Abbau des Fremdhasses geheilt; oft beginnt er mit der Wertschätzung des Therapeuten und dehnt dann seine Sympathiegefühle auf die übrige Menschheit aus. Dabei wird er auch milder und versöhnlicher gegen die Schwächen der anderen, und dies schlägt ihm die Brücke zur Selbstakzeptierung. Antriebsfreundlichkeit, Lebenskenntnis und Menschenkenntnis sind die Bausteine zu einem toleranten Überich.

Adlers These, das Schuldgefühl des Menschen stamme aus seinem angeborenen und anerzogenen Gemeinschaftsgefühl, hat viel für sich, aber ihr Mangel besteht darin, daß der Begriff »Gemeinschaftsgefühl« nicht leicht zu präzisieren ist. Handelt es sich um einen sozialen Instinkt, ein Erbe aus der menschlichen Abstammung von

Herdentieren, bis tief ins Tierreich hinunter? Oder ist es eine ideale Forderung, vergleichbar mit Kants Idee eines »Reiches der Zwecke«, wo in ferner Zukunft kein Mensch mehr für den anderen Hilfsmittel, sondern jeder »Zweck an sich selbst« sein soll? Adler selbst schwankte zwischen diesen beiden Begriffsbestimmungen; möglicherweise wird das Schulderleben aus *beiden* Quellen gespeist, das heißt, daß der »Ruf des Gewissens« sowohl aus den biologischen Tiefen der Persönlichkeit aufsteigt, aber auch aus einer ideellen Vorstellung heraus ertönt, nämlich aus dem Entwurf einer freien und kooperativen Menschheit, den Kultur und Erziehung in uns einpflanzen.

Schon Erwin Wexberg gliedert in seinem Buch *Individualpsychologie* (1930) den Gemeinschaftsgedanken in mehrere Aspekte auf; wir haben hinsichtlich der sozialen Verbundenheit nicht nur an den konkreten Mitmenschen zu denken, sondern auch an den Kosmos, die Welt des Lebens, die Sprache, die geistige Tradition überhaupt, die Vernunft, die Logik, den gemeinsamen Fortschritt. Schuld müßte daher auch empfinden, wer die Sprache verhunzt, wie dies absichtlich im Gaunerjargon oder in der Jugendsprache usw. geschieht, wer das erreichte Vernunftpotential durch Vorurteil und Volksverdummung vermindert, und wer die individuelle und kollektive Weiterentwicklung sabotiert. Bei all dem werden Sinn- und Wertstrukturen zerstört, die durch die Arbeit zahlloser Generationen geschaffen wurden und gleichsam an uns appellieren, das Tun unserer produktiven Ahnen fortzusetzen. Vor allem der späte Adler betonte die Pflicht der Dankbarkeit gegen die Leistungen der früheren Jahrhunderte, die uns in Zivilisation und Kultur, Sprache und Wissenschaft, Kunst und Philosophie, Erkenntnis und Ethos eine sinn- und werterfüllte Wirklichkeit hinterlassen haben, die jeden, der in sie hineingeboren wird, von vornherein mit Möglichkeiten der Ordnung, der Entwicklung und der Selbstverwirklichung versieht. Bei einiger Empfänglichkeit des Gemüts wird man sich selbst als schuldig einstufen, wenn man zu diesem hohen ontologischen Niveau nichts hinzufügt, sondern dieses reduziert und abwertet. Andererseits ist es charakteristisch für gemütsgestörte Menschen, daß sie Geordnetes und Ästhetisches ablehnen oder gar hassen; Rüpel finden ein Vergnügen daran, ein Blumenbeet zu zertrampeln, und man liest dann und wann von Geisteskranken, die in einer Kunstgalerie ein wertvolles Gemälde oder eine Skulptur beschädigen.

Otto Ranks Meinung, daß das Schuldgefühl im Grunde nichts anderes als Angst vor dem Kollektiv sei, von dem man sich nur ungern in Richtung auf Individuation entferne, stimmt weitgehend überein mit dem, was Heidegger und die Daseinsanalyse beschreiben. Des weiteren wird betont, daß es auch ein Schuldgefühl gibt, das sich auf die Pflichten gegenüber uns selbst bezieht. Wer immer nur im breiten Strom dahintreibt – was die Existenzphilosophie das »Man-selbst-Sein« nennt, im Gegensatz zum eigentlichen »Ich-selbst-Sein« –, versäumt die Aufgabe der Selbstgestaltung und des Selbstwertstrebens, was wohl stets mit diffusem Unbehagen und einer meistens dumpfen Schulderfahrung einhergehen wird. Man kann das mit Suchtmitteln aller Art betäuben, die vom Alkohol und anderen Drogen bis zur Vergnügungssucht, zur zwanghaften Geselligkeit und zur Abhängigkeit vom Fernsehgeflimmer reichen; auch das süchtige Arbeits- und Konsumverhalten weist in diese Richtung. Aber zur inneren Ruhe kommt man bei diesen Betäubungen nicht; was man sich selbst schuldig bleibt, übersetzt sich in merkwürdige Ängste und Körpersymptome, in neurotische Zustände und geistige Oberflächlichkeit. Geheilt wird diese *allgemeinste Neurose des Gegenwartsmenschen* durch bewußte Pflege der Persönlichkeit, durch lebenslängliche Bildungs- und Erziehungsarbeit an sich selbst, aus der der Mensch als Kulturträger hervorgeht.

Vielleicht wird in diesem Zusammenhang eine merkwürdige Äußerung des späten Freud verständlich, die sich in *Neue Folge der Vorlesungen zur Einführung in die Psychoanalyse* (1933) findet. Darin wird behauptet, daß mit der wachsenden Kulturhöhe auch das Schuldgefühl des Menschen sich steigere. Man müsse sich darüber wundern, daß sittlich hochstehende Menschen, die ohnehin Moralität und Ethos ernst nehmen, unter viel stärkerem Schuld- und Gewissensdruck stehen als robustere Naturen, die ständig gegen sittliche Verpflichtungen verstoßen. Freud erklärt sich diese Tatsache aus den weitreichenden Verdrängungen der wirklichen Kulturmenschen; schlecht erzogene Menschen, die sich nur wenig aggressive Durchbrüche versagen, speisen ihr Überich mit nur geringen Mengen von Aggressionsenergie, indes die zivilisierten Geister überwiegend Aggression gegen sich selbst praktizieren, was als Gewissensbisse und Schuldvorstellungen zum Tragen kommt.

Diese Erklärung befriedigt keineswegs, denn sie postuliert einen Aggressionstrieb im Menschen, dem sie im Hinblick auf die menschliche Sittlichkeit sehr viel Gewicht einräumt. Der andere

menschliche Grundtrieb, von dem Freud ausgeht – der *Eros* –, wird dabei eher vernachlässigt; sehr zu Unrecht, denn Moral und Mitmenschlichkeit gehen doch wohl auf sein Konto und sind Konkretisierungen der Liebesfähigkeit und Lebensfreude.
Die höhere Bereitschaft zur Schulderfahrung und Schuldübernahme beim Kulturmenschen steht gewiß damit im Zusammenhang, daß dieser durch die Schulung seines Erkennens, Fühlens und Wertempfindens die ungeheure Vielfalt der sittlichen Aufgaben *sieht*, die sein weniger kultivierter Zeitgenosse nicht einmal im Traume ahnt. Andererseits weiß der Zivilisierte auch, daß er angesichts der *Endlichkeit seiner Kräfte und Fähigkeiten* nur einem geringen Teil der bestehenden Pflichten und Anforderungen gerecht werden kann. Dies macht die große Gewissenslast der wahrhaft moralischen Menschen aus; es ist nicht abzusehen, wie man sie verringern könnte. Aus unserer Sicht jedoch hat dieser Gewissensdruck nichts mit Triebveränderungen zu tun, sondern ist die begreifliche Folge einer wachsenden Erkenntnisfähigkeit, die den ontologischen Reichtum der Wirklichkeit in sich aufnimmt und darüber hinaus auch die Lückenhaftigkeit und Unzulänglichkeit dieser Seinsfülle begreift, in die der Mensch durch die Geburt hineinversetzt wird.
Nach einem schönen Wort von Malebranche gleicht die Welt einer unvollendeten *Skizze*, und der Mensch ist dazu ausersehen, diese Skizze zu Ende zu führen. Was einen Namen und eine Überlieferung in der Kulturgeschichte besitzt, ist an der Lösung dieses Problems mitbeteiligt; andererseits verschweigt uns die Geschichte bis auf die herausragenden Negativgestalten jene einzelnen, jene Gruppen und jene Völker, die nichts für den Aufbau einer menschenwürdigen Welt geleistet haben: Ihr Name ist getilgt, die Erde und der Zeitenlauf haben sie verschlungen. Es ist offenbar nicht falsch, wenn man hier eine sittliche Gesetzmäßigkeit statuiert, die mit den Lebensbedingungen der Menschheit selbst gegeben ist. Toynbee jedenfalls spricht von »challenge« und »response« und vertritt die Lehre, daß dem Menschen die Freiheit verliehen ist, auf Anforderungen der Natur, der Umwelt, der Geschichte usw. richtig oder falsch zu reagieren, wobei das Falsche oder oft auch Lebenswidrige einem *moralischen Versagen* gleichkommt.
So hat uns die Thematik von Schuld und Schuldgefühl aus dem Bereich der rein psychologischen und psychopathologischen Betrachtung hinübergeführt zu Ausblicken auf die Conditio humana und die Stellung des Menschen im Kosmos. Kein Zweifel, daß die

Schulderfahrung ein wichtiges anthropologisches Merkmal ist, eine Konstante im Menschen, die beim Übergang vom Tier zum Menschendasein auftaucht und für die zukünftige Humanisierung der Welt unentbehrlich ist. Die Theorie des Gewissens soll unsere diesbezüglichen Einsichten noch vertiefen und erweitern.

Psychoanalyse des Gewissens

Jede psychotherapeutische Behandlung stößt unweigerlich auf das Gewissensphänomen und kann sich einer Klärung dieser Problematik nicht entziehen. Die meisten psychoanalytischen Texte erörtern wohl auch mitunter Gewissensfragen, aber zumeist unter einem sehr engen Gesichtswinkel. Oft werden nur pathologische Gewissensreaktionen beschrieben. Sodann benützt man meistens eine Theorie, die von vornherein dogmatisch fixiert, was Gewissen ist oder sein kann. Diese Einseitigkeiten der tiefenpsychologischen Literatur wollen wir zu vermeiden suchen. Wir bemühen uns um eine Betrachtungsweise, in der möglichst viele Aspekte des Gewissens unentstellt zur Sprache kommen können.

Dabei beschäftigen uns etwa folgende Fragen: Was ist das Gewissen? Was ist gutes und schlechtes Gewissen? Was sind Gewissensbisse, Schuldgefühle, Reue und innere Umkehr? Wie kommt die Gewissenserziehung zustande? Wie kann man das Gewissen eines Menschen ändern? Wie hängen Gewissen und Gesellschaft, Religion und Kultur zusammen? Was ist Pflicht und Verantwortung? Was »sagt« das Gewissen? Wie kann man seine Aussagen am besten vernehmen? Was ist seine anthropologische Bedeutung?

Alle diese und noch manche andere Probleme können nur unter Beiziehung der allgemeinen Psychologie, der Psychoanalyse und der Philosophie ihre Lösung finden. Die Spekulation von Jahrtausenden haftet an unserem Gewissensbegriff – durch vorsichtige Kritik der Überlieferung und kritisches Weitersuchen im Neuland der Forschung haben wir eventuell die Chance, der Wahrheit etwas näherzukommen.

Es ist immer nützlich, auch von der eigentlichen sprachlichen Bedeutung eines Wortes auszugehen. Das Wort »Gewissen« wird auf das althochdeutsche »gawizzani« zurückgeführt, welches allgemein Wissen, Kenntnis, Kunde und Mitwissen bedeutet. Es entspricht dem lateinischen Ausdruck »conscientia« (französisch »conscience«), der ebenfalls das Mit- oder Zusammenwissen betont. Offenbar will die Sprache mit ihrem psychologischen Tiefsinn andeuten, daß das Gewissen auf eine Gesamtschau unserer Persönlichkeit hinzielt; es begleitet unser übliches Bewußtsein und ist dessen innerste Funktion oder Überhöhung. In den deutschen Sprachschatz hat der St. Galler Mönch Notker das Wort »Gewissen« etwa im Jahr 1000 eingeführt.

Naturgemäß liegt im Gewissensphänomen eine uralte Menschheitserfahrung. Der »Ruf des Gewissens« ist sicherlich schon an den Anfängen der Kultur gehört worden. Aristoteles, Plato und die Stoiker haben bereits explizite Gewissenstheorien, auf die wir allerdings für unsere Zwecke nicht eingehen müssen. Wir erinnern lediglich an das »Daimonion« des Sokrates, jene innere Stimme, die merkwürdigerweise immer nur verneinend und nicht bejahend zu ihm sprach. Gewissen wurde hierbei nur als kritisch-negierende Instanz erfahren.

Schon im Altertum, bei Philo von Alexandrien, taucht das Symbol des »Gerichtshofes« als hauptsächliches Gewissenserlebnis auf. Die Autoren beschreiben eine nach innen verlegte Gerichtsverhandlung, wobei das Gewissen als Ankläger oder Richter auftritt. Auch der Verteidiger wird in diesem Gleichnis nicht vergessen. So wählt der Mensch zum Verständnis der schwer faßbaren Vorgänge in seiner Innenwelt Bilder aus der Außenwelt, die jedoch meistens nur teilweise den Sachverhalt treffen.

Auch Immanuel Kant verwendet noch in der *Kritik der praktischen Vernunft* (1788) die Gerichtshofsymbolik. Für ihn ist das Gewissen ein innerer Richter, vor dem man kaum je gänzlich Gnade finden kann. Immerhin ist sich Kant schon bewußt, daß die Aufteilung des menschlichen Gemüts in Kläger und Verteidiger etwas Widersprüchliches beinhaltet: Kläger und Verteidiger sind *eine* Person. Er bleibt bei der Idee, daß jedes Individuum im Gewissen seinen eigenen Gesetzgeber hat, der ihm letztlich den »kategorischen Imperativ« verkündet, nämlich das Gebot, man solle so handeln, daß der Grundsatz des eigenen Verhaltens zum Prinzip einer allgemeinen Gesetzgebung werden könne.

Diesen Imperativ wollte bekanntlich Schopenhauer in seiner Mitleidsmoral (*Über die Grundlage der Moral*, 1840) abgeändert wissen in die Gewissensbotschaft: »Schade niemandem, sondern hilf allen, soviel du nur kannst!« Die tiefste sittliche Erfahrung aber schien ihm im altindischen Ausspruch zu liegen, welcher dem Menschen angesichts aller Mitmenschen, des Lebendigen überhaupt zuruft: »Das bist Du!« Nur wer den anderen Menschen auf der Ebene der Gleichheit oder gar Identität erlebt, kann ein echtes Gewissen haben. Schopenhauer ist sich bereits bewußt, daß das *übliche Gewissen* nur eine Zerrform der wahren Gewissenserfahrung darstellt; von ihm sagt er spöttisch, es sei »etwa ein Fünftel Menschenfurcht, ein Fünftel Deisidämonie [Dämonenglaube], ein Fünftel Vorurteil, ein Fünftel Eitelkeit und ein Fünftel Gewohnheit« (§ 13).

Im Anschluß an Schopenhauer hat sich Nietzsche sehr intensiv mit dem Gewissen auseinandergesetzt. Seine Kritik der überlieferten Moral schloß begreiflicherweise auch die Ablehnung des traditionellen Gewissensbegriffes mit ein. Die Fülle und Vielfalt von Einsichten, die der Philosoph des »Willens zur Macht« bei seinem Versuch der Moralüberwindung gewonnen hat, kann mit wenigen Worten nicht wiedergegeben werden. Es ist dies das Thema für eine umfangreichere Arbeit; so hat Stefan Sonns mit seiner Dissertation *Das Gewissen in der Philosophie Nietzsches* (1955) den großen und umfassenden Weitblick von Nietzsches Gewissensanalysen gebührend gewürdigt.

Für Nietzsches Einsichten möchten wir an dieser Stelle nur zwei Proben geben; die erste stammt aus »Der Wanderer und sein Schatten« (in: *Menschliches, Allzumenschliches*, 1879/1880) und lautet:

Der Inhalt unseres Gewissens ist alles, was in den Jahren der Kindheit von uns ohne Grund regelmäßig gefordert wurde durch Personen, die wir verehrten oder fürchteten. Vom Gewissen aus wird also jenes Gefühl des Müssens erregt (»dieses muß ich tun, dieses lassen«), welches nicht fragt: *warum* muß ich? [...] Der Glaube an Autoritäten ist die Quelle des Gewissens: es ist also nicht die Stimme Gottes in der Brust des Menschen, sondern die Stimme einiger Menschen im Menschen.[26]

Schon der junge Nietzsche war sich bewußt, daß die Stimme des eigentlichen Gewissens in uns nicht diese oder jene Mahnung und Ermahnung bedeutet, sondern letzten Endes immer nur der Aufruf zum Selbstsein und Selbstwerden ist. Jedermann verschließt seine Ohren vor *diesem* Gewissensruf; es ist, als ob wir alle in Furcht vor uns selbst und unserer entscheidenden Lebensaufgabe leben würden. Daher heißt es in »Schopenhauer als Erzieher« (in: *Unzeitgemäße Betrachtungen*, 1873–1876):

Wir wissen es alle in einzelnen Augenblicken, wie die weitläufigsten Anstalten unseres Lebens nur gemacht werden, um vor unserer eigentlichen Aufgabe zu fliehen, wie wir gerne irgendwo unser Haupt verstecken möchten, als ob uns dort unser hundertäugiges Gewissen nicht erhaschen könnte, wie wir unser Herz an den Staat, den Geldgewinn, die Geselligkeit oder die Wissenschaft hastig wegschenken, bloß um es nicht mehr zu besitzen, wie wir selbst der schweren Tagesarbeit hitziger und besinnungsloser frönen, als nötig wäre um zu leben: weil es uns nötiger erscheint, nicht zur Besinnung zu kommen.[27]

Mit Nietzsches Erklärungen zu den Themen Reue, Schuld, Gewissensbiß, Schuldgefühl usw. stehen wir bereits an der Schwelle zur Psychoanalyse, weshalb Freud dem Philosophen mit Recht die Priorität in vielen Bereichen der Seelenkunde zuerkannt hat.
Auch Freud hat sich lebenslänglich mit dem Problem des Gewissens beschäftigt. In seinen frühen Schriften geschieht dies allerdings nicht explizit; Gewissensfragen tauchen unter den Namen »Zensur«, »Ichtriebe« usw. auf, werden aber zunächst nicht eingehend erörtert. Dies hängt damit zusammen, daß die Psychoanalyse sich vorerst lediglich als eine »Erforschung des Unbewußten« verstand. Dadurch wurde die sogenannte Ichpsychologie weitgehend ausgeklammert. Wohl untersuchte Freud da und dort Reaktionsweisen des Ich, aber es geschah dies nur sozusagen am Rand. Erst unter dem Eindruck der sich abspaltenden Begegnungen von Adler und Jung, die der orthodoxen Lehre u. a. auch ichpsychologische Konzepte entgegenhielten, sah sich der Begründer der Psychoanalyse genötigt, die seelische Funktion des Ich viel stärker als vorher zu berücksichtigen. Etwa ab 1914 (*Zur Einführung des Narzißmus*) beginnen die Aktivitäten und Zustände des Ich die Psychoanalytiker entscheidend zu interessieren.
Einer der ersten Befunde der analytischen Ichpsychologie stellte fest, daß es eine »Stufe« im Ich gäbe. Das Ich sei offenkundig zweigeteilt. Zu dieser Annahme wird man durch zahlreiche Beobachtungen gedrängt. Schon die Sprache weist auf Dialog und Interaktion innerhalb des Ich hin; sie redet von Selbsterfahrung, Selbstbegegnung, Selbstgespräch, Selbsterziehung, Selbsthaß usw. Vor allem am pathologischen Zustand der Depression und der Melancholie gewann Freud den Eindruck, daß es eine Instanz über dem Ich gibt, die das Ich beobachtet, beschimpft, erniedrigt und verurteilt. Diese Instanz wurde »Überich« genannt. Sie enthält die Fähigkeit der Selbstbeobachtung, das Gewissen und das Ichideal. Alle drei Befähigungen schließen sich zu einer einheitlichen Funktion zusammen, der von Freud eine gewisse Selbständigkeit im Rahmen der Persönlichkeit zugebilligt wird. In den psychoanalytischen Schilderungen erscheint das Überich mitunter wie eine Person innerhalb der Person, was bei Kritikern, die von der Einheit der menschlichen Persönlichkeit ausgingen (so Alfred Adler), als widersprüchlich vermerkt wurde.

Wenn das Überich u. a. auch die Gewissensfunktion versieht, so sah sich die Psychoanalyse vor die Aufgabe gestellt, die Eigenarten der Gewissensinstanz näher darzulegen. Überraschend ist, daß jeder Mensch sein spezifisches Gewissen hat: Es spricht auf dieses oder jenes an, bleibt aber bei anderen Tatsachen völlig stumm. Woher kommt die Individualität des Gewissens? Die Ähnlichkeit und Verschiedenheit der Wertmaßstäbe? Die Stumpfheit und Sensibilität bei verschiedenen Menschen? Die Gewissenlosigkeit beim einen und die Gewissenhaftigkeit beim anderen?

In einer ersten Theorie vermutete Freud – wie Nietzsche –, daß die Stimme unseres Gewissens die Stimme unserer verinnerlichten Eltern und Erzieher sei. Für diese These gibt es bekanntlich genügend Belege. Viele Menschen berichten, daß sie anläßlich von Gewissensregungen vor ihrem inneren Auge meistens bedeutsame Bezugspersonen aus ihrer Kindheit erscheinen sehen. Hans Zulliger beispielsweise schreibt in seinem Büchlein *Umgang mit dem kindlichen Gewissen* (1969), daß der Schweizer Schriftsteller Rodolphe Toepffer, der von einem Hauslehrer erzogen wurde, über seine Gewissenserfahrung folgendes erzählt:

> Lange Zeit habe ich die innere Stimme meines Gewissens nicht von der *Stimme meines Lehrers* unterschieden. Auch glaubte ich, wenn mein Gewissen zu mir sprach, es vor mir zu sehen in schwarzem Gewande, mit schulmeisterlicher Miene und einer Brille auf der Nase.[28]

Ähnliche Äußerungen ließen sich ohne weiteres sammeln. Exakte Selbstbeobachtung wird sehr oft bei Gewissenserlebnissen eine deutliche oder auch unterschwellige Erinnerung an vorbildliche, bewunderte oder gefürchtete Personen der Kindheit aufdecken können, welche der Stimme des Gewissens sowohl Inhalt als auch Klangfarbe geben. Unsere Eltern und Erzieher bestimmen sicherlich Umfang und Reichweite (Ansprechbarkeit) unserer Gewissensempfänglichkeit. Sie leben ja in uns fort; die Psychoanalyse spricht in diesem Zusammenhang von »introjizierten Liebesobjekten«.

Aber überraschenderweise können Eltern und Erzieher auch ganz andere Eigenschaften aufweisen als das von ihnen angeblich abzuleitende Überich. Man findet Menschen mit sehr weichen, verwöhnenden Eltern, die ein hartes, destruktives Überich haben. Wie ist dies zu erklären? Freud postulierte diesbezüglich, es seien nicht die realen Eltern, sondern die Elternimagines (ihr Bild, wie es im Seelenleben des Kindes sich formt!), die den Aufbau des Überich determinieren. So kommt es nicht nur auf die Eltern selbst an, sondern auf die Art, wie das Kind sie wahrnimmt und innerlich verarbeitet. Es vermag in seiner Phantasie gemäß seiner vorherrschenden Trieb- oder Gefühlsproblematik Zerrbilder des Vaters und der Mutter zu errichten und diese dann als Gewissensinstanz zu inthronisieren. Tatsächlich muß wohl die Phantasiefähigkeit des Kindes in den Gewissensaufbau eingehen, denn die wirkliche Erziehung ist nicht der einzige Schlüssel zu dem, was wir später als Ichideal, Gewissensfunktion und Ichwahrnehmung feststellen können.

Noch drastischer formulierte Freud diesen Sachverhalt, als er um 1920 (*Das Ich und das Es*) den Aggressions- und Todestrieb in seine Theorie einführte. Nun wurden die grimmigen Eigenschaften des Überich durch den nach innen gewendeten »Aggressionstrieb« erklärt. Destruktive Energie, deren Abfluß nach außen durch Erziehung und äußere Umstände verhindert wird, wendet sich angeblich nach innen und speist die Aggressivität des Individuums gegen sich selbst. Je weniger einer nach außen grausam sei, um so härter wüte er gegen sich selbst. Demnach wird Milde gegen außen mit Selbstzerstörung oder doch Selbstverneinung erkauft. Diese düstere Theorie paßt gut zum extrem pessimistischen Menschenbild, das die Schriften des späten Freud kennzeichnet. Er sieht die Moral sozusagen als *sublimierte Aggression*. Alle guten Regungen des Menschen werden aus der gebändigten Destruktivität abgeleitet; wobei allerdings auch der »himmlische Eros« als Aggressionsbändiger hinzukommen muß.

Auch dieser Theorie ist oft und heftig widersprochen worden. Schon die Annahme eines Aggressionstriebes ist nur ein theoretisches Konstrukt: Um die menschliche Destruktivität zu erklären, gibt es weit wahrscheinlichere Hypothesen (Frustrations-Aggressions-Theorie usw.). Auch fällt es schwer, Freud zu glauben, daß es angeborene Varianten in der Stärke des Aggressionsbedürfnisses gebe. In die nebelhafte Konstitution der Menschen kann man bekanntlich alles hineingeheimnissen, was immer man will. Allerdings läßt Freud wohl die Wichtigkeit der Erziehung für das spätere Aggressionsschicksal gelten. Aber seine dennoch recht fatalistische Lehre kann bestenfalls nur auf einige Gewissensreaktionen passen, etwa auf die Selbstkritik der Depressiven und Selbstmordgefährdeten, die sich tatsächlich zerstören wollen. Auch hier ist allerdings zu fragen, ob das Überich des Depressiv-Suizidalen bei seiner Selbstverneinung immer nur das eigene Ich meint: Solche Patienten wollen unbewußt viel eher ihre Umgebung leiden machen, wozu sie den Umweg der Selbstanklage und sogar der Selbstaggression wählen.

Mit Recht betont Erich Fromm in seinem Buch *Psychoanalyse und Ethik* (1954), daß Freud nur die Spielart des sogenannten autoritären Gewissens beschreibe, das ein Produkt einer verstümmelnden Erziehung und Kultur sei; das humanistische Gewissen, das nichts von Grausamkeit gegen den Gewissensträger selbst verspüren lasse, sei ihm fremd geblieben.

Im Buch *Neue Folge der Vorlesungen zur Einführung in die Psychoanalyse* (1933) kommt Freud nochmals gründlich auf die Theorie des Überich (»Die Zerlegung der psychischen Persönlichkeit«) zurück. Hier deutet er an, daß das Gewissen ein Erbe des Ödipuskomplexes sei. Nur wenn es dem Individuum gelingt, die ödipalen Konflikte zu bewältigen (das heißt, auf die Mutter verzichten lernen, mit dem Vater nicht mehr kindlich rivalisieren), kommt es zur Gewissensbildung. Die Neurotiker, die allesamt an der Ödipussituation scheitern, haben daher nur ein unkomplettes Gewissen. Sie verharren in einer infantilen Mentalität und entwickeln sich nicht zur Reife; aber nur der reife Mensch kommt als Gewissensträger in Betracht. So wird man in jeder Neurose auch einen oft verborgenen *moralischen Defekt* aufdecken können.

Freud weist darauf hin, daß das Überich immer das Produkt gelungener oder mißlungener Identifikation mit den Eltern und anderen vorbildlichen Bezugspersonen darstellt. Wann immer der Mensch eine Objektbeziehung aufgibt, erfolge ein Niederschlag im Überich – das Überich enthält demnach die Residua aller unserer Liebesbeziehungen. Deutlicher ausgedrückt: Wer oder was immer von uns bewundert und geliebt wurde, geht in die Maßstäbe ein, mit denen wir eigenes und fremdes Verhalten oder Sein messen und beurteilen.

In der Erziehung der Kinder wird nach Freud das Ichideal oder Überich insofern aktiv, als die Menschen ihre Kinder nicht nur durch das erziehen, was sie sind, sondern auch durch das, was sie sein wollen. Die Kinder sollen oft das erreichen oder werden, was die Eltern nicht erreichten oder wurden. So wird das Überich mit all seinen Härten, Lebensfremdheiten und Unvernünftigkeiten von Generation zu Generation weitergegeben. Es erweist sich somit als Träger der Konstanz des Sozialcharakters, der Moral und der Gesinnungen über die Jahrhunderte hinweg. Freud meinte sogar, daß der Übertragungsprozeß des Ichideals von Eltern auf Kinder gegen gesellschaftliche und politische Umwälzungsversuche resistent ist. Mit deutlicher Spitze gegen den Marxismus erklärt er:

Wahrscheinlich sündigen die sogenannt materialistischen Geschichtsauffassungen darin, daß sie diesen Faktor unterschätzen. Sie tun ihn mit der Bemerkung ab, daß die »Ideologien« der Menschen nichts anderes sind als Ergebnis und Überbau ihrer aktuellen ökonomischen Verhältnisse. Das ist die Wahrheit, aber sehr wahrscheinlich nicht die ganze Wahrheit. Die Menschheit lebt nie ganz in der Gegenwart, in den Ideologien des Überichs lebt die Vergangenheit, die Tradition der Rasse und des Volkes fort, die den Einflüssen der Gegenwart, neuen Veränderungen, nur langsam weicht, und solange sie durch das Überich eine mächtige, von den ökonomischen Verhältnissen unabhängige Rolle im Menschenleben spielt.[29]

Damit zeigt Freud einen großen Zusammenhang zwischen Gewissensstruktur und Kulturentwicklung auf. Dieser Problematik ist er auch in seinen weitausholenden Spekulationen zur Kulturphilosophie nachgegangen. Er führt dann unter anderem die Eigentümlichkeiten der menschlichen Gewissensbildung bis auf den sogenannten Urvatermord zurück. Einschneidende Schicksale in der menschlichen Kulturentwicklung werden rein spekulativ erschlossen und als psychische Erbmasse des Menschen hingestellt. Die Fragwürdigkeit und auch Unhaltbarkeit dieser Hypothesen ist schon so oft und überzeugend dargelegt worden, daß wir uns hier mit ihnen nicht befassen müssen. Es möge für uns genügen, daß Freud seine Gewissenspsychologie letztlich in einer Geschichtsphilosophie zu verankern sucht: Was wohl eine richtige Denkfigur ist, wenn man sie von jeglichem mythologischen Ballast befreien kann.
Nach dieser Darstellung der Freudschen Lehre vom Überich sei nun die Gewissenstheorie von Alfred Adler skizziert. Für Adler steht das Gewissensphänomen – wie alle seelischen Lebensäußerungen – im Spannungsfeld der drei Grundkräfte des Seelenlebens, nämlich: Gemeinschaftsgefühl, Minderwertigkeitsgefühl und Geltungsstreben. Wir dürfen von vornherein vermuten, daß jede Gewissensregung von allen drei Faktoren mitbestimmt wird; Lebensangst, Machttendenzen und soziale Verbundenheit werden wohl in jedem Gewissenserlebnis mitenthalten sein.
Die einfachste Lösung wäre wohl die, im Gewissen nichts anderes als die Stimme des Gemeinschaftsgefühls in uns zu sehen. Idealiter ist dies wohl auch der Fall. Wenn der Mensch bereits Mitmensch im eigentlichen Sinn des Wortes wäre, so würde bei jeder menschlichen und moralischen Verfehlung das in ihm bereits voll entfaltete soziale Empfinden in irgendeiner Form Einspruch erheben. Dies würde aber nur für den idealen Menschen einer fernen Zukunft gelten; für uns Heutige – im Schnittpunkt einer Entwicklung zwischen persön-

lichem Macht- und Sicherheitsstreben und Einfügung in die Gemeinschaft – hat dies nur teilweise Gültigkeit. Sehr viele Gewissensreaktionen erweisen sich bei näherem Hinsehen nicht so sehr als Ausdruck von Gemeinschaftsgefühl, sondern viel eher als neurotische Ausweichmanöver, fiktive Versuche einer Selbsterhöhung durch Scheinmoral, sogar als Zeitvertrödelung und bloße Gedankenspielerei. Wie bei allen übrigen Seelenregungen finden wir im Gewissen sowohl normale wie auch neurotische Tendenzen.

Adler schuf bereits im Jahre 1912 (*Über den nervösen Charakter*) den Begriff des Persönlichkeitsideals, der offensichtlich einen Vorläufer des Freudschen Ichideals darstellt. Aber das Persönlichkeitsideal hat gegenüber dem Ich oder dem Charakter (der Persönlichkeit) keine Autonomie. Es ist ein Charakterbestandteil, also Ausdruck der Ichmentalität. So gibt es dann gar keinen Gegensatz zwischen Ich und Gewissen mehr. Jedes Ich hat genau das Gewissen, das zu ihm paßt. Man soll sich sogar bei allen Gewissensreaktionen fragen, was das Ich damit erreichen will (Finalität!). Adler durchschaute etwa die Selbstanklagen der Melancholiker als Aggressionen gegen die Umwelt. Er interpretierte wohl wie Nietzsche die Depression unter dem Motto des abgeänderten Bibelspruches: »Wer sich erniedriget, will erhöhet werden!«

Wir stehen wiederum vor der Frage, wodurch das Persönlichkeitsideal, das bei Adler die Gewissensfunktion übernimmt, seine Eigentümlichkeiten und Konturen erhält. Ähnlich wie Freud leitet Adler die Eigenschaften des Gewissens vom Charakter der Eltern, von ihrer Erziehungsweise, aber auch von der biologischen Beschaffenheit des Kindes (Organminderwertigkeit usw.) und von den Wesenszügen der weiteren Umwelt ab. Es bleibt aber nach seiner Theorie ein gewisser Spielraum für die kindliche Eigentätigkeit bei seiner Idealbildung erhalten: Weder biologische Anlagen noch Milieu sind Kausalfaktoren des Ideals, sondern die Schöpferkraft des Kindes entscheidet darüber, wie alle genannten Einflüsse aufgefaßt und verarbeitet werden. In späteren Jahren verwendete Adler für das Wort »Persönlichkeitsideal« synonym den Begriff »Lebensstil«; auch dieser ist Eigenprodukt des Kindes, wenn auch abhängig vom Lebensstil der Eltern, der sozialen Klasse, des Volkes, der Epoche, der gesamten Kultur.

Jeder Mensch strebt zeit seines Lebens darauf hin, sein Persönlichkeitsideal zu verwirklichen. Dieses ist mit dem subjektiven Wertentwurf identisch. Wann immer jemand seinen Idealvorstellungen näherkommt (in Gedanken und Taten), hat er ein gutes Gewissen.

Rückt er von seinem Persönlichkeitsideal ab, erntet er Unmutsgefühle, Ängste und Unlustreaktionen. Der Lebensstil hat für jeden eine verbindliche Kraft. Er entscheidet darüber, was als gut und was als böse empfunden wird. So mag ein Dieb gemäß seinem Lebensstil ein schlechtes Gewissen haben, wenn er sich die Gelegenheit eines Diebstahls entgehen läßt: Die Folge einer solchen Unterlassung können regelrechte Gewissensbisse und Schuldgefühle sein. Ein ehrlicher Mensch jedoch wird, selbst wenn er bei einer Hungersnot Brot stiehlt, Opfer von Reue und Gewissensangst sein. Das Gewissen ist offenbar so mannigfaltig wie die Persönlichkeitsideale und die Lebensstile.

In seinen späten Schriften verwendet Adler sehr viele Begriffe mit annähernd gleichem Sinngehalt: »Charakter«, »Persönlichkeitsideal«, »Lebensstil«, »Meinung über sich selbst und die Welt«, »Gangart« usw. Für alle diese Bezeichnungen muß demnach auch das oben Gesagte gelten. Unser Gewissen wird jeweils unserem Charakter, unserer Gangart, unserer Meinung über uns selbst und die Welt entsprechen. Es ist immer auch Ausdruck unserer Selbstbewertung, der Auffassung über die Rolle, die wir in der Welt spielen oder spielen sollten. Es ist somit auch ein Symptom unserer Welt- und Lebensanschauung, unseres Wertempfindens, unseres Daseinsentwurfes. So bündelt sich vermutlich im Gewissenserlebnis die Gesamtheit unserer Einsichten, Gedanken und Gefühle, Werthaltungen, Willensrichtungen, vergangenen Erfahrungen und zukünftigen Erwartungen. In jedem seelischen Einzelphänomen ist nämlich das Ganze des Seelenlebens mitenthalten.

Der Neurotiker wird somit ein neurotisches, der (annähernd) Gesunde ein gesundes Gewissen haben. Das erstere beschreibt Adler im *Nervösen Charakter* folgendermaßen:

Das *Gewissen* baut sich unter dem Druck der Sicherungstendenz aus den einfacheren Formen des Voraussehens und der Selbsteinschätzung auf, wird mit dem Zeichen der Macht ausgestattet und *zur Gottheit erhoben*, – damit der Nervöse Richtungslinien scheinbar im Einklang mit dem Gemeinschaftsgefühl verfolgen kann, damit er sich leichter zurechtfindet in der Unsicherheit des Geschehens, damit *er den sichernden Zweifel habe* unter den Griffen und Kampfesweisen, zu denen ihn sein Wille zur Macht leitet. Immer aber lockt den Nervösen die Unfruchtbarkeit der Gewissensbisse, der Reue, der Trauer, weil ihr trügerischer Schein ihn hebt und zu veredeln und verschönern trachtet; gleichzeitig enthebt er ihn der Lösung der wirklichen Lebensprobleme. »Gewissensbisse sind unanständig!« (Nietzsche) Es ist immer verdächtig, wenn einer in überspitztem Edelsinn weit über die Linie der Norm hinausschwärmt. Unser Urteil ist dann darauf hingewiesen festzustellen, ob allgemein Nützliches dabei geschieht oder versäumt wird.[30]

Freud hatte demnach zu kurz gesehen, als er die Gewissenskämpfe seiner neurotischen Patienten allzu ernst nahm und des Glaubens war, daß die neurotischen Selbstanklagen irgend etwas mit echter Moralität zu tun haben müssen. Man darf sich hierin durch den Anschein nicht beirren lassen. Adler entlarvt die angebliche Härte des Überich gegen das Ich als ein neurotisches Manöver des Zeitvergeudens und des Gutdastehenwollens (»Edel bin ich auch!«). Auch zerstört er den Mythos der Hypermoralität des Melancholikers und des Depressiven:

Über die Bedeutung der Schuldgefühle, des Gewissens und der Selbstvorwürfe als einer Konstruktion sichernder Fiktionen und fruchtloser, zeitraubender *Präokkupationen* wurde bereits gesprochen [...] *Durch Buße einen anderen zu schädigen* ist einer der feinsten Kunstgriffe des Nervösen, wenn er sich z. B. in Selbstverwünschungen ergeht. *Suizidideen lassen den gleichen Mechanismus erkennen* [...] *Auch in der Melancholie finden sich verwandte Züge.*[31]

Das neurotische Gewissen strebt also in erster Linie Sicherheit und Selbsterhöhung an. Schuldgefühle, Gewissensbisse und Reue können hierbei die dunkel bewußte Absicht verfolgen, den Moralhelden zu spielen, ohne sich wirklich ändern zu wollen. Der Wert der Reue ist nur dann gewährleistet, wenn auf sie tatsächlich eine Charakteränderung (Taten und nicht nur Worte!) erfolgt. So mancher Neurotiker übt in unserer scheinheiligen Kultur alle Gesten der Moralität ein, ohne entsprechende Gefühle zu empfinden. Der Menschenkenner darf sich hierdurch nicht täuschen lassen. Es ist nicht alles Ethos, was sich ethisch gebärdet.

Adlers Auffassung ist final orientiert, nicht kausal wie die psychoanalytische: Sie fragt immer nach dem Wozu des moralischen Verhaltens (Ziel, Zweck, Teleologie) und nicht nach seinem Warum. Oft erkennt man das geheime Ziel angeblicher Gewissensreaktionen, wenn man untersucht, ob auf sie irgendwelche Konsequenzen folgen – oder ausbleiben!

Sowohl Freud als auch Adler befassen sich hauptsächlich mit den pathologischen Gewissenserscheinungen; das »gesunde Gewissen« stand ihren therapeutischen Überlegungen etwas ferner. Aber in dem Buch *Der Sinn des Lebens* (1933) dringt Adler in die Dimension der Gewissensnormalität vor. Er spricht nunmehr als Lebensphilosoph, der die Tatsachen des Menschenlebens in eine evolutionäre

Weltanschauung einordnet. Nun erfährt auch das Gemeinschaftsgefühl genauere Bestimmung als Idee eines zukünftigen Menschheitszustandes, wo die Solidarität aller mit allen gewährleistet ist. Gesund kann der Mensch und sein Gewissen nur dann genannt werden, wenn er seinen Lebenssinn und -inhalt auf der Nützlichkeitsseite des Lebens, in der Kooperation mit den Mitmenschen, im gewaltlosen Streben nach Freiheit und Fortschritt sucht. Das Wohl der Allgemeinheit, das durchaus nicht im Widerspruch zur größtmöglichen Entfaltung des Individuums steht, soll der höchste Wert des menschlichen Gewissens sein. Jedermann ist dazu aufgerufen, die Entwicklung der Menschheit voranzutreiben. In dem Maße, wie er für sich und die Mitmenschen Überwindung der gemeinsamen Lebensschwierigkeiten anstrebt, erwächst ihm für das eigene Leben Glück und Freude, Bewußtsein der eigenen Werthaftigkeit. Adler, der immer schon der Ethiker des Gemeinschaftsgefühls war, wird hier zum Lehrer des »Menschheitsgewissens«:

Ich könnte noch mehr davon sprechen und zeigen, wie alle unsere Funktionen darauf berechnet sind, die Gemeinschaft der Menschen nicht zu stören, den einzelnen mit der Gemeinschaft zu verbinden. Sehen heißt aufnehmen, fruchtbarmachen, was auf die Netzhaut fällt. Dies ist nicht bloß ein physiologischer Vorgang, er zeigt den Menschen als Teil des Ganzen, der nimmt und gibt. Im Sehen, Hören, Sprechen verbinden wir uns mit den anderen. Der Mensch sieht, hört, spricht nur richtig, wenn er in seinem Interesse mit der Außenwelt, mit den anderen verbunden ist. [...] Alle unsere körperlichen und seelischen Funktionen sind richtig, normal, gesund entwickelt, soferne sie genügend Gemeinschaftsgefühl in sich tragen und zur Mitarbeit geeignet sind.
Wir sprechen von Tugend und meinen, daß einer mitspielt, von Laster und meinen, daß einer die Mitarbeit stört. Ich könnte noch darauf hinweisen, wie alles, was einen Fehlschlag bedeutet, deshalb ein Fehlschlag ist, weil es die Entwicklung der Gemeinschaft stört, ob es sich um schwer erziehbare Kinder, Neurotiker, Verbrecher, Selbstmörder handelt. In allen Fällen sieht man, daß der Beitrag fehlt. [...]
Alle Probleme des menschlichen Lebens verlangen, wie ich gezeigt habe, Fähigkeit und Vorbereitung zur Mitarbeit, des sichtbaren Zeichens des Gemeinschaftsgefühls. In dieser Stimmungslage ist Mut und Glück miteingeschlossen, die sonst nicht zu finden sind.[32]

Weitere wichtige Gesichtspunkte zu unserem Thema entstammen der Existenzphilosophie. So hat Martin Heidegger in seinem Hauptwerk *Sein und Zeit* (1927) eine Gewissenslehre vorgelegt, die für den Tiefenpsychologen ungemein aufschlußreich ist. Wir geben hier in einer kurzen Darlegung den Heideggerschen Standpunkt

wieder, der nicht nur die Daseinsanalyse (Binswanger, Boss u. a.), sondern auch Sartre und die ganze neuere psychoanalytische Forschung wesentlich beeinflußt hat.
Heidegger geht in *Sein und Zeit* davon aus, daß jeder Mensch primär nicht als eigentliches Ich-Selbst existiert, sondern lediglich als Man-Selbst. Die Urtatsache des menschlichen Zusammenlebens ist, daß die Gemeinschaft, in die wir eingeordnet sind, weitgehend unser Ich in Beschlag nimmt und unser Denken, Fühlen und Wollen mit ihren Vorschriften und Normen beherrscht. Wir tun und vermeiden, was man tut und vermeidet; wir wünschen und hoffen, was man wünscht und hofft; wir behaupten und halten für wahr, was man behauptet und für wahr hält usw. Das, was die amerikanischen Soziologen (u. a. George Herbert Mead) das »social me« nennen, überwuchert fast vollständig das »personal me«: Das Man-Selbst hat eine gewaltige Macht über den Menschen, so daß für sehr viele während ihres ganzen Lebens das eigentliche Ich-Selbst kaum je zum Zuge kommt. Heidegger nennt dies das »Verfallensein an das Man«.
Einer Existenz in der Form des Man-Selbst würde durchaus das Freudsche Überich entsprechen. Denn das Überich ist ja, wie wir darlegten, die Repräsentanz unserer Eltern, Lehrer, Vorbilder, der Moral und der Institutionen, der gesamten Gesellschaft in uns. Freud hat insofern richtig gesehen, als er den meisten Menschen eine eigenständige Gewissensbildung absprach: Er hat diese Beobachtung nur leider verabsolutiert. Infolge der Ichschwäche der Neurotiker – zu denen wir uns alle rechnen müssen – kommt es bei ihnen lediglich zu einem Pseudogewissen; Angst vor Mißbilligung, Liebesentzug und Strafe ist der Hauptmotor ihrer sogenannten Moralität, die im Grunde soziale Isolierungs- und Bestrafungsangst ist. Aber das darf nicht als die einzige und wesentliche Gewissensmodalität hingestellt werden. Heidegger behauptet, daß neben dem Man-Selbst-Gewissen auch ein »eigentliches Gewissen« in Betracht gezogen werden muß. Dieses Gewissen hat nichts mit den Normen, Vorschriften, Regeln, Geboten und Verboten der üblichen Moral und des öffentlichen Lebens zu tun. Es ist die Stimme unseres Ich, unserer ureigensten Existenzweise, sozusagen der Ruf, den unsere Persönlichkeit an sich selbst richtet. Zumeist bedarf es eines schmerzlichen Prozesses, um dieses eigentliche Gewissen überhaupt vernehmen zu können. Durch eine Loslösung vom »Man« (der kollektiven Daseinsform), also durch einen Rückzug auf sich selbst, erfährt der Mensch, daß er letztlich auf sich selbst gestellt ist. In der Stille einer

ruhigen und ernsten Selbstüberprüfung entsteht erst der Freiraum, in dem der Ruf unseres Gewissens an uns ergehen kann. Mitunter liegt sehr viel Anstrengung darin, sich die Autonomie und Ungestörtheit zu erobern, in der wir auf uns selbst hören können. Heidegger spricht geradezu vom »Gewissenhabenwollen« als erster Voraussetzung für die eigentliche Gewissenserfahrung. Man muß den Mut zum Selbstsein aufbringen (Heideggers »Entschlossenheit« in ihrer ontisch-psychologischen Fassung), wenn man begreifen will, was der eigenen Person, ihrer Einmaligkeit und Unverwechselbarkeit, entscheidend zukommt.

Dies bedeutet, daß der in diesem Sinne gewissenhafte Mensch die bereits gelungene Anpassung an das gemeinschaftliche Leben, die vorausgesetzt werden muß, wiederum in einen Schwebezustand zu versetzen bereit ist. Nur wer imstande ist, sich aufs neue zu entdekken, kann über jene Idole hinauswachsen, die ihm Erziehung, wohlmeinende Leute, Mitwelt, Kulturmilieu usw. eingeimpft haben. Bevor wir uns selbst erfahren können, sagen uns ja immer andere, wer wir sind oder sein sollen. Meistens gehen sie hierbei sehr lässig mit uns um; die Sorge um unsere Individualität bekümmert sie kaum. Hauptsache ist, daß wir reibungsfrei funktionieren und die anderen in ihren Absichten nicht stören.

Inmitten dieses sozialisierten Lebens erreicht uns der Gewissensruf, der allerdings nach Heidegger nichts Konkretes aussagt, also nicht viel Gerede und Wortgetöse auf uns losläßt. Das eigentliche Gewissen bevorzugt die Modalität des Schweigens. Schweigend gibt es uns zu erkennen, daß *wir selbst* unser Leben in die Hand nehmen müssen. Niemand kann für uns die Selbstverwirklichung leisten. Niemand kann uns die Sorge für unser Selbst aus der Hand nehmen. Unser Ich-Selbst kann durch nichts und niemand ersetzt werden.

Diese Art von Gewissen ist also ein Erwecken aus der Selbstvergessenheit, in der wir gemeinhin zu leben pflegen, ein Zurückrufen in die eigene Situation und ein Vorrufen zu den Möglichkeiten der Selbstentfaltung und Selbstentwicklung. Würde das Heideggersche Gewissen Worte verwenden, so könnte es nur sagen: Sei du selbst! Werde, der du bist! Werde, der du allein sein kannst! Bekenne dich zu dir selbst!

Dies soll allerdings nicht ein beschaulicher Dialog des Menschen mit sich selbst sein. Sicherlich gehört zur Gewissenserfahrung die Bereitschaft, sein Leben ernsthaft zu überprüfen, über sich nachzudenken, auf die Stimme seines Inneren zu hören. Aber das bloße Zuhören auf den Gewissensruf und das Spekulieren darüber ist zuwenig.

Heidegger läßt keinen Zweifel darüber, daß das Gewissenhabenwollen letztlich in die Tat einmünden muß. Nur wer entschlossen die vor ihm und in ihm liegenden Möglichkeiten ergreift, setzt sich in den Besitz seiner selbst und hat ein »eigentliches Gewissen«. Dabei stellen sich ihm auch die Erfahrungen der Angst vor der Entscheidung, der Übernahme von Verantwortung für das, was er tut oder unterläßt, des Wissens um die eigene Endlichkeit und Begrenztheit, ja sogar des Ausgeliefertseins an Tod, Zufall, Schuld und Verlassenheit. Diese düsteren Akzente der Heideggerschen Philosophie sind bekanntlich verschieden ausgelegt worden. In der NS-Zeit glaubten viele – unterstützt durch Heideggers eigene Anpasserei und moralische Richtungslosigkeit –, daß die obengenannten Begriffe die pseudoheroische Lebensanschauung des Nationalsozialismus bestätigten. Man kann aber auch der Meinung sein, daß diese Lehre vom Gewissen einige anthropologische Fakten beschreibt und einen ideologiefreien Kern enthält; sie bietet ein Modell der menschlichen Existenz, das der psychologischen Empirie durchaus gerecht wird.

Sehr aufschlußreich sind auch Heideggers Analysen über den wahren »Aktsinn« des Gewissensrufs. Der Alltagsverstand ist der Meinung, daß im Gewissen jeweils nur eine schlechte Tat anvisiert wird: Das Gewissen bereut dieses oder jenes, macht sich also als Gewissensbiß bemerkbar. Aber schon Schopenhauer und Nietzsche haben bezweifelt, ob Gewissensbisse überhaupt moralisch seien. Schopenhauer glaubte aus dem Gewissensruf herauszuhören, daß nicht das einzelne Vergehen gemeint sei; unser Gewissen sage im Grunde: Was für ein Mensch bist du, daß du so etwas tun oder unterlassen kannst! Ähnlich argumentiert Nietzsche. Heidegger schließt sich beiden Autoren an und postuliert, daß das Gewissen nicht nach rückwärts gewendet sei (zum vergangenen Fehler, den man gemacht hat), sondern nach vorne, in die Zukunft. Es sei ein Nach-vorne-Rufen zu den Möglichkeiten zukünftigen echten Selbstseins. Es entspringe der Sorge des Menschen um dieses Selbstseinkönnen. Demnach ist es auch ein Ruf der menschlichen Freiheit.

In diesem Licht muß auch der Schuldbegriff verändert werden. Die übliche Erklärung denkt hauptsächlich an das Schuldenhaben, nämlich: ein konkretes *Dies* oder *Das* verfehlt haben. Für Heidegger besteht die wahre Daseinsschuld darin, daß man in jeder Selbstwahl nur eine beschränkte Anzahl von Möglichkeiten ergreifen kann. Jede Entscheidung – wovon die sittliche nur ein Spezialfall ist – zwingt einen, daß man die eine Möglichkeit ergreift und sehr vieles andere versäumt. Dies hält den entschlossenen Menschen weder vom Wählen noch vom Handeln ab. Aber er ist sich bewußt, daß er niemals die ganze Fülle des Seins in seine Obhut nehmen kann.

Wir haben bisher noch nichts über den Mitmenschen in Heideggers Gewissenstheorie gesagt. Dieser wird nicht vernachlässigt, denn Heidegger sieht das Menschsein prinzipiell in der Wesensverfassung des *Mitseins*. Die soziale Gegebenheit ist im Menschenleben allgegenwärtig. Aber nur derjenige, der im Gewissensruf den Weg zu sich selbst einschlägt, kann für andere Menschen ein echtes Gegenüber, ein Du werden. So sind höchste Sorge für das eigene Selbst und Fürsorge für den Mitmenschen identisch.

Ähnliche Gedanken wie Heidegger vertritt Erich Fromm in seinem bereits genannten Buch *Psychoanalyse und Ethik*. Seine Analyse des Gewissens hat philosophische, psychologische und soziologische Aspekte; sie darf tiefgründig genannt werden, leidet aber unter dem überstrapazierten Gegensatz zwischen *autoritären* und *humanistischen* Seelenäußerungen, der wie ein zwanghaftes Konzept das ganze Werk – auch in seinen Untersuchungen über Selbstliebe und Selbstinteresse, Charakter und Persönlichkeit, Freude und Glück, Glaube usw. – durchzieht.

Das autoritäre Gewissen ist nach Fromm wiederum das Freudsche Überich, nämlich die nach innen verlagerte Autorität. Dieses Gewissen ist in der Regel destruktiv und tyrannisch; es drückt sich vorwiegend in negativen Geboten und Verboten aus und hält vor allem die Lebendigkeit des Gewissensträgers in Schach. Es läßt Individualität nicht aufkommen und will uns alle zu Sozialautomaten machen. Es ist der Ausdruck einer Unterwerfung des Menschen unter Eltern, Konvention, soziale Mächte aller Art, Staat, Kirche, Sozietät.

Demgegenüber gibt es ein humanistisches Gewissen, welches der »Mahnruf des Menschen an sich selbst« ist. Hier spricht aus uns das Gefühl für unser eigenes Werden und Wachsen: Unsere Gesamtpersönlichkeit reagiert auf uns und beurteilt uns selbst. Es ruft uns zu einem eigenständigen, produktiven Leben auf.

Diese Gewissenserfahrung wird viel häufiger verdrängt als die Sexualtriebe. Denn das lärmende Zusammenleben der Menschen entfremdet uns der eigenen Person. Man darf nicht vor sich selbst davonlaufen, wenn man sein Gewissen hören will. Die von Fromm so kenntnisreich beschriebene »Furcht vor der Freiheit« ist sicherlich auch eine »Furcht vor dem Gewissen«.

Es ist aber lebenswichtig für den Menschen, die Stimme seines Gewissens zu vernehmen. Wer an sich selbst vorbeilebt, verfehlt immer auch die anderen, aber auch Glück, Gesundheit und Lebensfreude. Viele Erkrankungen, physische wie psychische, haben eine ihrer letzten Ursachen darin, daß in einem Menschen die Gewissenserfahrung nicht lebendig geworden ist. Dies deutet Fromm wie folgt an:

Die schwache, undeutliche Stimme unseres Gewissens zu hören, ist auch deswegen schwierig, weil diese Stimme nicht direkt, sondern nur indirekt zu uns spricht, und weil wir uns oft nicht darüber klar sind, daß es unser Gewissen ist, was uns keine Ruhe gibt. Wir fühlen uns vielleicht nur bedrückt (oder sogar krank) und erklären es mit Ursachen, die in keinem offensichtlichen Zusammenhang mit dem Gewissen stehen. Eine der häufigsten indirekten Reaktionen des vernachlässigten Gewissens ist ein unbestimmtes Selbstgefühl, ein Unbehagen oder einfach nur Müdigkeit oder Unlust. Manchmal deutet sich solche Empfindung als Schuldgefühl an; man interpretiert dies als Versäumnis von diesem und jenem, obwohl das, wofür man sich schuldig fühlt, kein echtes moralisches Problem darstellt. Ist aber das echte, wenn auch unbewußte Schuldgefühl zu stark geworden, so daß es nicht mehr durch oberflächliche Deutungen zum Schweigen gebracht werden kann, dann findet es seinen Ausdruck in tieferen und intensiveren Ängsten und sogar in körperlicher oder psychischer Erkrankung.[33]

So steht offenbar sehr oft hinter dem physischen und psychischen Kranksein ein Gewissensproblem, das weder vom Patienten noch von seinem Arzt gesehen wird. Und zwar geht es nicht um einen Katalog von Verfehlungen, die etwa der »schuldige Mensch« nicht sieht oder erkennt. Auch soll man ihm nicht dadurch helfen, daß man ihm einen Kursus in Moral verschreibt. Das Gewissensthema, das der Neurotiker (also wir alle) nicht bearbeitet hat und durch die Therapie bearbeiten lernen muß, ist das *Selbstwerden seiner Person*. Hierzu muß ihm die seelenärztliche Behandlung echte Hilfe leisten.

Der Vorläufer dieser Theorien ist Friedrich Nietzsche, der in seiner dritten *Unzeitgemäßen Betrachtung* unter dem Titel »Schopenhauer als Erzieher« (1874) die für jeden Psychologen und Psychotherapeuten unentbehrlichen Worte geschrieben hat:

Jener Reisende, der viel Länder und Völker und mehrere Erdteile gesehen hatte und gefragt wurde, welche Eigenschaft der Menschen er überall wiedergefunden habe, sagte: sie haben einen Hang zur Faulheit. Manchen wird es dünken, er hätte richtiger und gültiger gesagt: sie sind alle furchtsam. Sie verstecken sich unter Sitten und Meinungen. Im Grunde weiß jeder Mensch recht wohl, daß er nur einmal, als ein Unikum, auf der Welt ist und daß kein noch so seltsamer Zufall zum zweitenmal ein so wunderlich buntes Mancherlei zum Einerlei, wie er es ist, zusammenschütteln wird: er weiß es, aber verbirgt es wie ein böses Gewissen – weshalb? Aus Furcht vor dem Nachbar, welcher die Konvention fordert und sich selbst mit ihr verhüllt. Aber was ist es, was den einzelnen zwingt, den Nachbar zu fürchten, herdenmäßig zu denken und zu handeln und seiner selbst nicht froh zu sein? Schamhaftigkeit vielleicht bei einigen und seltnen. Bei den allermeisten ist es Bequemlichkeit, Trägheit, kurz jener Hang zur Faulheit, von dem der Reisende sprach. Er hat recht: die Menschen sind noch fauler als furchtsam und fürchten gerade am meisten die Beschwerden, welche ihnen eine unbedingte Ehrlichkeit und Nacktheit aufbürden würde. Die Künstler allein hassen dieses lässige Einhergehen in erborgten Manieren und übergehängten Meinungen und enthüllen das Geheimnis, das böse Gewissen von jedermann, den Satz, daß jeder Mensch ein einmaliges Wunder ist; sie wagen es, uns den Menschen zu zeigen, wie er bis in jede Muskelbewegung er selbst, er allein ist, noch mehr, daß er in dieser strengen Konsequenz seiner Einzigkeit schön und betrachtenswert ist, neu und unglaublich wie jedes Werk der Natur und durchaus nicht langweilig.[34]

Damit haben uns historische Überlegungen an die Schwelle der psychotherapeutischen Problematik selbst herangeführt. Wie zeigen sich die erwähnten Gewissensprobleme in der alltäglichen Praxis des Psychotherapeuten? Inwiefern ist Psychotherapie humanistische Gewissensbildung, Aufruf zum eigentlichen Ich-selbst-Sein, Überwindung der Trägheit und Furchtsamkeit hinsichtlich des Selbstwerdens? Wie spielen Werterfahrung und Werterziehung in das seelenärztliche Geschehen hinein?

Wir haben den Neurotiker bereits als einen *Gewissenskranken* bezeichnet und die Neurose als eine *kranke* (subjektive) *Wertwelt* definiert. Beide Äußerungen sind wesensidentisch, da wir das Gewissen als das Organ charakterisierten, womit der Wert erkannt oder verkannt wird.

Karen Horney spricht davon, daß der neurotische Mensch andauernd unter der Tyrannei seines »Du sollst!« stehe. Er hat Zielvorstellungen, die seinen Lebensprozeß behindern. So läuft er Idealen nach, die er nie verwirklichen kann. Dabei kommt es zu einer komplementären Konstellation zwischen Ideal und lebendigen Kräften: Je höher und irrealer das Ideal angesetzt wird, um so mehr läßt es das Individuum an Kraft verarmen – es wirkt wie ein Vampir, der einem Organismus Blut abzapft und ihn dadurch schwächt. Das krankhafte Idealbild nimmt alle Schönheit an sich und läßt seinen Schöpfer in Armut und Häßlichkeit zurück.

Wir deuten die Entstehung der neurotischen Erkrankung so, daß sehr unglückliche Bedingungen in der Kindheit dazu führen, daß welt- und lebensfremde Idealvorstellungen aufgebaut werden, die eine Orientierung in der realen Welt unmöglich machen. Je trostloser die Kindheitserlebnisse sind, um so überhöhter, starrer und unveränderlicher wird die kompensierte Idealwelt: In der Neurose entfernt sie sich teilweise, in der Psychose fast ganz von der Erde und von den Mitmenschen.

Dieser Vorgang wird uns besonders verständlich, wenn wir ihn gleichsam makroskopisch im Sinne von Feuerbach und Nietzsche mit dem Ursprung der Religionen vergleichen. Bekanntlich vertreten beide Autoren die These, daß die Menschen ihre Götter schufen und hierbei in die Gottesidee und die Vorstellung vom Weiterleben nach dem Tod (Himmel usw.) ihr eigenes verkanntes Selbst und die Kompensation der irdischen Mängel hineinprojiziert haben. Gott und die »Überwelt« waren immer und überall Antithesen zum jeweiligen Menschen (Volk) und seiner Welt. Man erkennt hierbei dieselbe Dynamik, wie wir sie oben bei der Neurosenbildung geschildert haben. Je kläglicher und dürftiger der Status eines Volkes war, um so härter, düsterer und lebensverneinender wurde seine Gottheit. Die heiteren vom Schicksal begünstigten Griechen schufen sich Götter, die eigentlich nur Halbgötter waren, die sich mit den Menschen in Freundschaft und Liebe verbanden; der Olymp mit seinen Bewohnern ist im Grunde nur eine gesteigerte Menschenwelt, die weder niederdrückend noch entmutigend wirken muß. Die von der Ungunst der Verhältnisse jedoch allzusehr gepeinigten und erniedrigten Juden und Christen bauten sich einen Gott auf, der allein und absolut im Himmel thront und durch Abgründe von den Menschen getrennt ist. Das Christentum, welches ursprünglich eine Sklavenreligion war, errichtete im Himmel eine absolute Herrschaftsordnung, bei der Gott alles und der Mensch nichts ist. Entsprechend sind auch die religiösen Lebensvorschriften; bei den Griechen teilweise milde und lebensverklärend, bei den Juden und Christen großenteils streng, asketisch und weltflüchtig.

Die Dichotomie (Aufspaltung) zwischen Ideal und Leben gibt es demnach in der Einzel- wie auch in der Kollektivpsyche. Neurose und Religion ähneln einander sehr – Freud hat daher mit Recht die Religion eine Menschheitsneurose genannt. Wie heilt man nun *beide* Neurosenformen?

Bekanntlich hat man seit der Aufklärungsepoche vielfach versucht, die religiöse Weltanschauung durch rationale Propaganda zu bekämpfen. Man sah, daß die religiösen Glaubensartikel ein Hindernis für die menschliche Emanzipation waren. Sie wurden von Generation zu Generation überliefert und ließen sich von den Fortschritten nur wenig beeinflussen, die in Wissenschaft, Technik und Alltagsleben gemacht wurden. Indes Feuerbach nun von einer noch entschiedeneren Aufklärung eine Besserung dieses Zustandes erhoffte, wies Marx darauf hin, daß die Religion in ihrer Absurdität von absurden menschlichen und ökonomischen Verhältnissen getragen werde: Man könne daher Religiosität nur überflüssig machen, wenn man das ökonomische und politische Sein des Menschen ändere. Die berühmte Textstelle, in der dies ausgedrückt wird, findet sich in *Zur Kritik der Hegelschen Rechtsphilosophie*; wir geben sie wieder, weil wir aus ihr Schlüsse zur Neurosentherapie ziehen werden:

Das Fundament der irreligiösen Kritik ist: Der *Mensch macht die Religion*, die Religion macht nicht den Menschen. Und zwar ist die Religion das Selbstbewußtsein und das Selbstgefühl des Menschen, der sich selbst entweder noch nicht erworben oder schon wieder verloren hat. Aber *der Mensch*, das ist kein abstraktes, außer der Welt hockendes Wesen. Der Mensch, das ist *die Welt des Menschen*, Staat, Sozietät. Dieser Staat, diese Sozietät produzieren die Religion, ein *verkehrtes Weltbewußtsein*, weil sie eine *verkehrte Welt* sind. Die Religion ist die allgemeine Theorie dieser Welt, ihr enzyklopädisches Kompendium, ihre Logik in populärer Form, ihr spiritualistischer Point-d'honneur [Ehrenpunkt], ihr Enthusiasmus, ihre moralische Sanktion, ihre feierliche Ergänzung, ihr allgemeiner Trost- und Rechtfertigungsgrund. Sie ist die *phantastische Verwirklichung* des menschlichen Wesens, weil das *menschliche Wesen* keine wahre Wirklichkeit besitzt. Der Kampf gegen die Religion ist also mittelbar der Kampf gegen *jene Welt*, deren geistiges *Aroma* die Religion ist.
Das *religiöse* Elend ist in einem der *Ausdruck* des wirklichen Elendes und in einem die *Protestation* gegen das wirkliche Elend. Die Religion ist der Seufzer der bedrängten Kreatur, das Gemüt einer herzlosen Welt, wie sie der Geist geistloser Zustände ist. Sie ist das *Opium* des Volks.[35]

Man kann an jedem Punkt dieses Textes für das Wort »Religion« mühelos »Neurose« einsetzen. Auch die neurotische Störung ist Ausdruck und Protest für ein personales und zwischenmenschliches Elend. Der Mensch braucht seine neurotischen Ideale, um in seiner realen Trostlosigkeit überleben zu können. Wie Horney sagt, klammert er sich an sein »ideales Selbst«, weil sein »reales Selbst« fast gar nicht entwickelt werden konnte.

Daher kann die Therapie niemals sich darauf beschränken, dem Patienten die Halt- und Gehaltlosigkeit seiner Wert- und Zielvorstellungen aufzuzeigen. Gewiß ist auch dies im psychotherapeutischen Geschehen wichtig; aber man gibt die neurotischen Phantome erst auf, wenn man Hoffnung schöpft, sich bei den Mitmenschen und auf der Erde wohl fühlen zu können.

Der Therapieprozeß hat also zwei Seiten: Er arbeitet – marxistisch gesprochen – am Überbau *und* an der Basis. Man ändert die Ideale des Neurotikers, aber auch seine Realität. Indem er ermutigt, bestätigt, anerkannt und auch geliebt wird, bedarf er mit der Zeit nicht mehr seiner gespenstischen Ziele und Wunschträume. Er schafft seine privaten Götter (denn das sind seine Ideale für ihn) ab und setzt sich selbst an deren Stelle. Wenn man die Religion eine Menschheitsneurose genannt hat, so kann man mit ebensoviel Berechtigung die Phantasiewelt jedes Neurotikers im Sinne einer »Privatreligion« deuten. Auch diese Religion ist eine phantastische Selbstverwirklichung, die entstand, weil die reale Verwirklichung scheiterte; andererseits hindert die Scheinwelt den Nervösen daran, die Wirklichkeit zu erkennen und zu assimilieren, wie die Religion die politischen Umwälzungen erschwert oder unmöglich macht.

Wir haben in der von uns praktizierten Gruppentherapie (Josef Rattner *Gruppentherapie – Die Psychotherapie der Zukunft*, 1973) drei Stadien der Überich-Veränderung unserer Patienten bei gelingenden Behandlungen feststellen können. Der Patient kommt mit einem Überich zu uns, das merklich durch seine Eltern und deren Erziehungsmethoden usw. bestimmt ist. Es besteht aus Geboten und Verboten und ist ein Hemmschuh für alle positiven Entwicklungen. Es ist ein typisch autoritäres Überich.

Nun nimmt die Therapiegruppe den Analysanden mit all ihrem Wohlwollen, ihrem Verständnis und ihrer Liebesfähigkeit in sich auf. Er erfährt Zuwendung, Anrede, Geselligkeit und gemeinschaftliches Wirken und Handeln. Nach einiger Zeit macht dann das durch die Eltern geprägte Überich einem Gruppenüberich Platz, welches viel antriebs- und lebensfreundlicher ist und alle seelischen und geistigen Weiterentwicklungen begünstigt. Schon dies allein ist ein wesentliches Stück des Genesungsvorganges. Aber wir geben uns hiermit nicht zufrieden. Im Sinne der obigen Ausführungen von Heidegger, Fromm u. a. streben wir an, daß der Analysand schließlich auch den Mut dazu gewinnt, ein ganz individuelles Überich zu konzipieren. Mit anderen Worten: Er treibt seine Therapie so weit voran, daß er zuletzt autonom wird und sich als Schmied seines Schicksals fühlen darf.

In einer anderen Ausdrucksweise formuliert, kann man denselben Sachverhalt folgendermaßen charakterisieren: Der Patient kommt unter dem Motto »Ich *muß*!« in die Therapie; er steckt voller verborgener und offener »Du *sollst*!«, die er weder erfüllen kann noch will. Er windet sich in inneren Krämpfen, die ihm keine Zeit und Kraft lassen, sich für sein Leben zu interessieren. Durch die Therapiegruppe wird er so weit gefördert, daß er die unablässigen Forderungen an sich selbst vermindert, wodurch er tätiger und lebendiger wird. Er erfährt nun eine innere Wandlung, in der zunächst die Formel »Ich *will*!« hervortritt. Er will sich ändern und versucht es auch schon. Aber die beste Situation für die Umgestaltung seines Lebens und Wertempfindens ist dann gegeben, wenn er sich weder antreibt noch zu etwas zwingt. In diesem Stadium ist er vom Gefühl »Ich *kann*!« beseelt und fühlt sich als Herr seiner Ziele und Wertsetzungen.

Dieser Zustand ist wohl als »Gesundheit der Persönlichkeit« zu kennzeichnen. Der psychisch gesunde Mensch hat keine Ideale, die unerreichbar hoch hängen. Wohl denkt und erfindet er fortlaufend Idealvorstellungen, aber diese gleichen Luftballons, welche er fest an ihren Schnüren hält und immer wieder an sich heranzieht, sofern es ihm gefällt. Neurose und Psychose jedoch sind mit Luftballons zu vergleichen, die dem Träger aus der Hand geglitten sind und nun davonfliegen. Ein Ideal, das sich in den Himmel verirrt, kann aber zum Störfaktor für das irdische Leben werden.

Gegen Ende einer Therapie könnte man einen Analysanden fragen: Haben Sie noch Ideale? Und wenn er die Therapie richtig verstanden hat, wird er etwa antworten: Ja, aber ich bin auch selbst mein Ideal! Dies ist nicht im Sinne der Hybris und der Selbstvergottung aufzufassen, die ja in der neurotischen Erkrankung immer eine erhebliche Rolle spielen, so klein und demütig sich auch der Neurotiker gebärden mag. Hieraus spricht lediglich die wiedergewonnene *Selbstachtung*, die ein hohes Ziel jeder seelenärztlichen Behandlung ist.

Wilhelm Keller hat in einem Buch über *Das Selbstwertstreben* (1963) die Auffassung vertreten, daß die tiefenpsychologischen Motivationstheorien diesen oder jenen Trieb als Zentralkraft des Seelenlebens einsetzen; sie sehen aber – mit Ausnahme von Alfred Adler – mitunter nicht, daß der Haupttrieb des Menschen, der allerdings gar kein Trieb ist, sein Streben nach Selbstwert ist. Neurose ist eine Erkrankung des Selbstwertgefühls; die Heilung muß daher über die Festigung genau dieses Gefühls erfolgen. Daß auch dies nur durch eine Gewissensänderung und die damit verbundene »Umwertung aller Werte« erfolgen muß, sollte jetzt außer Zweifel sein.

Die Therapie wird seit langem schon auch als *Charakteranalyse* bezeichnet, weil die meisten Autoren im Charakter und seinen Wertorientierungen das Zentrum der menschlichen Persönlichkeit sehen. Im Rahmen unserer neuen Formulierungen könnten wir sie allerdings auch »*Werttherapie*« nennen, das heißt Vermittlung von höheren, tragenderen und belebenderen Werten, als sie der Patient in seinem Werdegang je erfahren durfte. Allerdings muß man sich den Wertaustausch nicht als einen einfachen und unkomplizierten Prozeß vorstellen. Es werden hierbei nicht rationale Ideen gegeneinander ausgespielt, sondern die ganze Aktion ist inspiriert von einer tiefgreifenden *Gefühlsumstrukturierung*. Gefühle sind ja die Organe für das Wertvernehmen; also muß man Gefühle heilen, wenn man den Wertblick verändern will. Und da die Gefühle aus dem innersten Bereich der Person stammen, sind sie immer bis ins Somatische hinein verfestigt: Jeder Gefühlseinstellung entsprechen tausendfältige unmerkliche Körperhaltungen und -funktionen, die mitbeeinflußt werden müssen, wenn sich Gefühle und Werte wandeln sollen. Die Therapie kann daher nicht bloß einen Teil des Seelenlebens ändern: Da in der Psyche alles und jedes miteinander in Beziehung steht, muß der *ganze Mensch* (Leib, Seele und Geist) geändert werden.

Aber dies ist nicht ein Geschehen, das der Patient passiv erleiden kann wie eine chirurgische Operation – er selbst muß dabei aktiv werden. Niemand kann ihm die Aufgabe abnehmen, sich selbst zu suchen und zu finden. Hat er aber einmal einen Anfang damit gemacht, so wird die Stimme seines Gewissens nicht aufhören, ihn zu rufen und auf seinen ganz eigentümlichen Weg zu leiten. Je mehr man von sich weiß, um so deutlicher kann man die nächsten Stufen des Selbstwerdens erahnen. Der Aufstieg zu diesem wahren Selbst ist übrigens beglückend und beruhigend zugleich. Der Dichter Friedrich Rückert sagt:

In jedem steckt ein Bild, des, das er werden soll.
Solang er das nicht ist, ist nicht sein Friede voll.

Wir schließen uns den oben zitierten Autoren an, die im Gewissen nicht die Tat-Reue erblicken, sondern darauf hinweisen, daß es wohl eher auf die Seins-Reue hinzielt, und darüber hinaus nicht vergangenheitsbezogen, sondern zukunftsorientiert ist. Mit Recht sagen Heidegger und Fromm, daß es noch gar nichts besagt, wenn die meisten Menschen ihre Gewissenserlebnisse nur in Gestalt von »Gewissensbissen« wahrnehmen. Da wir den Menschen unserer Gegenwart als Kümmerform und Karikatur des Menschen, wie er wirklich sein könnte und sollte, kennen, darf es uns nicht verwundern, daß auch sein Gewissen nur als Zerrbild in Erscheinung tritt. Der neurotische Kulturmensch kann nur bedingt denken, fühlen, wollen, lieben, handeln usw.: Warum sollte er in seiner Gewissenserfahrung kompletter sein als anderswo? Er wird auch in diesem Bereich sich mit Defizitformen des Lebens und Erlebens zufriedengeben. Die Therapie erst wird die Aufgabe haben, auch hierin die Vollwertigkeit herzustellen, wie sie ja auch den Patienten dazu anleitet, sich im Denken, Fühlen, Wollen, Lieben, Handeln usw. zu entfalten.

Das gesunde Gewissen ist das Wissen um den eigenen Wert und auch die Teilhabe am Kosmos der Werte. Nun stehen innere Lebensfülle und Wertempfänglichkeit in einem Verhältnis wechselseitigen Bedingtseins: Wer innerlich lebendig ist, sieht und erlebt viele Werte, indes der steife und antriebsarme Mensch in einer »wertlosen Welt« lebt. Wir kennen dies in der Praxis der Therapie vor allem bei depressiven und zwanghaften Charakteren, die von einer eigentümlichen Wertblindheit erfüllt sein können. Beide Charakter- oder Neurosentypen stammen aus lieb- und lichtlosen Kindheitskonstellationen, wo der Wert des Menschseins nicht erfahren werden konnte. Besonders bei Zwangskranken erleben wir dann aus der emotionalen Verarmung heraus eine verzweifelte Bemühung. Scheinwerte und Scheingewissen an den Tag zu legen, um so wenigstens eine Pseudowertwelt um und in sich zu haben. Man erinnere sich an die vielen Rituale, Vorschriften, Dressate, Zweifelsucht und rigiden Verhaltensmanöver, mit denen der Zwangsneurotiker zum Beispiel Sicherheit und Selbstwert zu erlangen sucht.

Wie macht man nun aber den Patienten »lebendiger«? Wie erlöst man ihn aus seiner inneren Wüstenlandschaft, in der nur die Raubvögel des »Du sollst!« und »Du mußt!« herumfliegen? Wie führt man ihn in lieblichere und freundlichere Gegenden des Daseins?

Auch Henri Bergson hat in seinem Buch *Die beiden Quellen der Moral und der Religion* (1932) unser Thema gestreift. Er sieht in jeder Pflichtethik den Ausfluß intellektueller oder mechanischer Lebensprinzipien; Pflicht heißt immer auch Verpflichtung gegenüber der Gemeinschaft, heiße diese nun Clan, Sippe, Volk, Kirche usw. Aber erst jenseits der Pflicht entfaltet sich die wahre Moral, die eine Moral der »Lebensschwungkraft« ist. Hier gibt es keine eigenen und fremden Kommandos, die unser Verhalten regeln und festlegen. Aus der inneren Verbundenheit mit allen Menschen dieser Erde, ja mit dem Leben schlechthin wählen wir unsere Aufgabe im Geiste der Solidarität und des Fortschritts. Diese Ethik entspringt weder der Angst, dem Ehrgeiz, noch der Anpassung: Sie ist Ausdruck der Liebesfähigkeit, der Liebe zu den Menschen, zum Leben, zum Kosmos. Wo Liebe zum Tragen kommt, sind Gebote und Verbote meistens überflüssig; der Liebende tut freiwillig das Gute, und er *kann* es auch tun.

Übertragen auf die Therapie würde dies bedeuten, daß sie die Liebesfähigkeit des Patienten erwecken und schulen muß. Der Therapeut hat hier eine wesentliche Funktion. Er tritt an die Stelle der Mutter respektive der Eltern und soll dem Analysanden jene Gefühle und Erfahrungen vermitteln, aufgrund derer Liebe wirksam werden kann. Wir berühren hiermit einen neuen Themenkreis. Wohl haben wir bereits weiter oben die Bedeutung der intensiven Gefühlsbeziehungen in der Psychotherapie einigermaßen gewürdigt (Übertragung usw.); wir haben aber noch nicht mit aller Deutlichkeit erklärt, daß die Gewissensumbildung, die neue Wertorientierung und die Charakterwandlung des Patienten nur aufgrund gesteigerter Liebesfähigkeit zustande kommt. Wir zitierten abschließend Heinz Häfner:

> Die Begegnung der Liebe [...] drängt zu einer Erweiterung des Daseins, zur Vertiefung des Erlebens auf das personale Selbstsein hin. Deshalb kann Scheler sagen, »man liebt sich hinauf«, wenn er von der Rangordnung verwirklichter Werte ausgeht. Im gleichen Sinn aber löst der Gewissensprozeß die neurotischen Fesseln [...] und befreit das Ich für die Liebe, die nur in der Freiheit persönlicher Zuwendung Wirklichkeit ist.[36]

Vitale Tugenden und Werte

Nachdem wir das Gewissen als Organ des Wertvernehmens geschildert haben, würden wir nun vor der Aufgabe stehen, die wesentlichen Werte und Tugenden eingehend zu analysieren. Aber wir können eine solche Arbeit nicht leisten; sie würde den Umfang einer expliziten Ethik annehmen und damit den Rahmen unseres Buches sprengen. Wir verweisen daher lediglich auf die bewundernswerte *Ethik* von Nicolai Hartmann, in der die Gesamtheit der Tugenden und Werte feinsinnig beschrieben worden ist. Für unsere Zwecke möchten wir uns darauf beschränken, einige wenige Tugenden in den Mittelpunkt unserer Betrachtungen zu stellen: dies wegen ihrer Wichtigkeit im Hinblick auf das alltägliche Leben, auf die Psychotherapie und die menschliche Natur im ganzen.

Es ist nämlich ein Grundirrtum im Laienurteil und oft auch in der Fachliteratur, daß man im Gewissen ein kompaktes Phänomen vermutet, das keiner weiteren Auflösung in Detailphänomene zugänglich ist. Für den genauen Betrachter wird erkennbar, daß die Stimme des Gewissens polyphon ist; alle Tugenden und Werthaltungen, die wir im Laufe unseres Lebens erworben haben, sind gleichsam Organe, mittels derer wir unseren sittlichen Haushalt bestreiten. Je mehr seelische und geistige Tüchtigkeiten ein Mensch sich durch Erziehung und Selbsterziehung aneignen konnte, um so feiner reagiert sein Gewissen. Die angeblich gewissenlosen Menschen sind nicht böse, sondern unbeholfen, unentwickelt und undifferenziert. Auch in den seelischen Fehlhaltungen und Neurosen entdecken wir mancherlei Manko an Lebenstüchtigkeit und Wertbewußtsein, was den Kern der psychischen Krankheit ausmacht.

Da die Psychotherapie in unserem Sinne Gewissensänderung ist, gehört es zu den Aufgaben des Psychotherapeuten, seine Patienten ethisch zu informieren und zu schulen. Er muß sich im Verlauf der seelenärztlichen Behandlung darüber Rechenschaft abgeben, welche Tugenden sein Analysand bereits entwickelt hat und welche ihm noch fehlen; oder anders ausgedrückt: auf welche Werte er hinlebt und welche Dimensionen des Wertreiches ihm noch verschlossen sind. Dabei soll eine erzieherische Einwirkung einsetzen, die den

Patienten dazu ermutigt, seinen Eigenwert zu steigern, indem er höhere Werte anvisiert und auch verwirklicht; es braucht wohl kaum betont zu werden, daß ein Teil dieses Vorganges präverbal initiiert wird, indem bei langdauerndem und intimerem Umgang das Werterleben des einen unmittelbar das Werterleben des anderen beeinflußt. Das wußten die Erzieher zu allen Zeiten und haben daher gefordert, daß die Erzieherpersönlichkeit vorbildlich und wertvoll sein muß.

Erziehung zum Wertbewußtsein bedeutet ein umfassendes Programm; wir können davon nur einige Details erörtern. Im vorliegenden Zusammenhang geht es um den Erwerb vitaler Tugenden und Werte; sie stellen gewissermaßen die Basis der »Wertpyramide« dar und sollen daher in der Psychotherapie sorgfältig berücksichtigt werden. Die Meinung ist nicht unberechtigt, daß alle höheren Tugenden und Werte einer Verankerung in der Vitalschicht bedürfen, um wirksam werden zu können. Zu den vitalen Tugenden und Werten zählen wir nun in Anlehnung an Max Scheler (*Der Formalismus in der Ethik und die materiale Wertethik,* 1923): Gesundheit, Anmut, Schönheit, Kraft (Vitalität) und Langlebigkeit. Man könnte noch weitere Begriffe namhaft machen, aber im Interesse einer knappen Darstellung beschränken wir uns auf das Wesentliche.

1. Gesundheit: Schopenhauer zählt in seinen »Aphorismen zur Lebensweisheit« die Gesundheit zum Bereich dessen, was einer *ist* – im Gegensatz zu dem, was er *hat* und was er *vorstellt*. Die beiden letztgenannten Wertbereiche betreffen nur die Peripherie der menschlichen Persönlichkeit; Besitz und soziale Geltung sind zwar wichtig, aber im Kern der Person geht es um andere Fragen. Denn was nützen einem Besitztümer und Prestige oder Status, wenn man zum Beispiel nicht gesund ist? Zu den »Ist-Werten« rechnet Schopenhauer neben der Gesundheit Heiterkeit des Gemüts, Lebensfreude, geistige Beweglichkeit usw. Er glossiert mit derben Worten jene armseligen Reichen und Berühmtheiten, denen etwa die genannten Eigenschaften abgehen: Alles, was sie haben und was sie gelten, wird ihnen schal und widerwärtig. Daher kommt der Pflege der Gesundheit, dem Erwerb von Freude und empfänglicher Geistigkeit eine nahezu unendliche Wichtigkeit zu. Lichtenberg, der geistreiche Spötter aus der Goethezeit, hat einmal mit Recht formuliert: »Gesundheit ist zwar nicht alles, aber ohne sie ist *alles nichts*!«

Nun leben wir in einer mehr oder weniger gesundheitsbewußten Epoche, und jeder Zeitgenosse wird überall mit Ratschlägen eingedeckt, wie er die Gefahren der Krankheit meiden kann. Der Psychotherapeut hat keinen Anlaß dazu, sich in den Chor der üblichen Gesundheitsratgeber einzuordnen. Diesen geht es fast immer nur um die körperliche Gesundheit, wenn sie auch in jüngster Vergangenheit – durch die Fortschritte von Tiefenpsychologie und Psychosomatik inspiriert – auf den Bereich des Seelenlebens übergreifen. Zu einer eigentlichen »Ganzheitsschau« kommen sie aber kaum. Sie beharren auf Detailvorschlägen, die stets wohlgemeint, aber selten wirksam sind. Der Mensch verhält sich zu seiner Leiblichkeit ähnlich, wie er sich zur Welt im ganzen, zu den Mitmenschen, zum Leben überhaupt usw. einstellt; daher kann Gesundheitserziehung nicht auf die Leibsphäre reduziert werden, sondern muß Fragen des Seelenlebens und der Weltanschauung einbeziehen. Sie kann sogar der Philosophie nicht entbehren, sofern wir darunter die Besinnung auf die Totalität von Leben und Welt unter Einschluß der Sinnfrage verstehen. Wie eine solche tiefenpsychologisch-philosophische Gesundheitslehre ist oder zu sein hat, wollen wir in der Folge skizzieren. Schopenhauer, Nietzsche, die Psychoanalyse und die Psychosomatik sind uns dabei wegleitend.

a) Gesundheit ist nicht zu verwechseln mit Symptomfreiheit, denn viele Krankheiten bereiten sich über längere Zeit vor, so daß der Organismus in einem Zwischenfeld zwischen gesund und krank existieren kann, ohne daß merkliche Ausfallerscheinungen auftreten. Gesundheit ist eine Leistungseigenschaft; sie bedeutet ein optimales Funktionieren der Organe, ein Florieren des Gesamtorganismus, welches erkennbar wird im zweckmäßigen Erfüllen der biologischen, psychischen, sozialen und geistigen Aufgaben. Fassen wir den Gesundheitsbegriff so, dann begreifen wir, wie schwer die »wahre Gesundheit« zu diagnostizieren ist. Mit der auf das Physische allein bezogenen »Ohne Befund«-Erklärung des Arztes kommen wir nicht weit; alle Organe können reibungslos funktionieren, aber der betreffende Organismus versagt vielleicht in psychischen, sozialen und geistigen Sphären: Dies zu registrieren erfordert eine intensive Kontaktnahme mit der »Versuchsperson«, und selbst dann ist es äußerst kompliziert, psychisches, soziales oder geistiges Versagen festzustellen. Das kann nur ein Diagnostiker, der in seinem seelischen, sozialen und geistigen Format merklich »umfänglicher und intakter« ist als sein Gegenüber; ist dies nicht der Fall, dann wird er in skurriler Weise am anderen herumdoktern, da er sich daran stößt, daß jener nicht dieselben Verschrobenheiten und Unzulänglichkeiten hat wie er selbst.

b) Alles Biologische am Menschen hat einen psychischen, sozialen und geistigen Sinn: Mit dieser These steht und fällt die tiefenpsychologische und psychosomatische Gesundheits- und Krankheitslehre. Wir sind daher gehalten, Körper, Seele und Geist als Einheit zu sehen; eine Parole, die leichter formuliert als praktiziert werden kann.

c) Man nehme zum Beispiel das Thema »Ernähren und Verdauen«. Es ist für den Lebensprozeß sehr zentral; manche Biologen haben das Leben als Ernährungs- und Verdauungsvorgang definiert. Bekanntlich hat der Kulturmensch damit extrem viele Probleme. In den Wohlstandsländern ißt er zuviel und hat oft Übergewicht. Als psychosomatische Krankheitsbilder sind Fett- und Magersucht, Appetitlosigkeit, Eßgier (Bulimie), Magen- und Darmgeschwüre, Verstopfung und Durchfall usw. bekannt.

Für den Tiefenpsychologen ist das Essen und Verdauen ein Symbol für die gesamte Beziehung zu Welt und Leben. Leben bedeutet u. a. auch sich in die Welt ausbreiten, die Welt in sich hineinnehmen und innerlich erlebend zu verarbeiten, das Erlebte aber in Wort, Werk oder Weltzuwendung wieder von sich zu geben. Unwillkürlich haben wir die Sprache der Ernährungs- und Verdauungssphäre auf die Innerlichkeit des Menschen übertragen – und das ist kein Zufall, denn die genannte Parallelität ist zwingend. Offenbar funktionieren Essen und Verdauen nur dann, wenn das Individuum sich maßvoll in die Welt vorwagt, sich ohne allzugroße Angst und wilde Begehrlichkeit der Umwelt bemächtigt und durch seelische und geistige Voraussetzungen dazu in der Lage ist, das Assimilierte in sozial wertvolle oder geistig gehaltvolle Inhalte umzuwandeln, das Erlebte in höhere Sinnzusammenhänge einzuordnen. Gibt es drastische Lücken im Mensch-Welt-Verhältnis, dann spiegeln Eß- und Verdauungsanomalien derlei wider; Korrekturen können nur selten im Ernährungs- und Verdauungsbereich selbst angebracht werden, da die Gesamtpersönlichkeit irgendwie schiefliegt.

Das gilt uns als Einwand gegen alle Ernährungsreformer, die in manchen Einzelheiten recht haben mögen, in der Gesamtschau aber das in Frage stehende Problem verfehlen. Der Psychosomatiker darf sogar die Vermutung wagen, daß Menschen, die fanatisch mit dem Ernährungs- und Verdauungsthema befaßt sind, irgendwo in ihrem Mensch-Welt-Verhältnis kränkeln, aber die wirkliche Störung verdrängen, um sich mit dem Ersatzthema »Essen und Verdauen« abzugeben.

Fettsüchtige und Übergewichtige leiden oft unter Verarmung sozialer und geistiger Bezüge; ihr Expansionsdrang ist eingeengt auf die

Nahrungsaufnahme, die weniger mit Angst beladen ist als die soziale Kontaktnahme und die Geistigkeit. Geschwürpatienten (Ulcus ventriculi et duodeni) überstrapazieren oft die Auseinandersetzung mit der Umwelt durch Affekte der Angst und der Wut; sie wollen ihre Umgebung »auffressen und assimilieren« (kleinkriegen), und angesichts dieser Fehlhaltung verdaut der Magen oder der Zwölffingerdarm sich selbst. Menschen mit Obstipation und Diarrhöe haben Schwierigkeiten im vernünftigen Hergeben und Behalten; Geiz und Überschwenglichkeit stören empfindlich die Darmfunktion.

Trotz dieser feinsinnigen Deutungen soll der Psychotherapeut es nicht verschmähen, seine Patienten auf die Notwendigkeit einer ausgewogenen Nahrung mit viel Ballaststoffen hinzuweisen; auch die tägliche ein- bis zweistündige Bewegung fördert die Verdauungstätigkeit. Hier handelt es sich um einen Gesundheitsfaktor ersten Ranges; der regulierte tägliche Stuhlgang ist ein entscheidender Beitrag zum biologischen und seelischen Wohlbefinden. Oft erörtern Psychoanalytiker mit ihren Analysanden jahrelang den infantilen Ursprung von Verstimmungen; es wäre aber zweckmäßiger, nach der Verdauung zu fragen, da diese Heiterkeit und Depression stärker bestimmt als Kindheitstraumen.

d) Ähnlich stehen wir zum Thema »Atmung«. Wie wichtig diese ist, braucht man kaum zu betonen. Goethe sagt: »Im Atemholen sind zweierlei Gnaden: Die Lungen zu füllen und sie zu entladen.« Als Psychosomatiker fügt er einen Kommentar bei, der den Zusammenhang zwischen Atmung und Lebensbedrängnis erhellt: »Drum danke Gott, wenn er dich preßt, und dank' ihm, wenn er dich wieder entläßt!«

Es gibt heutzutage spezifische Atemschulung, wobei dem Schüler versprochen wird, daß er auf dem Weg über bewußtere und zweckmäßigere Atmung an seelisch-geistigem Potential gewinnen kann. Meistens bleibt es bei diesen Versprechungen; auch die Atmung ist tief in den gesamten Lebensvollzug eingebaut, so daß Verbesserung in diesem Bereich an Wandlungen der Gesamtpersönlichkeit gebunden ist.

Die Atemtechniker erklären, daß viele Menschen zu flach atmen; sie nützen die Fassungskraft ihrer Lungen zu wenig aus. Das entspringt aber in der Regel einer Mangelhaftigkeit des »Im-Leibe-Wohnens«; durch eine leibfremde Erziehung und durch Vorurteile bezüglich der Leiblichkeit überhaupt (zum Beispiel Sexualität) wird der Mensch seinem Leib entfremdet. Er hat sogar oft diffuse Ekelgefühle vor dem Leiblichen (»Ein Erdenrest zu tragen peinlich!«) Am liebsten würde er nur Seele und Geist sein. Die entsprechenden Charaktereigenschaften sind Hochmut und Angst: denn der Leib ist ein demokratisches Element – er führt zu den Menschen und zur Welt hin und macht von ihnen abhängig. Nietzsche: »Der Unterleib erinnert den Menschen daran, daß er kein Gott ist.« Man müßte beifügen: Es ist der ganze Leib, der unseren hochstaplerischen Ambitionen oft Grenzen setzt.

Atmen ist Austausch mit der (luftigen) Umwelt. Vernünftige Atmung wird jenen geschenkt, die sich mit Welt und Leben in Beziehung setzen, sich vertrauensvoll an die Wirklichkeit hingeben und dabei (mit Maß) ihr Inneres hergeben. Eine Parallelfunktion der Atmung ist das Sprechen. Auch hier geht es voll und ganz um Kommunikation und Kooperation. Atmungs- und Sprechstörungen haben nicht selten eine gemeinsame Wurzel. Viele Menschen haben kleinere Sprachfehler, die aber unbemerkt bleiben, weil fast jedermann seine soziale Beziehung sprachlich blockiert und deformiert. Klar, wohllautend, sinnerfüllt und verständlich zu sprechen sollte in der Kindheit gelernt werden: Die Eltern versäumen das, weil sie selbst sehr unbeholfene Sprecher sind. Von der Sprache her jedoch führen alle Wege in die höheren Kulturbereiche.

Zu den Atemstörungen und zu den Sprechanomalien gehören Asthma bronchiale, Stottern, Stammeln, Sprechtics usw. Nach allem, was wir gesagt haben, muß die Therapie an der Gesamtpersönlichkeit arbeiten, wenn sie diese schmerzlichen und belastenden Symptome beheben will. Asthmatiker zum Beispiel haben oft einen zu engen Lebensentwurf; erst wenn dieser ausgeweitet wird, können sie frei atmen. Auch bei Stotterern und Stammlern muß an derlei gedacht werden.

e) Ein anderes Thema ist der Schlaf. Er ist eine kostbare Erfindung der Evolution, eine Anpassung an den kosmischen Tag-Nacht-Rhythmus. Offenbar dient er der Erholung und Regeneration des Organismus. Er ist für diesen Zweck so unentbehrlich, daß Schopenhauer mit Recht gesagt hat, man könne einen Tag nach einer schlaflosen oder schlecht durchschlafenen Nacht »aus dem Lebensbuch streichen«: Er führe zu nichts Gutem und Vernünftigem. Nur der ausgeschlafene Mensch kann über seine Kräfte frei verfügen.

Unzählige Menschen leiden an Schlafstörungen, und die Pharmaindustrie verdient ihre Milliarden u.a. mit Schlafmitteln. Aber alle diese künstlichen Schlaferzeuger haben ernstliche Mängel; sie machen fast immer süchtig, und die Dosis muß mit der Zeit stets erhöht werden. Den eigentlichen Kern des Problems berühren sie nicht; sie kurieren nur am Symptom.

Schlafen sieht zwar wie ein Naturvorgang aus, aber in Wirklichkeit ist es eine Kunst: Es muß geübt, gelernt und verbessert werden. Leicht verliert sich im Trubel des Lebens dieses Können; und das Wiedererlernen braucht viel Geduld, Einsicht und Vernunft.

Schlafen fällt psychologisch unter die Kategorie der Hingabe: Der Schläfer zieht sich innerlich von der Welt zurück, läßt sich in seinen Körper hineinfallen in einem Akt des Urvertrauens, das offenbar an Geborgenheitserlebnisse der gesamten Lebengeschichte anknüpft. Ist diese Geborgenheit gestört, dann kann auch aus dem Schlaf nichts Gutes werden. Affekte der Angst, Wut, Eifersucht, Trauer usw. sind exquisite Schlafstörer. Man hat gewissermaßen den Schlaf, der zum Charakter, zur Lebenssituation und zur bewußten und unbewußten Lebenseinstellung paßt.

Am besten und tiefsten schlafen wohl jene, die mit ihrer Umwelt überwiegend in Frieden leben, vor keinen überdurchschnittlich großen Problemen stehen und ein gutes Körperverhältnis haben. Die psychoanalytische These »Schlaflosigkeit ist Beischlaflosigkeit« sollte als Skurrilität durchschaut werden. In manchen Fällen jedoch stört das ungelöste Sexualproblem tatsächlich den Schlaf, aber nicht jeder Koitus garantiert das Einschlafenkönnen.

Bei unserer Totalitätskonzeption wird man jedem Schlafpatienten raten, alle übrigen Lebensbereiche durchleuchten zu lassen. Schlafhemmend können Fragen der Arbeit, der Muße, der Liebe und Sexualität, der Sozialkontakte, der Sinnsuche im Leben usw. sein. Vor Schlafmitteln muß gewarnt werden; Probleme dürfen nicht vertuscht werden: Man soll sie, so gut man kann, lösen.

f) Ein anderer Gesundheitsbereich, der den Psychotherapeuten interessiert, ist die Sexualität. Hier sind Störungen und Krankheiten Legion: Das wissen wir seit der Psychoanalyse deutlich genug. Jene Sphäre, die der Lebenssteigerung, dem Glück und der Daseinsfreude dienen soll, entartet durch die Unvernunft des Kulturmenschen zur Tragödie und Lebensbelastung.

Die Theologen aller Schattierungen und Bekenntnisse behaupten seit Jahrtausenden, daß der Sinn der Sexualität im Kinderzeugen liege. Das ist sehr fraglich, denn bei allerbestem Willen kann eine Frau nur etwas mehr als einem Dutzend Kindern das Leben geben; aber das Sexualbedürfnis bei beiden Geschlechtern wird sich mit einer solchen Anzahl sexueller Vereinigungen nicht zufriedengeben. Daher ist die Idee einleuchtender, daß die Sexualität auf menschlicher Ebene den Sinn eines *psychophysischen Einungs- und Einigungserlebnisses* hat; die beiden Beteiligten vermitteln einander dabei Glück und Wonne und gewähren einander die Chance, »im Leibe zu existieren«, das heißt vorübergehend ganz beseelter Leib zu sein.

Das ist ein wichtiger Faktor in einer gelingenden menschlichen Lebensführung, an Bedeutung kaum zu überschätzen. Gleichwohl muß man vor der Tendenz warnen, aus dem Sexuellen das Hauptproblem des Menschen zu machen – ein Irrtum, den bereits Schopenhauer beging und den manche Psychoanalytiker noch überhöht haben. Das menschliche »Ach und Weh« ist aber nicht aus *einem* Punkte zu kurieren.

Ein gesundes Sexualleben soll in zeitüberdauernde Liebesbeziehungen eingebaut werden. Prostitution und häufig wechselnde Geschlechtspartner scheinen dem Leben einen Hauch von Abenteuer zu verleihen, aber sie bringen wenig echte Befriedigung und vermehren die Gefahr der Ansteckung mit Geschlechtskrankheiten. Ein verwöhnter Menschentyp neigt dazu, viele Partner des anderen Geschlechts haben zu wollen; auch denkt der Verwöhnte, daß ihm nichts passieren kann. Das Erwachen aus diesen kindischen Vorstellungen kann grausam sein. Die Sexualität ist kein Gegenstand der Spielerei und des Herumvagierens, sie ist eine ernste Angelegenheit, vor allem eine Konkretisierung echter Gefühlsbeziehungen; ohne das ist sie Sexualneurose und damit auch Symptom einer allgemeinneurotischen Lebenseinstellung. Bei vernünftiger Lebensführung wird auch das Sexuelle an der Vernunft teilhaben und nicht zur Perversion entarten.

Unsere fragmentarischen Hinweise zum Thema »Gesundheit als Wert und Tugend« sollen abschließend noch dem Gedanken Raum geben, daß es im Gesundsein keine Grenze nach oben gibt; wer gesund ist, kann fast immer noch gesünder werden. Dies ist jedenfalls die Auffassung von Nietzsche, der aus eigener leidvoller Erfahrung beschreibt, wie man durch Hygiene des Leibes, der Seele und des Geistes den jeweiligen Gesundheitsstatus überschreiten kann. Dabei kommt es allenfalls zu psychophysischen Aufschwüngen, zu schöpferischem Leben und Erleben, zu Kraftwirkungen, die man normalerweise kaum kennen würde. Auch nichtgeniale Menschen werden bezeugen, daß sie unter sehr günstigen Lebensbedingungen Gefühle und Gefühlsüberschwang zustande brachten, die ihnen im gewöhnlichen Leben fremd blieben. Aber das ist ein weitreichendes Kapitel, das an dieser Stelle nicht diskutiert werden kann.

2. Auch *Anmut und Schönheit* sind grundlegende vitale Tugenden und Werte: Es besteht offenbar eine gewisse Verwandtschaft zwischen ihnen. Anmut kann als »Schönheit in der Bewegung« definiert werden. Diese Bewegungsschönheit kommt in erster Linie dem Lebendigen zu, welches Schwerkraft und Trägheit überwindet und gleichsam spielerisch die Begrenzungen von Raum und Zeit überschreitet. Das Gegenteil hiervon findet man in der Mechanik, wo starre und im vorhinein festgelegte Bewegungsabläufe die Regel sind. Für das Anmutige wird gefordert, daß sein Erscheinungsbild »Freiheitsgrade« aufweist und daß auch Unvorhergesehenes in ihm Platz haben kann. Daher formulierte Friedrich Schiller seine Idee der Anmut als »Freiheit in der Erscheinung«. Er stellte sie in seiner bekannten Abhandlung (*Über Anmut und Würde*, 1793) der Würde gegenüber; letztere hat im Bereich der Sittlichkeit den Rang, welche erstere in der Natur einnimmt. Vielleicht ist sogar Anmut ein Übergangsstadium vom Natürlichen zum Sittlichen, und Schiller vertrat die Auffassung, daß die Erziehung des Menschen vom Anmutigen zum Ethischen übergehen müsse. In diesem Sinne ist die Kunst Vorbereitung auf das Ethos; wenn wir schon in der Realisierung des Schönen versagen, werden wir das Gute auch nicht erreichen. Die Erörterungen aus der Epoche um 1800 haben für uns Heutige mehr Aktualität, als auf den ersten Blick hin sichtbar ist.

In unserem Zusammenhang ist die Bemerkung von Henri Bergson wichtig, daß das Anmutige durch seine gerundeten, harmonischen und unmittelbar ansprechenden Bewegungen eine »freundliche Annäherung« zu versprechen scheint. Daher geht von ihm immer eine beruhigende, lebensstimulierende Wirkung aus. Vielleicht erklärt dies unsere Freude am Anblick anmutiger Tiere und Menschen, die Beglückung durch den Tanz, die Genugtuung an geistvollen Gesprächen usw. Stendhal sagte über die Schönheit, sie sei »ein Versprechen von Glück«: Etwas Ähnliches darf man der Anmut zuschreiben.

Beglückend ist auch die Tatsache, daß in ihr Leib und Seele gleichgestimmt in Erscheinung treten; ja, der Leib benimmt sich sogar so, »als ob er eine Seele wäre«. Er ist nicht mehr dem Gesetz der Schwere unterworfen, sondern ist ganz Hingabe, Verständigungsbereitschaft, Ausdrucksphänomen.

Wie bereits oben angedeutet, kann es Anmut nicht nur in der Körperbewegung, sondern auch im Wechsel der Gesichtszüge, im Sprechen und Zuhören, in der Körperhaltung usw. geben. Auch die ganze Lebensführung kann anmutig oder steif, freudlos und schwerfällig sein. Alfred Adler würde darauf abgehoben haben, die Anmut als eine Folge des entwickelten Gemeinschaftsgefühles zu erklären; nur wer sich selbst in sozialen Beziehungen und kulturellen Aufgaben vergessen kann (ganz an die Sache hingegeben), erreicht die Stufe anmutigen Betragens, in welcher er selbst sein Bestes gibt und anderen am meisten Freude bereitet. Der ichhafte Mensch jedoch wird infolge von Angst und Aggression zur gehemmten Lebensbewegung neigen, die plump und unbeholfen wirkt. Auch die Neurose ist immer ein *System von psychischen Schwerfälligkeiten*, denen jegliche Anmut abgeht.

In der Erziehung und in der Psychotherapie soll eine Schulung zum anmutigen Leben und Verhalten stattfinden. Aber das bedeutet nicht, daß der Tanzunterricht an erster Stelle zu stehen hat; es gibt viele Tänzer, die anmutig ihre Beine und ihren Körper bewegen können, aber in ihrer Seele und ihrem Geist träge und zähflüssig sind. Es kommt für uns nicht auf das äußere Gebaren an, sondern auf die Lebensmodalität der Person.

Wir müssen wieder den alten Refrain wiederholen: Erzieher und Therapeut können nur dann zur Anmut heranbilden, wenn sie diese tief verankert in sich tragen. Anmut kann man nicht vorspielen; wer dies tun will, wirkt meistens ziemlich steif. Sie muß aus dem Innern kommen, wenn sie zum Innern des anderen gehen soll. Ist sie da, dann wird sie sich unwillkürlich in vielen spontanen Lebensäußerungen kundtun, die unmittelbar ansteckend wirken.

In der Psychotherapie ist das anmutige, »zierliche« und geistvolle *Gespräch* entscheidend, das den gehemmten und verklemmten Neurotiker den Wert der Lebenszugewandtheit und Angstfreiheit ahnen läßt. In solchen Gesprächen darf der *Humor* nicht fehlen; er ist ein Spannungslöser von hohen Graden und selbst schon Freiheit in der (geistigen) Bewegung, also Prüfstein der Anmut. Wichtig ist auch die *Kunst der harmonischen Übergänge*, die einem Gespräch einen ruhigen Fluß verleihen und von einem Thema zum anderen leicht und ohne Abruptheit überleiten. Wir sind der Überzeugung, daß eine solche Gesprächsführung die gefürchteten Widerstände des Patienten in der Psychotherapie wesentlich herabsetzen kann; oft treten sie dann überhaupt nicht auf. Sie sind nämlich keine notwendige Begleiterscheinung des psychotherapeutischen Prozesses, sondern oft genug Reaktionen auf Unbeholfenheit, ungewollte Grobheiten des Therapeuten, die die Abwehr des Patienten auf den Plan rufen. Nahezu bei jeder Deutung oder Interpretation von psychischem Material gibt es *eine* anmutige und *viele* plumpe Varianten; es gibt ohne Zweifel manche Analytiker, die infolge ihrer eigenen schwierigen Sozialisation und schlechten Ausbildung bevorzugt die letzteren wählen. Der Patient rächt sich dann mit dem Behandlungsabbruch, oder aber er verzichtet auf innere und äußere Entwicklung, für die er in einer reizlosen Therapie keinen Stimulus findet.

Auch die Anmut des Denkens gehört zum Lehr- und Lernpensum der Psychotherapie. Sie besteht u.a. darin, daß man für die Probleme des Lebens und Denkens grobe Lösungen abweist und – wie Nietzsche sagte – »das Filigran der Dinge« erkennt. Vorurteile zum Beispiel sind solche Problemlösungen mit dem Vorschlaghammer; sie spielen in jedem psychopathologischen Zustand eine verhängnisvolle Rolle, und ein Teil der Heilung liegt darin, daß sie entkräftet werden.

Wie aber wollen wir das Schöne beschreiben und einordnen? Auch hier gibt es eine lange geistige Tradition, die sich mit diesem Thema befaßt hat. Wir haben aber nicht die Absicht, uns mitten in die Gefilde der Ästhetik zu begeben; schon der Aufenthalt in ihren Randbezirken wird uns genügen.

Auch die *Schönheit* ist ein kräftiges Lebensstimulans, was der Darwinismus auf die sexuelle Zuchtwahl und die damit verbundene Höherentwicklung des Lebendigen zurückführt. Aber das Schöne hat nicht nur eine sexuelle Wurzel (wie auch Freud irrtümlich meinte); es bedeutet ein Erscheinungsbild, worin wir die Elemente des Gefälligen, Beruhigenden und Wohlgeordneten unterscheiden können. Angesichts der Schönheit tritt alle Todesfurcht zurück, die gewöhnlich, aber unbemerkt am Saum des Bewußtseins lauert. Jedenfalls war dies die Erfahrung Jean-Paul Sartres, der bei Gelegenheit sagte: »Jedesmal, wenn ich in ein Flugzeug einsteige und registriere, daß die anderen Passagiere so häßlich sind wie ich selbst, habe ich das Gefühl, daß die Maschine abstürzen wird. Sobald aber eine hübsche Stewardeß auf mich zukommt, bin ich der Meinung, daß mir kein Unglück passieren kann!«

Die Rilkesche These, daß das Schöne »nichts als des Schrecklichen Anfang« sei (in: *Duineser Elegien*), ist wohl nur eine Privatmeinung des melancholischen Dichters. Aber was ist Schönheit?

Wir übergehen die Theorie des Schönen, sofern sie sich auf Landschaften, Pflanzen, Tiere und Kunstwerke aller Art bezieht, da wir uns hier mit dem Menschen befassen. Der schöne Mensch erweckt unser besonderes Interesse. Aber die körperliche Schönheit darf hierbei nur zweitrangig sein. Sie ist gewissermaßen ein Zufallsprodukt der Natur, und wer sie hat, kann kein Verdienst dafür beanspruchen. Schon immer stand körperliche Schönheit bei der Allgemeinheit in hohem Ansehen, vor allem, wenn es sich um schöne Frauen handelt; bei genauerem Hinsehen erweist sich dies jedoch hauptsächlich als Glorifikation des Busens, der Beine und Hüften und eines mehr oder weniger uninteressanten Kindergesichts. Die Schönheitsköniginnen werden meist auf die Maße von Busen, Taille und Hintern reduziert – der kritische Betrachter wird Mühe haben, in solchen Karikaturen die Idee des Schönen zu entdecken.

Man muß wohl die Hegelsche Definition zu Hilfe nehmen, um klarer zu sehen. Der Philosoph sagt in seiner *Ästhetik* (1835–1838), das Schöne sei »das sinnliche Scheinen (Leuchten) der Idee«. Damit ist unseres Erachtens ausgedrückt, daß Schönheit sich nicht auf Gefälligkeit, Wohlgeordnetheit, Wohlproportioniertheit usw. beschränken darf, sondern daß durch die schöne Erscheinung hindurch etwas Ideelles aufleuchten muß. Das wahrhaft Schöne ist nach Hegel die *Idee*, und wenn diese fehlt, kann auch das herrlichste Materielle nur teilweise überzeugen.

Das gilt – wenn auch nur bedingt – für die *Körpergestalt des Menschen*. Diese ist weitgehend konstitutionsbestimmt und kann nur in Grenzen verändert werden. Gleichwohl ist der Mensch für sein körperliches Erscheinungsbild verantwortlich. Wenn er es einrichten kann, darf er den Mitmenschen nichts Unschönes zumuten, denn das Unschöne wirkt deprimierend und unerfreulich. So liefert mitunter schon das erste Auftreten eines Menschen eine Botschaft, wie er zu seiner Mitwelt eingestellt ist. Er soll auch stets daran denken, daß er mit seiner Figur auf die Menschen wirkt, und das bedeutet, daß er das Beste aus seinen Möglichkeiten machen soll.

Besonders wichtig ist das für das *Gesicht*. Dieses ist geradezu ein soziales Organ des Menschen, Hauptfeld zwischenmenschlicher Interaktionen und Beeinflussungen. Auch hier sind die Grundzüge konstitutionell gegeben. Aber darauf kommt es nicht so sehr an, obwohl es große Unterschiede von Mensch zu Mensch gibt. Entscheidend ist jedoch, was ein Gesicht sagt und ausstrahlt. In diesem Sinn hat Abraham Lincoln mit Recht behauptet, daß jeder Mensch »nach seinem dreißigsten Lebensjahr für sein Gesicht verantwortlich ist«. Bis dahin hat er nämlich Zeit genug gehabt, die zufälligen physiognomischen Merkmale zu »begeisten« (wie Goethe sagt), also sie durch Ausdruck zu verschönern und bedeutsam zu machen. Ein echtes Lächeln macht jedes Gesicht schön.

Auch der Psychotherapeut darf nicht nur durch den Geist heilen wollen; er muß die Schönheit zu Hilfe nehmen, da diese – ähnlich wie Anmut – die Lebenslust steigert und die Gestaltungsfreude anregt. Es ist aber keineswegs nötig, daß der Analytiker ein schöner Mensch ist; seine Seele jedoch muß an der Schönheit teilhaben, daß heißt, er muß menschlich gewinnend und erquickend sein. Mißmutige und düstere Charaktere haben in der Psychotherapie wenig Aussicht auf Erfolg. Es soll durch das Gesicht des Therapeuten *Eros und Geistigkeit* durchscheinen, und dann werden ihn seine Analysanden auf irgendeine Weise »schön« finden.

Partielle Schönheit ist unseres Erachtens schon in der *Reinlichkeit* gegeben. Ein gepflegtes Äußeres ist gewissermaßen bereits eine Huldigung an die Mitwelt. Das betrifft Frisur, Körperpflege und Kleidung: Viele Adepten der Seelenheilkunde sind der irrtümlichen Meinung, es genüge, die Literatur ihres Faches und die Behandlungstechnik studiert zu haben, ihr Erscheinungsbild aber spiele keine Rolle. In Wirklichkeit kann schon die schlechte Rasur des Therapeuten seine Therapiewirksamkeit in Frage stellen. Wildwuchernde Barthaare erwecken immer den Eindruck von Unreinlichkeit, und das Unreine ist in seiner Konsequenz Anzeichen von Verfall. Wie will man das Leben fördern und heilen, wenn man unbewußt Partei für den Verfall und damit für den Tod ergreift?

Wir kommen nun zum Thema der »seelisch-geistigen Schönheit«. Sie entsteht in einem Menschen, wenn er *schöne Gedanken und Ideen* in bunter Fülle aufweist, die in ihrer Gesamtheit eine *humane Weltanschauung* aufbauen. Die Mathematiker sprechen von der Schönheit und Eleganz einer Theorie; dasselbe gilt aber auch für Konzepte und Gedankenführungen in den übrigen Wissenschaften. Auch die Tiefenpsychologie ist unzweifelhaft eine Lehre voller Schönheit, Tiefsinn und Strahlkraft. Die Partizipation an solchen geistigen Gebilden kann den individuellen Geist mit Weite und Helligkeit erfüllen. Der Tiefenpsychologe, der sein Fach wahrhaft liebt und leidenschaftlich studiert, wird durch Hinzuziehung von Philosophie, Literatur, Geschichtsschreibung, Kunstwissenschaft, Kunst und Geistesgeschichte überhaupt seine Theorien zu kultureller Weitläufigkeit und geistig-sittlicher Höhe ausgestalten. Gelingt ihm das, dann bekommen seine analytischen Überlegungen fruchtbaren ideellen Gehalt, der therapeutischen Sitzungen etwas Festlich-Feierliches verleihen kann.

Denn auch eine Psychotherapie kann unter die Forderung der Schönheit gestellt werden. Es gilt nämlich, jede Sitzung zu einem *kleinen und vergänglichen Kunstwerk* zu machen, indem das Problem des Patienten in immer neuen Zugängen gesucht und gefunden wird, wobei die Deutungen und Interpretationen etwas Künstlerisches an sich haben sollen. Der Meister in diesem Fach wird jede Therapiestunde zu einem gewichtigen Erlebnis strukturieren, das aufwühlend, belebend und in die Zukunft weisend ist. Auch die analytischen Aussagen sollen »schön«, das heißt gefällig, beruhigend und wohlgeordnet sein. Man hat oft darauf hingewiesen, daß gute Psychotherapeuten Künstler in der sprachlichen Formulierung sein müssen; *was* sie sagen und *wie* sie es sagen, soll ebenso von Schönheit wie auch Wahrheit durchdrungen sein.

Wir bemerken an dieser Stelle, daß wir bei der Besprechung der Vitalwerte Gesundheit, Anmut und Schönheit nolens volens vom Vitalen immer wieder ins Seelisch-Geistige gelangen; das ist kein Zufall, da diese Werte ins Seelische und Geistige hinaufreichen. Der Wertekosmos ist wie der Sternhimmel; wer einige Sternbilder betrachtet, kann nicht umhin, auch benachbarte Fixsterne zu sehen.

3. Als weitere Tugend und zusätzlichen Wert wollen wir nun die *Vitalität* untersuchen. Dieser Begriff wird nur unzulänglich durch das Wort »Kraft« übersetzt, bei dem man unwillkürlich an die bloße Körperkraft denkt. »Spannkraft« wäre schon richtiger – diese schließt körperliche, seelische und geistige Elastizität in sich ein. Fritz Künkel gebrauchte den Ausdruck »Spannungsbogen«, worin wiederum alle Dimensionen des Menschseins anvisiert sind.

Die Vitalität ist eine Voraussetzung für viele Tugenden und Leistungen, weil die Welt als Ganzes, wie Dilthey ausgeführt hat, urtümlich als Widerstand erfahren wird; alle Strukturen der Realität setzen dem Menschen in seinem Selbstverwirklichungsstreben deutliche Hemmnisse entgegen, die nur durch lange und geduldige Bemühung überwunden werden können. Wo immer etwas Soziales und Kulturwichtiges vollbracht wird, hat es zur Bedingung den vitalen und kraftvollen Einsatz des ganzen Menschen; Kraftlosigkeit jedoch scheitert schon an den winzigsten Lebensaufgaben.

Vitalität in unserem Sinne ist also nicht ein biologischer Kraftfaktor; Seelisches und Geistiges spielen bei ihr die Hauptrolle. Daher kann man das Vitale nie durch Sport und Bodybuilding entscheidend kräftigen; so mancher Muskelheld hat ein Seelchen, das gar keine Belastung verträgt. Wir legen den Akzent auf den Erwerb von Seelengröße und Geistesmächtigkeit, die immer auch auf den Leib und sein Durchhaltevermögen zurückwirken.

Das Wort »Spannkraft« erinnert an den Bergsonschen Begriff des »élan vital«, der sogenannten Lebensschwungkraft. Nach dem Philosophen ist diese in der Lage, schöpferische Lösungen für die Lebensprobleme zu suchen und zu finden. Sie vermeidet das Erstarren, den Rückfall in Routine, das Überhandnehmen von Gewohnheiten. Bei wahrhaft vitalen Menschen entdecken wir Lernfähigkeit und Lernwillen bis ins hohe und höchste Alter. Ein griechischer Weiser schrieb, als er über achtzig Jahre alt war: »Lernend ohne Unterlaß schreite ich voran!« Und Leonardo da Vinci teilte einem Schüler kurz vor seinem Tod lakonisch mit: »Ich mache weiter!« Die Seele solcher Menschen bleibt bis zu ihrem Absterben »rerum novarum cupidus« – begierig nach Neuem.

Ängstliche und gehemmte Charaktere jedoch erschöpfen sich schon im Erwerb einiger weniger sozialer Geschicklichkeiten; hernach ist ihr Leben »die ewige Wiederkehr alles Gleichen« – es kommt nichts Neues hinzu. Auch die Neurose unterliegt nach Freud einem solchen Wiederholungszwang. Dieser ist keine dämonische Wesenheit, sondern ganz einfach die Folge von Verängstigung und der neurotischen Psychasthenie (Seelenschwäche), die französische Autoren um die Jahrhundertwende (zum Beispiel Pierre Janet) hervorgehoben haben. Der Psychastheniker oder Neurotiker kann sich nicht fruchtbar mit den ewig wechselnden Situationen des Lebens auseinandersetzen; daher fällt er auf einige wenige Abwehrmechanismen und Routineverhaltensweisen zurück, mit denen er seine prekäre Lebensführung bestreitet.

Es wäre demnach ein Ziel, die Vitalität auszubilden und im Verlauf des Lebens zu steigern. Aber wie tut man das? Sport ist an sich günstig, wurde aber bereits weiter oben in seinem Wert relativiert. Man muß beim Seelischen und Geistigen ansetzen. Unseres Erachtens wird die stärkste und elastischste Seele jener haben, der die kräftigsten und lebendigsten Gefühle hat. Vitalitätserziehung wäre demnach mit Gefühlspädagogik gleichzusetzen. Aber Gefühle kann man nicht willkürlich und planmäßig erzeugen. Sie sind unwillkürliche Begleiterscheinungen von irgend etwas anderem in der menschlichen Psyche. Gefühle der Freude, der Zuversicht, der Hoffnung usw. treten unseres Erachtens im Gemüt auf, wenn der ganze Mensch vollkommener wird. Vollkommenheit bedeutet aber den Erwerb von Tugenden im Sinne von Tüchtigkeiten. Man mache den Menschen lebenstüchtig in jeglicher Hinsicht, und er wird nie an Gefühlsarmut leiden.

Aufwühlbarkeit und Lebendigkeit des Gemütsgrundes sind eine der unerschöpflichsten Kraftquellen im Menschen. Sie ermöglichen die vielseitigen Interessen an Welt und Leben; interessierte Menschen sind interessant und haben Kraft genug, dem Leben gegenüber standzuhalten. Selbst die Willensstärke gründet in der Emotionalität; Wille ohne Gefühlsbasis ist Sturheit, und damit ist niemandem gedient. Wahrhaft willenskräftige Menschen beziehen ihr Durchhaltenkönnen aus dem Fundus ihrer Emotionalität.

Eine andere Kraftquelle der Vitalität liegt im Geistigen, im Bewußtsein der Werte, in der Weltanschauung. Eine etwas fragwürdige Theorie behauptet, daß die Motoren des Seelenlebens in der Triebhaftigkeit lägen; dem ist nicht so, denn die eigentlichen Beweger in der menschlichen Psyche sind – die *Ideale*. Triebe drängen bestenfalls zu ihrer Abreaktion, deren Wert kaum in Betracht fällt. Wer aber ein Ideal hat, wird unermüdlich auf dessen Verwirklichung hinstreben und aus seinen vitalen Möglichkeiten viel mehr machen als der triebhafte Charakter. Werte und Weltanschauungen haben auch den Vorteil, daß sie uns die schier unendlichen Bedrängnisse des Menschenlebens sinnvoll einordnen lassen, und das Erlebnis von Sinn festigt stets die Lebenskraft.

In der Psychotherapie sind alle diese Überlegungen hochbedeutsam, da auf der Seite des Patienten die Spannkraft erhöht werden muß; dies gelingt dem Therapeuten nur, wenn er selbst sehr vital ist. Psychasthenische Analytiker leisten kaum viel und erliegen nicht selten den Gefahren ihres Berufes, als da sind psychische Anstekkung, wachsende Mutlosigkeit, Lebensverleider und Suizidalität. Man hat Psychotherapie recht gut definiert als das *Ringen zweier Willenskräfte*; der Therapeut will den Patienten gesund machen, aber der Patient sträubt sich dagegen, und manchmal versteift er sich sogar im pathologischen Verlangen, den Therapeuten auch so krank zu machen, wie er selbst ist. Analytiker können diesen Belastungen ihres Berufes nur entsprechen, wenn sie sachkundig und starke Persönlichkeiten sind. Stärke aber beziehen sie aus ihren kraftvollen Gefühlen, aus ihren Einsichten in die Lebenswerte und aus ihrer freiheitlich-humanistischen Weltanschauung.

Vitalität wächst schließlich auch dadurch, daß der Mensch Widerstände überwindet. Sie ist keine angeborene Kraft, sondern vermehrt sich durch ein aufrechtes und kulturorientiertes Dasein. Alfred Adler meinte, man solle einem neugeborenen Kinde wünschen, daß ihm eine gute Fee »viele Schwierigkeiten in die Wiege lege«: daran allein reife man zum »guten Menschen«. Verwöhnte Menschenkinder, denen man allzuviel aus dem Weg räumt, lernen ihre Kräfte nicht kennen.

Seelisch-geistige Tugenden und Werte

Auch die seelisch-geistigen Tugenden und Werte sind zahlreich und vielgestaltig; nur schon ihre wichtigsten Erscheinungsbilder zu schildern würde einen voluminösen Band füllen. Wir haben aber nicht die Absicht, eine *Ethik* zu schreiben. Nicolai Hartmann hat seine Aufgabe bereits so souverän bewältigt, daß wir uns an seine Gedankengänge anlehnen können. Wiederum betrachten wir lediglich einige Haupttugenden und -werte, die für Erziehung, Selbsterziehung, Psychotherapie und Psychohygiene entscheidend ins Gewicht fallen.

1. Für eine grundlegende seelisch-geistige Tugend halten wir die *Freude*. Sie ist ein integraler Bestandteil eines richtigen Lebens, das heißt einer Lebensführung, die innere und äußere Entwicklung begünstigt. Mit Recht hat man darauf aufmerksam gemacht, daß Freude nie direkt intendiert werden kann; die Parole »Freut euch des Lebens!« hat ein bißchen kindlichen Charakter, denn die Frage bleibt im Raum stehen, wie man denn das zuwege bringt. Man muß die *Strukturelemente der Freude* sichtbar machen, damit deutlich wird, wo und wie man diesem sicher äußerst wünschenswerten Gefühl den Boden bereiten kann. Denn wie alle seelisch-geistigen Phänomene ist auch die Freude ein komplexes Gebilde, in dem viele Details zu einem Ganzen zusammenkommen. Freude ist nicht nur Freude, sondern mehr als das.

a) Ein Grundfaktor des Sichfreuens ist das *Erlebnis der Freiheit*. Ohne Freiheitsgefühl kann Freude nicht zustande kommen. Daher ist jede Hemmung und Begrenzung möglicherweise ein Freudendämpfer; aber das gilt nur für Einschränkungen, die wesentliche Entfaltungsbedürfnisse in uns blockieren. Einengungen, die in der Natur der Sache liegen, werden oft akzeptiert und müssen Glück und Heiterkeit nicht merklich beeinträchtigen. Allerdings bedarf der psychophysische Organismus eines gewissen Freiheitsspielraums, um sich des Daseins wahrhaft freuen zu können. Man muß demnach seine Ängste und Hemmungen, seine Blockaden und Begrenzungen aktiv abbauen, um sich das Gefühl der Freude zu erobern.

b) Nach einer Bemerkung von Spinoza *(Ethik)* tritt Freude auf, wenn der Mensch sich von geringerer zu höherer Vollkommenheit hinbewegt. Nichts kann uns so sehr freuen wie *Entwicklung*; daher kann man jedermann nur empfehlen, Möglichkeiten des Sichentwickelns aufzusuchen und diese ernstlich zu realisieren. Das Gegenteil der Freude ist Trauer; sie stellt sich ein, wenn der Mensch aufgrund seiner Werdensgeschichte und seiner aktuellen Situation keine Chance des Fortschreitens sieht. Oft kann man die Situation des Traurig-Verstimmten nicht ändern; aber man kann seinen Blick für Gelegenheiten zur Entwicklung schärfen, die eigentlich in jeder Situation gegeben sind; werden diese bewußtgemacht, dann schlägt Resignation in Hoffnung, vielleicht sogar in Tatkraft um. In diesem Sinn kann man sagen: Es gibt keine aussichtslosen Lebensumstände, aber aussichtlose Charaktere – eine Formulierung, die neurosenpsychologisch zu Recht besteht, aber leider im Normalleben nicht immer Gültigkeit besitzt. Der Neurotiker jedenfalls ist ein Mensch, der in Lebenslagen von durchschnittlicher Schwierigkeit bereits die These von der Aussichtslosigkeit vertritt; daher neigt er zu Depressionen, die nur durch Korrektur seiner Lagebeurteilung und durch Ermutigung zum Handeln behoben werden können.
c) Ein drittes Strukturelement der Freude ist die *Dankbarkeit*. Jeder Mensch hat Grund, Gefühle der Dankbarkeit zu hegen. Schon die Tatsache, daß er lebt, setzt voraus, daß sich andere Menschen (Eltern, Erzieher usw.) unendlich viel um ihn bemüht haben. Auch die umgebende Umwelt, die Zivilisation überhaupt, ist entstanden durch gewaltige Anstrengungen vieler Generationen; das Ausmaß an Ordnung, das uns umgibt, wurde errungen in zäher Arbeit von Millionen und aber Millionen Menschen, die sich auch für uns abgerackert und aufgeopfert haben. Was ist Kultur denn anderes als solche Wegbereitung für alle kommenden Generationen, die heute noch von dem profitieren, was Menschen vor Jahrtausenden geschaffen haben? Ein wohlerzogenes und empfängliches Gemüt wird das stets empfinden und von daher den Antrieb beziehen, nicht nur Nehmer, sondern auch Geber zu sein. Die zur Dankbarkeit fähigen Menschen sind es, die die Kulturleistung weiterführen und wesentlich ergänzen.

Auch hier haben fast alle neurotischen Patienten viel zu lernen. Sie sind in der Regel verwöhnt, haben viel bekommen, aber es reicht nie aus, um ihre maßlosen Wünsche zu erfüllen. Die eigene Unbeholfenheit wollen sie nicht sehen; darum meinen sie gerne, man hätte ihnen dies und das versagt, und das allein sei der Grund ihres Unglücks. Kaum ein Analysand in der Psychotherapie, der nicht eine lange Geschichte darüber zu erzählen hat, was seine Eltern zum Beispiel an ihm verbrochen haben. Hierbei wirkt allerdings die mißverstandene Psychoanalyse nach, die – durch die Oberflächlichkeit und Krudität der »Fachautoren« – beim Publikum so weit angekommen ist, daß jeder glaubt, Mutter und Vater für alle seine Lebensprobleme anklagen zu müssen. Derlei ist verquer; Eltern erziehen immer genausogut, wie sie es eben können, und sie für »Versäumnisse« zu beschuldigen, ist extrem ungerecht. Kein Mensch kann mehr geben, als er hat; und wenn Eltern nicht genug lieben und verstehen konnten, dann waren sie eben selbst leidend und in Not. Sie haben ein Anrecht auf Mitleid und Mitgefühl; aber Groll und Undankbarkeit sind neurotische Fehlhaltungen. In einer guten Psychotherapie söhnt sich der Patient mit seinen Eltern aus; und das ermöglicht ihm – trotz der Erziehungsfehler – Dankbarkeit für sie aufzubringen, und darauf folgt die Freude in seinem Gefühlsleben.

d) Die stärksten Empfindungen der Freude treten in uns auf, wenn wir *einen Wert erblicken und ihn würdigen können*. Nun sind manche Menschen so erzogen worden, daß sie ein stumpfes Wertorgan haben; sie sehen eher das Wertwidrige und das Wertlose, woran sie sich dann wundstoßen. Wertvoll ist unendlich viel in der Welt; der Kosmos als Ganzes, die Erde mit ihren Landschaften, Pflanzen, Tiere, Menschen, menschliche Werke, Ideen usw. Für den wertsichtigen Menschentyp ist dauernd Grund zur Freude vorhanden – trotz mancher Wertwidrigkeiten. Wer einem wertblinden Charakter den Star sticht, auf daß er das Schöne und Gute in der Wirklichkeit sehen kann, macht ihn auch glücklich – wiederum eine Aufgabe für die Psychotherapie, die man kaum hoch genug einschätzen kann. Ein solcher Psychotherapeut war auch Goethe, der dem mißmutigen und pessimistischen jungen Schopenhauer bei seinem Abschied von Weimar ins Stammbuch schrieb: »Willst du dich des Lebens freun, / Mußt der Welt du Wert verleihn.« Das begreifen neurotische Menschen schwer; sie schauen freudlos in die Welt und beklagen sich dann darüber, daß ihnen nichts Freude bereiten kann. Das ist die Nehmerhaltung, die wir bereits weiter oben kritisiert haben; das Leben mag wertvoll an sich sein, aber so richtig beglückend wird es erst dadurch, daß wir an es mit der Bereitschaft herantreten, es trotz seiner Unzulänglichkeiten zu bejahen und es nach Möglichkeit zu verbessern. Diese Gesinnung muß therapeutisch vermittelt werden; ansonsten ist eine Psychotherapie bloß ein Spiel mit Worten.

Allerdings wird ein Psychotherapeut seinen Analysanden nur so viel Freude beibringen können, als es seinem eigenen seelischen und geistigen Entwicklungsstand entspricht. Rhetorische Freudenempfehlung mag als Thema von theologischen Kanzelreden passend sein; im Therapiegespräch wird man solche Unredlichkeit zu vermeiden suchen – Analytiker und Analysand sollen sich gemeinsam um innere und äußere Entwicklung bemühen, dann wird Freude ganz unwillkürlich innerhalb ihrer Kooperation von selbst aufkommen.

Nicht nur Charakter und Persönlichkeit des Therapeuten, auch seine Weltanschauung, seine politischen und philosophischen Überzeugungen bestimmen den Freudengehalt seiner Therapiemethode. Nicht nur schlichte Menschlichkeit, auch Format im Bereich von Wissenschaft und Philosophie hat hier weitreichende Bedeutung. Kluge und geistreiche Interaktion – ein Lebenselement der psychotherapeutischen Behandlung! – vermittelt Gefühle von Freiheit, von Weltoffenheit und Weltverbundenheit, also auch des Frohmuts und des Glücks. Ein düster gestimmter Körpermediziner kann trotz seiner Verstimmung ein guter Facharzt sein; aber ein Seelenarzt mit solcher Gemütsverfassung ist ein Widerspruch in sich.

Lebens- und Antriebsbejahung müssen vom Therapeuten ausgehen, wenn er seine Analysanden zur Freude ermutigen will. Nietzsche sagt: »Alles Sich-Freuen ist ein Loben; alles Klagen ist Anklagen.« Wer auf Anklagen verzichtet, tut bereits einen Schritt zur Freude.

2. Eine andere seelisch-geistige Tugend von Rang ist das *Mitleid*, genauer gesagt das *Mitgefühl*. Beim Mitleid liegt der Akzent auf dem Mitfühlen fremden Leides; von der Mitfreude ist hierbei nicht die Rede. Diese Konzentration auf das Unglück des anderen hat bei manchen Autoren gewiß zu Recht zu einer Kritik des mitleidigen Verhaltens geführt.; man warnte davor, daß derlei zu einem unbewußten Sichweiden am schweren Schicksal des anderen ausarten könne. Spinoza in seiner *Ethik* lehnt das Mitleid als pathologischen Affekt ab; es widerstreite der Selbstvervollkommnung des Menschen. Ebenfalls sehr skeptisch war Kant, der nichts gegen die Achtung und Respektierung der Fremdpersönlichkeit einzuwenden hatte, aber das Mitleid als »Empfindelei« abtat. Noch schärfer reagierte Nietzsche, der das Christentum für seine Mitleidsmoral attackierte, die das Elend nicht abschafft, sondern es geradezu nötig hat, um die eigenen lebensfeindlichen Gefühle und Einstellungen zu perpetuieren. Nach Nietzsche ist ein Ingrediens des Mitleids der »Wille zur Macht«, und zwar der Schwachen und Hilflosen, die glücklich darüber sind, wenn sie noch Schwächere und Hilflosere

antreffen. Mitleid sei »die Tugend der Freudenmädchen« und anderer kleinkarierter Existenzen; man könne auch helfen, ohne sich diesem – wie wir heute sagen würden – sadomasochistischen Affekt hinzugeben. Sigmund Freud bestätigte Nietzsches Befunde, indem auch er aus den Tiefen des mitleidigen Verhaltens Komponenten des unterdrückten Aggressionstriebs ans Licht zog.

Gleichwohl kommt dem Mitleid ethische Bedeutung zu, vor allem wenn wir es im obengenannten Sinn als Mitgefühl auffassen. In der neueren Forschung spricht man eher von *Empathie* und *Identifikation*; aber damit hat man nur zwei komplizierte Fremdworte eingeführt, die den Tatbestand nicht viel besser beschreiben als die schlichten Begriffe der deutschen Sprache. Schopenhauer hat Mitleid und Mitgefühl geradezu ins Zentrum der Moral gerückt; seiner Meinung nach ist Mitfühlen die ethische Tugend par excellence. Wir folgen ein wenig den Spuren Schopenhauers, um diese Seelenregung deutlicher zu machen.

Schopenhauers ethische Grundregel heißt bekanntlich: »Schade niemandem, sondern hilf jedem, soviel du nur kannst!« Die Voraussetzung zum Erfüllen dieser moralischen Pflicht ist nun eine Erkenntnis, die schwer zu erlangen ist: Nach Schopenhauer lebt jeder Mensch urtümlich im Gefühl, daß sein Ich allein wahrhaft existenzberechtigt sei, und daß alle anderen Menschen nur Statisten seien, die für dieses kostbare oder gar göttliche Ich Handlangerdienste zu leisten haben. Das Ich empfindet alle anderen Iche als Hemmschuhe seines Strebens und Wirkens; manchmal fragt es sich geradezu, ob es auch wirklich nötig sei, daß andere Menschen auf der Welt sind. Goethe jedenfalls spricht dies in seinem Vers aus: »Lebt man denn, wenn andere leben?«

Der entscheidende Durchbruch zu einem moralisch-ethischen Lebensgefühl besteht nach Schopenhauer darin, daß man begreift, wie sehr Ich und Du eine Einheit sind. Die Inder haben dies in die klassische Formel des »Tat twam asi« (Das bist Du!) eingekleidet; der zu dieser Wahrheit erwachte Mensch entdeckt nicht nur in den Mitmenschen dieselbe Menschlichkeit, sondern er fühlt auch im Tier die Wesensverwandtschaft, woraus sich die Forderung ableitet, Tiere nicht zu quälen, zu plagen oder zu vernichten. Der Philosoph rügt an der jüdisch-christlichen Religion, daß sie die Tierwelt nicht in das Gebot der Nächstenliebe miteingeschlossen hat; denn auch Tiere sind Lebensträger, folglich ähnlich strukturiert wie wir Menschen, und dies sollte im Verkehr mit ihnen berücksichtigt werden. Die ethischen Lehrer der Menschheit haben in vielen Sprachen und

Zungen immer wieder dasselbe verkündet: nämlich die »Ehrfurcht vor dem Leben« (Albert Schweitzer), die sich als Konsequenz der Schopenhauerschen Philosophie zwangsläufig ergibt.
Lebensehrfurcht und Mitleid sind verwandte Gefühle. Das Leiden des anderen ist auch mein Leid; das Glück des anderen ist auch mein Glück. Das wissen Egoisten, Egozentriker, Sadisten, Tyrannen, angsterfüllte Größenwahnsinnige nicht; daher erniedrigen und vernichten sie ihre Mitmenschen, wodurch sie aber auch ihr eigenes Leben verwüsten und zerstören. Glück und Gefühlsarmut gehören nie zusammen: Wer andere Menschen nicht glücklich macht, wird nie seines Lebens froh werden!
Gliedert man das Mitgefühl in einige Komponenten auf, dann wird einem klar, daß dieses Gefühl aus mehreren Bestandteilen sich zusammensetzt. Ein Faktor ist gewiß die sogenannte Einsfühlung (Empathie), die in der neueren psychologischen Forschung oft genug hervorgehoben wird. Sie ist nicht weit entfernt von Schopenhauers »Durchbrechung des Individuationsprinzips«, das heißt von der Einsicht, daß man nicht ein isoliertes Individuum im Universum ist, sondern ein Lebensträger inmitten von zahllosen Lebewesen, die von derselben Beschaffenheit sind wie wir selbst. Nun visiert die Empathie eher ein *unmittelbares Gefühl des Einsseins und Einswerdens* an; die Tiefenpsychologie meint, daß dieses Urgefühl in der Mutter-Kind-Beziehung eingeübt wird und von da aus in das gesamte Leben ausstrahlt. Wo aber die Mutter-Kind-Dyade unzulänglich war, kann die Fähigkeit zur Empathie an der Wurzel geschädigt werden; wir haben dann Menschen vor uns, die sich ewig von ihren Mitmenschen abgetrennt fühlen und daher auch in ihrer sozialen und kulturellen Entwicklung in engen Grenzen verharren.
Wie soll man aber Mitleid und Mitfreude empfinden, wenn man sich emotional von den Mitmenschen durch einen meilenweiten Abstand getrennt glaubt? In jeder Neurose und auch in den anderen psychopathologischen Zustandsbildern ist das grundlegende Übel der Mangel an Empathie, den die Autoren mitunter auch Schizoidie, Angstanfälligkeit, Autismus und Autoerotismus (Ichverfangenheit) nennen. Soll die Psychotherapie wirksam werden, dann muß sie u. a. die *empathische Kapazität* des Neurotikers stärken, womit sie seine innere Einsamkeit aufhebt und ihn in die Menschenwelt eingliedert.
Die Schulung der Empathie erfolgt meistens so, daß der Patient durch die Empathie des Therapeuten mit seinen Gedanken und Gefühlen erfährt, was dieses Eins- und Einigsein mit einem Mitmen-

schen bedeutet. Theoretische Empfehlung des Mitfühlens hilft gar nicht; wer aber am eigenen Leib erfahren hat, was gemeinsames In-der-Welt-Sein – getragen von *Verstehen* und *wechselseitiger Billigung* – an psychischer Entlastung mit sich bringt, wird gerne derlei auch anderen Menschen zuteil werden lassen.

Damit haben wir bereits ein weiteres Strukturelement des Mitfühlens beim Namen genannt: Das Mitgefühl ist an Verstehen gebunden. Wer seine Mitmenschen nicht versteht, kann auch ihre Freuden und Leiden nicht deutlich erkennen; sie bleiben ihm fremd und lösen daher auch keine Regungen der Sympathie, des Wohlwollens und der Hilfsbereitschaft aus.

Die Frage ist nur, wie man dieses Verstehen lernt und übt. Die Psychotherapie betont seit jeher die Notwendigkeit der Selbsterkenntnis als Brücke zum Verständnis des anderen; die ganze analytische Therapie ist ein umständliches Verfahren, um solche Kenntnis des eigenen Ich zu vermitteln. Ergänzend mußte man allerdings beifügen, daß auch die Menschenkenntnis nötig ist, um die Befunde am eigenen Ich in die richtige Proportion zu versetzen; ja sogar die Weltkenntnis ganz allgemein ist unentbehrlich, um das Wissen um sich selbst und um die Menschen tiefer zu fundieren. Goethe wußte dies bereits genau, als er formulierte, der Mensch kenne sich selbst, insofern er die Welt kenne – ein Satz, der auch in umgekehrter Richtung gelesen werden kann. Sofern eine Psychoanalyse allzusehr bei der Selbsterforschung stehenbleibt, verfehlt sie das Ziel einer wirklichen Selbstaufklärung der Patientenpersönlichkeit.

So ist also das Mitfühlen nicht nur ein emotionaler, sondern auch ein rationaler Vorgang – ohne *Wachstum der Vernunft*, die immer die Ganzheit des Menschen betrifft, kann auch das Mitgefühl nicht gesteigert werden. Wir plädieren daher für eine Psychotherapie, die den seelisch leidenden Menschen lehrt, seine Probleme, Nöte und Schwierigkeiten auf dem Hintergrund der notleidenden, kämpfenden und sich quälenden Menschheit zu sehen; nur durch Erwachen weitläufiger *Solidaritätsregungen* kann eine Neurose beseitigt werden. Analytiker und Analysand dürfen nicht nur bei den Privatsorgen des letzteren stehenbleiben; diese sind Konkretisierungen der Menschheitsnöte, an deren Behebung zu arbeiten auch eine Brücke zu seelisch-geistiger Gesundwerdung ist. Der geheilte Patient wird ein Helfer für die Mitmenschen.

3. Eine weitere seelisch-geistige Tugend ist die *Fürsorglichkeit*. Sie hat bekanntlich in Heideggers Hauptwerk *Sein und Zeit* eine vortreffliche ontologische Darstellung gefunden. Der Philosoph sieht

im Existential (Daseinsstruktur) der Fürsorge eine wichtige Kategorie des menschlichen Daseins, dessen soziale Grundstruktur er mit der Aussage »Dasein ist Mitsein« angemessen zu würdigen versuchte.

Nach Heidegger ist der wesentliche Umgang der Menschen miteinander das »Fürsorgen«, das heißt das Einander-Helfen und -Beschützen. Er unterscheidet zwei Arten dieser Existenzstruktur: die »einspringende« und die »vorausspringende Fürsorge«. Die erstere übernimmt die Daseinsaufgaben für den anderen und entfremdet ihn damit seinen ureigensten Möglichkeiten. Die zweite respektiert das Subjektsein des anderen, denkt mit ihm und plant mit ihm voraus Chancen für seine selbsteigene Wertrealisation. Es ist gewissermaßen unmoralisch, wenn man einem Du – auch in bester Gesinnung – mehr helfen will, als ihm gut tut. Das mögen sich die Erzieher sagen lassen, die vor allem in der Verwöhnung des Kindes dieses um sein Selbstsein und Selbstwerden betrügen. Auch in der Psychotherapie besteht die Gefahr einer »einspringenden Haltung«, durch die der Patient von seinem Therapeuten abhängig wird. Oft ist es der Ehrgeiz und der Liebeshunger des Analytikers, der zur Verzärtelung des Analysanden Anlaß gibt; unbewußt wollen solche schlecht ausgebildeten »Heiler« vom Hilfsbedürftigen in erster Linie geliebt werden – ob ihm dabei geholfen wird, ist zweitrangig. Wolfgang Schmidbauer hat in seinem Buch *Die hilflosen Helfer* auf die möglichen Fehleinstellungen in den Heilberufen aufmerksam gemacht; je hilfloser der Helfer selbst ist, um so mehr setzt er voraus, daß auch der Patient nichts allein vollbringen kann; daher die Tendenz zu einer übermäßigen Zuwendung und Betreuung, die meistens den Behandlungserfolg auf Null reduziert.

Heidegger hat mit Recht darauf aufmerksam gemacht, daß Fürsorge für den anderen (im Sinne von Voraussicht und Freilassen) an andere Existentiale gebunden ist, das heißt nur dann auftritt, wenn der »Fürsorgende« in seinem Leben selbst den Weg zur »Eigentlichkeit« (die Franzosen sprechen von »Authentizität«) beschritten hat. Zu diesem eigentlichen Ich-selbst-Sein gehört nach der Lehre des Philosophen zum Beispiel das »Besorgen«. Das mutet wie eine sprachliche Spielerei an, ist es aber nicht. Heidegger hat seine phänomenologischen Untersuchungen im Einklang mit der »Weisheit der Sprache« durchgeführt; er lauschte gleichsam auf deren Erkenntnisgehalt und fand, daß Fürsorgen und Besorgen offenbar auf einen gemeinsamen Sinngehalt verweisen. Fürsorgen ist nun der richtige Umgang mit dem Mitmenschen; das Besorgen jedoch ist für die

Welt der Dinge und Werkzeuge reserviert, wobei der Heideggersche Kunstausdruck besagen will, daß im werktätigen Umgang mit der Dingwirklichkeit eine ähnliche Behutsamkeit und Sachkenntnis zum Tragen kommen muß wie im zwischenmenschlichen Bereich.

Fürsorgen und Besorgen gründen in der sogenannten Sorge, die das »Sich-vorweg-Sein« des Menschen in seiner Zukunft anvisiert. Wo ein Mensch in sich selbst ruht und verankert ist, da lebt er nicht nur von Augenblick zu Augenblick, sondern entwirft sich auf sein zukünftiges Dasein hin, wobei er unter Umständen auch die Ganzheit seines Lebens planend einbezieht.

Wir sehen selbst die Problematik einer solchen Psychologisierung ontologischer Befunde, aber die Ontologie darf nicht allzu vornehm tun, denn ähnlich wie die Psychologie liest sie ihre Theorien aus den Gegebenheiten der Wirklichkeit ab. Daher mag es gut sein, daß psychologische Konkretheit mit philosophischer Abstraktheit weithin übereinstimmt: ein Zeichen dafür, daß beide Formen des Wissens in Realitätsnähe geblieben sind.

Heidegger hat recht darin, daß er allem Fürsorgen das werktätige Besorgen und das existentielle Sorgen zur Seite stellt; das bedeutet doch wohl, *daß der Helfer zuerst sich selbst helfen möge*. Nur wenn er Tüchtigkeit im weitesten Sinne erwirbt und sein Dasein zu einer inneren Einheit zusammenschließen kann, wird seine Hilfe von pathologischen Beimengungen annähernd frei sein. Nichts ist tragischer als ein unbeholfener Helfer, der mehr Schaden als Nutzen für den Hilfsbedürftigen anrichtet.

Eine ähnliche Fundierung gibt Heidegger dem Begriff »Verstehen«, der in seinem Text zu einem grundlegenden Existential wird. Verstehen gründet seiner Meinung nach in einem »Eine-Sache-Verstehen«, also im *Können*. Nur auf dem Lebenkönnen überhaupt können sich Formen des Wissens, des Fühlens, der sozialen Geschicklichkeit usw. etablieren. Das bedeutet für die Fürsorglichkeit, daß sie vom Verstehen begleitet sein muß. Auch die Fremdpersönlichkeit muß vorerst verstanden werden, bevor man ihr helfen kann. Es gibt so viele wohlmeinende Helfer, die am Du vorbei ihre Hilfeleistung praktizieren, weil sie selbst vom Leben und von den Mitmenschen wenig begriffen haben. Man ahnt, welche Tragweite diese Überlegungen für den Therapeutenberuf haben. Ist der Therapeut nicht mit sich selbst im reinen und kann er seine eigenen Lebensaufgaben nicht fruchtbar bewältigen, dann wird seine Therapie Wortgeplänkel bleiben.

Wir stehen somit vor der inneren Einheit von Besorgen (werktätige Tüchtigkeit usw.), Fürsorgen (maßvolles Mitdenken und Mitfühlen mit dem Du) und der Sorge (das heißt der Selbstzuwendung, die zugleich eine Zuwendung zur Welt ist und die Dimensionen der Zeitlichkeit – Vergangenheit, Gegenwart und Zukunft – in einer entschlossenen Lebensführung zusammenfügt): Diese Sorge-Trias wurde nun ergänzt durch das Verstehen, das im Sinne Heideggers den populären Begriffen »*Lebenskunst*« und »*Lebenskenntnis*« entspricht. Eine weitere Ergänzung zum vorliegenden Themenkreis ist das *Wohlwollen*, welches der Selbsterkenntnis und Menschenkenntnis zu entspringen pflegt. Wir fassen darin eine Haltung zum Mitmenschen zusammen, die prinzipiell sein Dasein bejaht und ihm günstige Entfaltungsmöglichkeiten zubilligt und einräumt. Wohlwollen ist eine Form von Eros, eine abgeschwächte Modalität der Liebe. Nicht umsonst sagen die Italiener für »Ich liebe dich!« die Worte: »Io te voglio bene!« (Ich bin dir gut, ich will dir gut sein!) Wohlwollen erleichtert überall das menschliche Zusammenleben und hat auch pädagogisch und psychotherapeutisch stets gute Effekte. Freud sprach zwar von der wünschenswerten nüchternen Objektivitätseinstellung des Therapeuten, aber er selbst war seinen Analysanden gegenüber in der Regel sehr wohlwollend.

4. *Wahrhaftigkeit und Wahrheit:* Zu Freude, Mitgefühl und Fürsorglichkeit fügen wir nun die Wahrhaftigkeit hinzu, die im psychotherapeutischen Prozeß eine ganz zentrale Rolle spielt. Freud führte in die psychoanalytische Therapie die sogenannte goldene Regel ein, welche den Patienten verpflichtet, mit größtmöglicher Offenheit alles zu sagen, was immer ihm durch den Kopf geht. Lügen, Ausflüchte und Verfälschungen der Aussage sind in der Psychoanalyse verpönt. Denn der Analysand ist seelisch krank geworden, weil er fundamentale Probleme seines Lebens von Kindheit an verdrängt und rationalisiert hat. Damit geht der Aufbau einer »Lebenslüge« (Ibsen) einher, deren Umfang in der Neurose gewaltig zu sein pflegt. Die Heilung erfolgt nach Freud durch *Gewinnung der existentiellen Wahrheit;* der Patient wird durch den Analytiker zur Wahrhaftigkeit erzogen, und auf diese Weise lernt er, der Wahrheit über sich selbst und der Welt ins Auge zu sehen. Übrigens ist es sehr schwer, eine zwischenmenschliche Beziehung (Analytiker – Analysand) ganz auf Unverfälschtheit aufzubauen; wir sind so gewöhnt, uns vor den Mitmenschen zu verstellen, daß wir auch uns selbst gegenüber nicht mehr das Reale wahrhaben wollen. Nur durch einen langwierigen Erziehungsvorgang kann der Patient in der therapeu-

tischen Kommunikation »authentisch« werden; natürlich muß ihm der Therapeut mit gutem Beispiel vorangehen.
Aber was ist die Wahrheit eines Menschen, die Wahrheit überhaupt? Viele Therapiepatienten meinen, daß Wahrheit etwas Grobes, Plumpes und Häßliches sein muß; wenn sie so richtig taktlos sind, halten sie sich für wahrhaftig. Aber das ist ein Irrtum. Wahrheit ist nicht einfach zu erlangen durch das Fallenlassen irgendwelcher Hemmungen, sondern nur durch hochqualifizierte intellektuelle und emotionale Anstrengungen, die einer gewissen Schulung bedürfen. Manche supermodernen Therapieformen behaupten, daß die Wahrheit über eine Person ans Licht trete, wenn diese lärmt, taktlos wird, exhibitioniert und andere Menschen anschreit: Doch das sind lächerliche Modeerscheinungen, die für ein geistloses Publikum als letzter Schrei auf dem Therapiemarkt gelten können. Echte seelenärztliche Behandlung jedoch heilt auf dem Weg ernster Selbsterforschung und ist gewissermaßen ein philosophisches Anliegen.
In den Anfängen der Psychoanalyse war die Wahrheitssuche innerhalb der Behandlung auf zweierlei konzentriert:
a) auf die Rückerinnerung an die vergessene oder verdrängte Kindheit (samt deren Triebschicksalen);
b) auf den wahren Sinn der Symptome.
Später fand Freud, daß auch die Analytiker-Analysand-Beziehung ein Tummelplatz für allerlei Verfälschungen und Unredlichkeiten sei, die er unter den Begriffen »Übertragung« und »Gegenübertragung« zusammenfaßte; der Akzent der Therapie verlagerte sich auf die Klärung der therapeutischen Interaktion, das heißt auf die Feststellung der Wahrnehmungsverfälschungen bei Therapeut und Patient. Sobald die beiden Beteiligten eine weithin offene und unverzerrte Kommunikation zustande brachten, galt der Analysand als geheilt; tatsächlich kann jeder, der irgendwo eine authentische menschliche Beziehung zu etablieren vermag, alle übrigen Lebensbereiche so strukturieren, daß seine innere und äußere Entwicklung nicht allzu sehr behindert ist.
Es geht demnach um die *Wahrheit über den Charakter des Patienten*, der an seinem Therapeuten einen objektiven und verläßlichen Spiegel haben soll, in welchem sein seelisches Erscheinungsbild treu zurückgespiegelt wird. Jeder Kenner unserer Materie wird ahnen, welch hohe Anforderungen hier an den Analytiker gestellt sind. Hat er selbst noch massive Lebenslügen und ist sein Charakter durch Eitelkeit, Ehrgeiz, kleinliche Gesinnung usw. getrübt, dann wird

das Patientenbild so verfälscht erscheinen, wie es etwa ein Konvex- oder Konkavspiegel deformieren würde. Darum ist sorgfältige Schulung des Therapieadepten unentbehrlich, und der Analytiker muß durch lebenslängliche Selbstanalyse seine erworbenen Kenntnisse vertiefen und verfeinern. Bleibt er auf einem gewissen Niveau stehen, dann wird er viele Analysanden nur halb oder auch gar nicht begreifen.

Wie wir aber schon weiter oben angedeutet haben, schließt die Wahrheit über einen Menschen auch die Wahrheit über die Mitmenschen und die Wahrheit über die Welt in sich ein; das bedeutet: Patient und Therapeut müssen sich auf die universelle Wahrheitssuche begeben, wenn sie einander und jeder sich selbst verstehen wollen. Das Erkenntnisprogramm einer guten Psychotherapie ist sehr umfänglich.

»Was ist Wahrheit?« fragt schon Pilatus im Neuen Testament – nach Nietzsche der einzige philosophische Kopf im Gehudel der Krämer und kleinkarierten Existenzen, die man uns als das »heilige Volk des Altertums« präsentieren will. Wahrheit liegt nicht offen zutage; sie ist versteckt und verborgen, und nur der redliche und geduldige Menschengeist kann sich ihrer bemächtigen.

Nach Heidegger lebt der Durchschnitts- und Alltagsmensch vorwiegend in der Unwahrheit. Das ist kein böser Wille, sondern ganz einfach das sogenannte Man-selbst-Sein, die kollektive Existenzform, die uns zunächst und zumeist völlig assimiliert. Im »Man« hat keiner die Wahrheit selbständig gesucht, er übernimmt Formen des Denkens und Für-wahr-Haltens, die er weder geprüft noch durchdacht hat. In der Weltanschauung des Kollektivs mischen sich Wahrheit und Lüge, Vorurteil und Vernunft.

Man muß also nicht Neurotiker sein, um eine Lebenslüge in sich zu tragen; Verlogenheit ist die alltäglichste Sache der Welt, und Staat, Kirche, öffentliche Moral, Sitte und Brauchtum, Kultur und Geistesleben sind voll davon. Die »große seelische Gesundheit« erwirbt der Patient darum nicht nur durch die Selbstklärung, sondern er soll auch mit wissenschaftlich-philosophischer Gesinnung die Kultur, in der er lebt, kritisch aufarbeiten.

Dazu bedarf es der intellektuellen Redlichkeit – eine Tugend, die Nietzsche über alles rühmte und die er bei den meisten seiner Zeitgenossen vermißte. Sie ist wirklich enorm selten. Wie schon Schopenhauer betonte, verfechten die meisten Intellektuellen die Wahrheiten, die ihren Brotgebern nützlich sind. Die Korrumpierbarkeit der Geistträger war und ist seit jeher ein Erbübel. Der geheilte Pa-

tient soll sich geistig nicht prostituieren. Das war die Meinung von Freud und Adler, die Psychotherapie als Fortsetzung der Aufklärung, praktiziert am Individuum, verstanden.
Als ängstliche, kleinmütige und konformistische Menschen sind fast alle Neurotiker der Auffassung, daß Wahrheit etwas Unerschütterliches sein muß, »woran man sich halten kann«. Der geschulte Forscher jedoch weiß, daß in vielen Bereichen des Lebens und Denkens das Wahre veränderlich und entwicklungsfähig sein muß. Es ist nicht so, wie konservative und reaktionäre Gemüter behaupten, daß Wahrheit ein für allemal »geoffenbart« ist. Sie muß von jeder Generation, ja sogar von jedem Einzelmenschen immer aufs neue gesucht und gefunden werden. Auch zu dieser Mentalität muß man den vorurteilserfüllten Neurotiker erziehen. Man hat hierin große Vorbilder, an die man ruhig anknüpfen kann: Lessing sagte in der *Erziehung des Menschengeschlechtes* (1780), wenn Gott ihm in der einen Hand die Wahrheit und in der anderen Hand die Wahrheitssuche anböte, würde er die letztere ergreifen; denn für den Menschen sei Suchen die angemessene Lebenshaltung. Auch Sartre erwähnte anläßlich einer Analyse der Vorurteile, daß der denkende Mensch sein Gehirn zermartere, um die flüchtige und veränderliche Wahrheit zu finden; schwerfällige Geister jedoch wollen nicht grübeln; für sie muß die Wahrheit »aus Eisen und Erz« sein, damit sie ihre Herrschaft darauf gründen können. Auch die berühmte Ringparabel von Lessing im *Nathan* (1779) zeigt die Vieldeutigkeit von Wahrheit und Irrtum. Vielleicht kann man dieser von Boccaccio übernommenen Parabel den Hinweis entnehmen, daß nur der »gute Mensch« sittliche und moralische Wahrheiten entdecken kann. Freud sprach vom »Realitätsprinzip« und meinte, es sei ein Zeichen der Entwicklung zur Reife, daß ein Mensch auf seine infantilen Wünsche und Begehrlichkeiten verzichte, um die Rechnung mit der Wirklichkeit zu machen. Adler definierte die Wahrheit als eine »Variable des Gemeinschaftsgefühls«, womit er wohl sagen wollte, daß nur der wahrhaft soziale Mensch sich zum Vernunftniveau seiner Epoche aufschwingen könne und damit an der »Wahrheit seiner Zeit« teilhabe. Denn seit Hegel meinen wir zu wissen, daß viele Wahrheiten geschichtlich sind und im Geschichtsverlauf wachsen und sich vermehren. Absolute Wahrheiten sind nur für Götter; wir Menschen müssen uns damit begnügen, im Einklang mit der sich entwickelnden Kultur stets »wahrer und besser« zu werden. Goethe scheint Ähnliches im Sinn gehabt zu haben, als er im *Faust* (1808) dichtete: »Der gute Mensch in seinem dunklen Drange, ist sich des rechten Weges wohl bewußt.«

5. *Vernunft (Besonnenheit, Weisheit, Geist):* Vernunft und die ihr nahestehende Begriffstrias zielt – stärker noch als die zuvor erörterten Themenbereiche – auf den Gesundheitsbegriff der Tiefenpsychologie; Neurosen entstehen durch »Lücken der Vernunft«, und die Heilung durch Psychotherapie soll die Vernunftsphäre des Patienten ausweiten. Durch gelingende seelenärztliche Behandlungen werden die Patienten vernünftiger, besonnener, weiser und geistempfänglicher.

Freud nannte als Gesundheitsziel der Psychoanalyse die Formel »Arbeits- und Liebesfähigkeit«. Adler sprach von der Entfaltung des Gemeinschaftsgefühls (Sozialinteresse, Mitmenschlichkeit usw.) als Kennzeichen der seelischen Gesundheit. Jung forderte die »Ganzwerdung der Psyche«, das Erwachen des Selbst, die Integration aller vielfältigen und zum Teil auch gegensätzlichen Strebungen in der Einheit der Selbstwerdung. Die Daseinsanalyse von Binswanger und Boss ist bestrebt, den Weltentwurf des Patienten zu vervollständigen, seine dispositionell gegebene Weltoffenheit herzustellen, damit er – wie Heidegger sagt – »Hirt und Hüter des Seins« werden kann. Denn der Mensch hat die Fähigkeit, die Bedeutsamkeit alles Seienden wahrzunehmen, sich zu öffnen für die Fülle des Seins, die seiner bedarf, um sich in ihrer ganzen Weite und Tiefe zu enthüllen.

Wir sind der Meinung, daß alle genannten tiefenpsychologischen Schulen damit einem Vernunftideal huldigen, wobei sie nur im jeweiligen Schuljargon die Idee der Vernunft ein wenig abwandeln und spezialisieren. Im übrigen sind Vernunft und Eros unseres Erachtens eng miteinander verkoppelt; ohne Liebe kann keine Vernunft erblühen, und der platonische Eros, den Freud zumindest in seinem Spätwerk offensichtlich in den Mittelpunkt rückte, ist ein Zwillingsbruder der Vernunft: Wohl gründet er tief im Leibgeschehen, aber seine Wirklichkeit zeigt sich auch in Wissenschaft und Philosophie, in Forschung und Lehre, wobei die Formel vom Wunsch, *im Schönen zu zeugen*, nicht nur handfest materiell, sondern auch sublimiert-spirituell zu interpretieren ist. Gefühle und Vernunft sind keine Gegensätze, sondern zwei Seiten einer Medaille.

Die Frage ist nur die, wie man Vernunft und Eros in einem unvernünftigen und von Affekten geschüttelten Menschen fördern kann. Sie gilt für die Erziehung ebenso wie für die Psychotherapie. Natürlich müssen wir wieder auf die langdauernde Einwirkung durch einen vernünftigen und liebesfähigen Menschen auf den Zögling

oder Patienten als Schlüssel zum möglichen Erfolg verweisen. Wie alle übrigen diskutierten Tugenden und Werthaltungen wird auch die Vernunft in erster Linie durch Ansteckung, Imitation und »unwillkürliche Osmose« übertragen.
Aber es gibt auch direktere Vorgehensweisen. Schon das Studium der inneren und äußeren Lebensgeschichte des Analysanden, die Erarbeitung seiner Biographie, ist geistfördernd. Vernunft und Geist sind dadurch gekennzeichnet, daß sie um ihre Geschichte wissen; das unvernünftige Tier lebt im Augenblick und bleibt daher geschichtslos. Nun vergessen und verdrängen die meisten Menschen ganz erhebliche Partien ihrer Werdensgeschichte; Freud war auf dem richtigen Weg, als er der psychoanalytischen Kur vorschrieb, sie müsse Kindheit und Entwicklung des Analysanden ins Bewußtsein heben, denn die verstandene Geschichte unseres Lebens ist unbedingte Voraussetzung unserer Selbsterkenntnis, die selbst wiederum zum Fundament unserer Vernunfttätigkeit werden kann.
Eine Lebensgeschichte wird jedoch nur dann zur Quelle der Vernunfterkenntnis, wenn sie philosophisch durchleuchtet wird. Freud selbst hat hierfür ein Musterbeispiel in seinem Buch *Die Traumdeutung* (1900) gegeben; wir fassen dieses epochale Werk nicht nur als Traktat über Träume auf, sondern eher noch als den *Versuch einer Autobiographie*, die Freud anhand seiner eigenen Träume, die sehr reichlich im Text gedeutet werden, vor uns aufrollt. Er mußte sich wohl angesichts der Belastungen und Schwierigkeiten der Neurosentherapie der eigenen Geschichtlichkeit versichern, da Rückbesinnung auf die eigenen Ursprünge und das Werden der Persönlichkeit den persönlichen Standort festigt. Wir teilen nicht Freuds Meinung, sein Buch *Die Traumdeutung* sei als Reaktion auf den Tod seines Vaters (1896) entstanden; Jakob Freud war nicht mehr eine so wichtige Figur im Leben seines Sohnes Sigmund, daß sein Tod große emotionale und geistige Erschütterungen auslösen konnte.
Die Vernunft ist ein Fakultativum im Menschen; wiewohl die Biologen nach dem Vorbild Linnés den Menschen »Homo sapiens« nennen, also das »Vernunftwesen Mensch«, besteht keine Notwendigkeit, daß tatsächlich Vernunft, Geist, Besonnenheit und Weisheit im Menschen zum Tragen kommen. Jahrmillionen haben die Menschen vernunftlos gelebt; man kann sogar die Auffassung vertreten, daß Vernunft im philosophischen Sinne eine Erfindung des »hochbegabten Volkes der Griechen« (Jacob Burckhardt) ist. Sie haben den Schritt zur Geistwerdung der Menschheit erstmals vollzogen, und zwar in Wissenschaft, Philosophie, Kunst und Lebensauffassung.

Auch jedes Individuum muß seine Geistwerdung als individuelles Abenteuer betreiben und bestehen. Gewiß liegt für den Menschen von heute schon ein riesiger Schatz von Vernunfteinsichten und Vernunftrealitäten vor, an denen sich seine Geistigkeit inspirieren kann. Die Philosophie spricht von der Trias des subjektiven, des objektiven und des objektivierten Geistes (so Nicolai Hartmann in *Das geistige Sein*, 1932). Der subjektive Geist ist die individuelle Vernunft, eine Eigenschöpfung jedes Individuums, unter Beihilfe von Erziehung und Kulturtradition; der objektive Geist ist die Vernunft, die im Wissen einer Epoche, in ihrem Ethos, in ihrem gesunden Menschenverstand usw. vorhanden ist. Der objektivierte Geist schließlich ist Vernunft, materialisiert in Büchern, Kunstwerken, Gebäuden, öffentlichen Einrichtungen, Gesellschafts- und Wirtschaftsformen usw. In seinem Buch läßt Hartmann keinen Zweifel daran, daß alle drei Formen des Geistes oder der Vernunft einander stützen und tragen; Fortschritte des einen Strukturelementes fördern die anderen strukturellen Einheiten. Vor allem die Fortschritte des objektiven Geistes oder der Kultur erleichtern die Geistwerdung jedes Individuums.

Und doch wird niemandem die Vernunft geschenkt. Sie muß erobert werden durch gewaltige Anstrengungen und Sublimierungen, in denen aus der »gedankenbildenden Arbeit des Lebens« (Dilthey) Vernunftwahrheit abstrahiert wird. Der Tiefenpsychologe kann darauf hinweisen, daß Vernunft nicht mit Ratio (Verstand) verwechselt werden darf; in diesem Sinne hat sie stets eine emotionale Basis, ja, im Reichtum der Gefühle macht sich selbst schon Vernunft bemerkbar. Infolge einer irreführenden Tradition denken viele Menschen, daß Geist und Gefühl einander widersprechen; das Gegenteil ist der Fall, denn echte Gefühle, »Abschattungen« des Eros, sind vielleicht das Vernünftigste, was es im Menschenleben überhaupt gibt.

So wird Vernunft im Menschen erzeugt durch Gefühlserziehung, die wir weiter oben schon mit dem Erwerb möglichst vielseitiger Tugenden verkoppelt haben. Nur der »tugendhafte Mensch« hat Chancen, in die Sphäre des Geistes hinaufzuwachsen. Allerdings gab und gibt es sogenannten Geist im Dienst der Macht und der Herrschaft des Menschen über den Menschen; wir möchten diesen aber in die Rubrik »Pseudogeist« einordnen, denn die wahre Vernunft ist Freiheit und Freiheitsliebe und kann gar nicht Handlanger und Hure der Tyrannis sein.

Hofmannsthal sagt mit Recht: »Was Geist ist, das erfährt nur der Bedrängte.« Darin wird gewissermaßen erläutert, daß zur Vernunftentwicklung Selbst- und Weltüberwindung notwendig sind. Wer sich im Lebensstrom dahintreiben läßt, wird es bestenfalls zu gelegentlichen Verstandesanwandlungen bringen; Geist, Besonnenheit, Weisheit und Vernunft jedoch sind ein Geschenk für jene, die durch viele Akte »innerweltlicher Askese« – die nichts mit den verrückten Ambitionen der »Heiligen« aller Zeiten zu tun hat, sondern nur die Idee der *Selbstwertsteigerung durch Wahl und Auswahl* enthält – die Kunst ganzheitlichen Schauens und Erlebens geübt und entfaltet haben. Die Welt ist voll von Ganzheiten, der Verstand aber begnügt sich mit Teilaspekten der Dinge und Menschen, nämlich mit jenen Perspektiven, die er für den egoistischen Gebrauch für unentbehrlich hält. Die Vernunft verschmäht diesen rein praktischen Gesichtspunkt; sie ist relativ interessenfreie Hingabe an die geistigen Strukturen der Wirklichkeit, die sich dem vernünftigen Menschen als Wahrheiten der Wissenschaft, der Kunst, der Philosophie und der Lebensgestaltung eröffnen. Geist und Sinn sind Synonyma; wer sich diesen Bereich zugänglich macht, lebt ein sinnvolles und sinnerfülltes Leben, trotz aller Tragik der Condition humaine.

Seelisch-geistige Gesundheit ist daran gebunden, daß Vernunft im Dasein des Menschen Gewicht, wenn nicht gar Übergewicht erhält. Wir wollen damit kein allzu hohes Gesundheitsideal formulieren; gedacht wird nicht daran, aus jedem Menschen einen Philosophen zu machen, wiewohl diese Aussicht für unsere heillose Kultur, die überall an Geistmangel leidet, gar nicht abschreckend wäre. Aber es wäre zumindest gut, wenn möglichst viele Lernwillige ein bißchen Vernunft in sich kultivieren würden – wäre dies so, dann sähe die Welt anders aus.

Fast alle positiven Utopien setzen eine gewisse Vernunftevolution im Menschen voraus; ohne diese kann man soziale Gerechtigkeit, internationale Kooperation, Abschaffung des Krieges und des Wettrüstens, Bekämpfung der Umweltverschmutzung und der ökologischen Katastrophen usw. kaum realisieren. Ein zukünftiger Humanismus setzt die Vernunft zumindest bei einer Elite der politischen und intellektuellen Führungsschichten voraus; in der Vergangenheit war nicht einmal die Intelligenzija auf der Höhe der Vernunftkultur, die in den jeweiligen Epochen möglich war.

Auf ein Ingrediens der Vernunft und der Geistigkeit möchten wir noch abschließend hinweisen, da es unseres Erachtens in der Psychotherapie nicht zu entbehren ist: Es handelt sich um den *Humor*. Jeder Neurotiker nimmt eine ganze Reihe von Lebensproblemen furchtbar ernst, die eigentlich eher ein Gegenstand des Lächelns und Lachens sein sollten. Analytische Zergliederung dieser Fehleinstellungen mag nützlich und sogar notwendig sein; aber oft löst ein Scherz oder eine witzige Formulierung so manche neurotische Fehlhaltung viel schneller auf als eine langwierige rationale Untersuchung. Der Humor des Psychotherapeuten schützt nicht nur diesen selbst vor den großen seelischen Gefahren seines Berufes, sondern verhilft auch dem Patienten zu einer freieren Sicht, die ihm innere Umstellung und Wandlung erleichtert. Humor ist Geistigkeit, die aus tief verstandenem Leben resultiert und unmittelbar auf das Leben zurückwirkt. Wahrscheinlich wäre die Menschheit schon viel weiter in der Kulturentwicklung, wenn sie den »Geist der Schwere« (Nietzsche) abgetan und sich mehr dem Lachen und der Heiterkeit verschrieben hätte. Politische Tyrannis und religiöse Ideologien haben diese Wendung zu einer »humoristischen Kultur« arg behindert.

Über die Liebe

Eine psychologische Untersuchung über die Liebe scheint relativ einfach zu sein. Jedermann hat so viel gehört, gesehen oder gar erlebt, was irgendwie mit Liebe zu tun hat, daß man sich leicht zu Aussagen auf diesem Gebiet kompetent fühlt. Aber weiß irgend jemand wirklich, was Liebe ist? Es könnte sich herausstellen, daß zwar jedermann von Liebe träumt, aber niemand weiß, was man sich darunter vorstellen soll. Die nächsten Dinge sind für uns oft die fernsten. Der geistreiche Spötter Heinrich Heine hat jedenfalls den saloppen Ausspruch gewagt: »Was Ohrfeigen sind, weiß jeder; was die Liebe ist, hat noch niemand herausbekommen!«

Die klügsten Köpfe aller Zeiten haben über die Liebe nachgedacht und wurden hierbei von der Ahnung geleitet, daß sich am Liebesproblem das Geheimnis der menschlichen Natur enthülle. Wir blikken hier tatsächlich ins innerste Wesen des Menschen; wer die Liebe enträtselt, hat auch die Antwort auf die Sphinxfrage gefunden: »Was ist der Mensch?«

Als Quellen für die Erforschung der Liebe sollten wir möglichst viel zu Rate ziehen: Romane der Weltliteratur, philosophische und psychologische Theorien, Beobachtungen des Alltags, Selbsterlebtes und Selbstdurchdachtes. Allzurasche Festlegungen müssen vermieden werden. Selbst wenn man Anhänger dieser oder jener Theorie ist, sollte man die Tatsachen nicht aus dem Auge verlieren; wir forschen nicht, um unsere Konzepte zu bestätigen, sondern um neue Auffassungsweisen zu gewinnen. Der Erfahrungsbereich, von dem wir ausgehen, ist der tiefenpsychologische und psychotherapeutische; die Psychotherapie hat uns die Möglichkeit in die Hand gegeben, tiefenseelische Phänomene in ihrer ganzen Subtilität und in ihren lebensgeschichtlichen Bedingtheiten nachzuvollziehen.

Der Psychotherapeut muß in erster Linie feststellen, daß die Menschen in der »Kunst des Liebens« sehr schlecht unterrichtet sind. Romane und Filme gaukeln uns die Schönheiten des Liebeslebens vor; in der Realität haben die Menschen jedoch sichtlich sehr viel Mühe, zu lieben und sich lieben zu lassen. Es scheint sehr viel mehr Unglück in der Liebe zu geben als etwa Glücklichsein. Nach einem

kurzen Aufschwung des Verliebtseins haben fast alle Leute Verständigungsschwierigkeiten in der Partnerschaft. Liebe wandelt sich bald in Gleichgültigkeit, mitunter sogar in Haß und Abneigung. Jeder entdeckt, daß er sich ein mehr oder minder falsches Bild von seinem Liebespartner gemacht hat. Der Mensch, der zunächst dauerhafte Zuneigung und Zuwendung zu versprechen schien, erweist sich im näheren Umgang als eigensinnig, egozentrisch, gefühlskalt, in sich verkapselt. Der »Traum von Liebe« zerstiebt schnell; zurück bleibt der mühselige Versuch, sich an einen anderen Menschen zu gewöhnen, dem man nur mit Einschränkungen zugetan sein kann. Das Hauptproblem in der Liebe der Menschen ist nicht Freude und Seelenfrieden, sondern schmerzliches Ringen um Anerkannt- und Verstandenwerden. Sehr oft enden Partnerschaften in Fehlschlägen. Die hohe Anzahl der Scheidungen ist hierfür nur *ein* Hinweis; es gibt in diesem Bereich viel verborgenes Elend, das nur der Seelenarzt zu sehen oder zu hören bekommt. Woher rührt es, daß die Menschen in der Liebe so unglücklich sind? Soll man resignieren und in der Art der Pessimisten vom »ewigen Kampf der Geschlechter« sprechen? Ist Liebe nur ein Wahn und ein Phantom, von dem sich unerfahrene Jünglinge und Backfische täuschen lassen? Das Problem der Liebe hat sicher nicht nur einen individualpsychologischen, sondern auch einen kulturpsychologischen Aspekt: Sollten wir daraus entnehmen können, daß es ganz konkrete Ursachen gibt, die die Liebesfähigkeit aller Menschen in dieser Kultur beeinträchtigen und zerstören müssen?
Ein populär gehaltenes Synonymenlexikon nennt für das Wort »Liebe« folgende Alternativen: Zuneigung, Leidenschaft, Liebesverlangen, Liebesglut, Liebeslust, Hingabe, Herzlichkeit, Gefälligkeit, Gunst, Sympathie, Neigung, Schwärmerei, Verlangen, Interesse, Eifer, Begeisterung, Aufopferung, Selbstlosigkeit, Zärtlichkeit, Innigkeit, Herzenswärme.
Synonyme für »lieben« sind: gern haben, mögen, schätzen, verehren, zugetan sein, anhänglich sein, anbeten, huldigen, hochachten, bewundern, vergöttern, anhimmeln, schwärmen, Zuneigung schenken, jemanden gut leiden mögen usw.
Die Vielfalt der Wörter läßt auf die Vielfalt der Sache schließen. Wir wollen dem sprachlichen Befund nicht übermäßiges Gewicht verleihen, meinen aber, daß man die verschiedenen Aspekte, die im Wortschatz sichtbar werden, immerhin in die Untersuchung einbeziehen muß.
Was ist Liebe, und was ist sie nicht? Eventuell ist es unkomplizierter,

zunächst auszuschließen, was nicht unter den Begriff der Liebe fallen soll. Die Menschen geben sich in ihrem Leben so vielen Selbsttäuschungen hin; sollte das in der Liebe anders sein? Wir vermuten, daß vieles »Liebe« genannt wird, was deren Surrogat oder Falsifikat ist.

Es wird allgemein angenommen, daß die Mütter ihre Kinder lieben. Gewiß wird dies oft der Fall sein, aber so manche Mutterliebe läßt uns nachdenklich werden. Eine Mutter hindert etwa ihr Kind daran, expansiv zu werden, andere Menschen kennen- und liebenzulernen: Sie hält das Kind an sich. Auf eine entsprechende Frage wird sie antworten, daß es die übergroße Liebe zum Kind sei, die sie veranlaßt, einen so engen Kontakt mit ihm einzugehen, daß die Umwelt stark zurücktreten muß. Eine genauere psychologische Analyse kann jedoch ergeben, daß die Mutter besitzergreifende Gefühle hat und daß sie infolge eigener Lebensangst das Kind an sich kettet. Was als Liebe ausgegeben wird, kann Anklammerungstendenz sein, die die Lebens- und Entwicklungsfreude des Kindes drosselt.

Ein anderes Beispiel: Ein eifersüchtiger Mensch wird von sich behaupten, daß er seinen Partner über alle Maßen liebt. Nur darum kontrolliert er dessen Tun, fordert von ihm Rechenschaft für verspätete Heimkehr, macht Szenen, weint und klagt an, fordert und stellt Bedingungen. Merkwürdigerweise empfindet der betroffene Partner das Gebaren des Eifersüchtigen gar nicht als Liebe: Er wird im Gegenteil von Herrschsucht, Launenhaftigkeit, Mißtrauen, Lebensangst und Streitsucht sprechen. Wer hat recht? Sicherlich ist auch der eifersuchtskranke Mensch kein wahrhaftig Liebender. Er glaubt immer, belogen und betrogen zu werden; sein Pessimismus hinsichtlich liebevoller Beziehung ist allein schon ein Argument gegen sein angebliches Liebhaben. Der Eifersüchtige kann nur bedingt lieben; oft kann er besser streiten als um Liebe werben. Auch hier wieder ist Anklammerungstendenz und Kontrollzwang im Spiel – und das alles maskiert sich als Liebe.

Junge Menschen wählen meist einen Partner nach ihrem Geschmack. Sie können hierbei auf hartnäckige Opposition bei den Eltern stoßen, die wiederum »aus Liebe« diese oder jene Mesalliance verbieten wollen. Es ist im Einzelfall zu überprüfen, welche Argumente die Eltern gegen eine bestimmte Partnerwahl haben: Sie sind nicht immer im Unrecht, wenn sie gegen die Wahl ihres Kindes Bedenken äußern. Aber in vielen Fällen ist es offenkundig, daß Lebensangst, Vorurteil, Standesdünkel, Herrschsucht usw. der Ursprung unerquicklicher Streitigkeiten sind, in denen einem jungen Menschen eine Liebeswahl aufgezwungen oder ausgeredet werden soll.

Auch in der Politik ist von der Liebe die Rede. Politiker besitzen »Vaterlandsliebe«, so heißt es, oder »lieben *ihr* Volk«. In Zeiten des Wahlkampfes und der Krisenpolitik beteuern sie noch nachdrücklicher diese Liebe – wie steht es damit?

Ein großer Liebender dieser Art soll zum Beispiel Adolf Hitler gewesen sein. Schon bei seinem Putsch im Jahr 1923 betonte er vor Gericht, daß nur die übergroße Vaterlandsliebe seine Revolte ausgelöst habe: Die nationalkonservativen Richter glaubten ihm dies und verurteilten ihn zur milden Festungshaft von fünf Jahren, von denen er nur neun Monate absitzen mußte. Später wurde die »Liebe des Führers zu allen Volksgenossen« durch die NS-Propaganda verbreitet. In Zeiten der Machtausweitung des Dritten Reichs sind viele Deutsche dieser progagandistischen Beeinflussung erlegen. Man glaubte tatsächlich, daß der Führer Tag und Nacht für Deutschland sorge und sonst nichts anderes im Kopf habe. Aber ob der größenwahnsinnige Diktator überhaupt *einen* Menschen – geschweige denn sein Volk – geliebt hat? Spätestens nach Stalingrad war für jeden zu erkennen, daß der Krieg nicht mehr zu gewinnen war. Gleichwohl wurde der Kampf weitergeführt und kostete Millionen von Menschen das Leben. Jeder Monat vorzeitigen Friedensschlusses hätte unzähligen Menschen das Leben gerettet. Aber der »große Liebende« führte »seinen Krieg« weiter und verheizte noch Hunderttausende seiner »geliebten« Deutschen, um sich zuletzt mit dem paranoiden Ausspruch: »Das deutsche Volk hat sich meiner nicht als würdig erwiesen!« aus der Affäre zu ziehen. Hätte man mehr politische Menschenkenntnis gehabt, so hätte man wohl auch gewußt, daß ein fanatischer Hasser niemanden liebt – auch sich selbst nicht. Der blutrünstige Demagoge sprach sich offen über seine Ziele und Anschauungen aus; hätte man psychologisches Gehör gehabt, so hätte man gewußt, daß Hitler Vernichtung und Selbstvernichtung bedeutete.

Unsere Diagnostik der echten und unverfälschten Liebe liegt demnach sehr im argen. Offenbar wissen wir noch gar nicht, auf welche Zeichen und Symptome wir achten müssen, um wirkliche von falscher Liebe zu unterscheiden. Wieviel Kummer im privaten und öffentlichen Leben könnten wir uns ersparen, wenn wir schnell durchschauen würden, wer nur von Liebe spricht und wer sie wirklich meint! Die Magie der Worte blendet uns noch allzusehr. Wir trauen den Beteuerungen, die uns zwar Liebe verheißen, aber im

Grunde nur leere Versprechungen sind. Wir alle sollten Diagnostiker der Gefühle werden. Nur so kann das zwischenmenschliche Leben an Tiefe und Gehalt gewinnen. Wir würden lernen, einander zu verstehen, und dies würde uns erleichtern, einander zu lieben. Auch könnten wir vermeiden, Liebe dort zu suchen, wo wir sie nie erhalten werden. Alle Menschen sehnen sich nach Liebe, aber das muß uns nicht dazu verleiten, blindlings in unser eigenes Unheil zu laufen. Gerade weil die Liebe so großartig und so wichtig für unser Leben ist, können wir es uns nicht leisten, uns hierüber Illusionen zu machen.

Da die Menschen nicht wissen, was wirkliche Liebe ist, kann man auch ihr eigenes Zeugnis nicht dazu verwenden, um die Liebe von ihren Imitationen zu unterscheiden. So kommt es etwa zu Partnerschaften trotz Widerstrebens des einen Partners, wenn der andere hoch und heilig beteuert, daß er sich das Leben nehmen werde, wenn man seine Wünsche nicht erfülle. Das naive Gemüt des umworbenen Partners ist zutiefst beindruckt durch ein solches Übermaß an »Zuneigung«; wer sich bei Abweisung seiner Liebeswerbung umbringen will, muß doch schon sehr »verliebt« sein. Überraschenderweise erweisen sich dann derartige Liebhaber oft als sehr schlechte Partner; mitunter entpuppen sie sich als herrschsüchtig, nachtragend, lieblos, überempfindlich und ichhaft. Der Laie steht vor einem Rätsel; der Kenner der Menschenseele hätte dies jedoch voraussagen können. Wer seine Liebe mit Suiziddrohungen ankündigt, ist ein Tyrann. Liebe sollte immer gewaltlos sein. Die Forderung: »Du mußt mich lieben, sonst töte ich mich!« ist nackte Gewalt. Sie erpreßt den anderen, der in seiner (masochistischen) Gutmütigkeit glaubt, keine andere Wahl zu haben, als eben den so »besinnungslos Liebenden« lieben zu müssen. Wahre Liebe jedoch würde niemals den anderen bezwingen wollen. Daher lassen sich nur Masochisten durch Selbstmorddrohungen eine Liebe suggerieren, die sich bei näherem Zusehen als ihre eigene Unterwerfung erweisen wird. Schon die Ouvertüre einer solchen Werbung kündigt an, was man hernach in der Partnerschaft zu erwarten hat.

Man darf also nicht viel darauf geben, was die Menschen selbst über ihre Gefühlszustände sagen. Dieser oder jener wird in höchsten Tönen seine Liebe zur geliebten Person anpreisen – eine genauere Untersuchung kann aber ergeben, daß er lediglich unter sexueller Not leidet, sich einsam fühlt, wieder einmal einen Erfolg im Liebesleben haben will oder sich sonstwie über seine emotionale Verfassung täuscht. So kann etwa ein Masochist jauchzen und jubeln, wenn er –

nach langem und frustrierendem Herumsuchen – endlich seine Sadistin findet (und umgekehrt). Alle Gefühle und Affekte sind aufgewühlt, weil man endlich seine Charakterpathologie an einem Du ausleben kann und sich nicht mehr mit einsamen Phantasien zufriedengeben muß. Aber das Zusammenleben zeigt bald, daß weder der Masochist noch der Sadist zu einer schönen und gleichmäßigen Beziehung fähig ist. Es ergibt sich bald das »sadomasochistische Tauzerren«, wobei beide Seelen am Ende eines dünnen Seiles zu hängen scheinen, und jeder der Beteiligten seine Freude daran hat, am Gemüt des anderen herumzuzupfen oder brutal zu reißen, wobei man das sich wechselseitig zugefügte Leid in kurzfristigen Versöhnungen immer wieder übertönt.

Auch Casanova fühlte sich als großer Liebender, weil ihn jeweils die Frau, die er gerade begehrte, bis zur Raserei zu erregen pflegte. Wenn er sie jedoch »besessen« hatte, pflegte der Reiz erstaunlicherweise rasch abzunehmen. Offenbar war für den großen Verführer der Sieg über die Frau hauptsächlich eine Bestätigung seiner eigenen Männlichkeit. In diesem Theater der männlichen Selbstvergottung kommt der Frau jeweils nur eine Statistenrolle zu. Sie soll die magische Anziehungskraft dokumentieren, die der »Casanova« auf die Frauen auszuüben wünscht. – Noch deutlicher ist dieser Zusammenhang bei Don Juan, dessen Interesse an der Partnerin schon erlosch, wenn diese zur Hingabe bereit war. Hier ist mit den Händen zu greifen, daß der patriarchalische und im Grunde puritanische Mann sich nur beweisen will, »daß man alle Frauen haben kann«: Gelingt ihm dies, dann ist sein männlicher Stolz bestätigt und seine Leporelloliste um ein weiteres Opfer bereichert.

So scheint es zahllose Fälschungen des Liebesgefühls zu geben, und man könnte beinahe daran verzweifeln, wenn man unter diesem Wust nach der echten Liebe suchen soll. Aber ein Thema, das von Plato bis Freud das Nachdenken so kluger und geistvoller Menschen beflügelt hat, kann nicht einfach ad acta gelegt werden. Es muß doch wohl möglich sein, Sinn und Bedeutung der Liebe zu enträtseln, wie es auch möglich sein muß, faßbare Einsichten über die Natur des Menschen zu gewinnen.

Der Psychotherapeut hat oft Gelegenheit, verschiedene Formen des Liebens und des Geliebtwerdens sozusagen unter dem Mikroskop zu studieren. Im Verlauf einer mehrjährigen Psychotherapie lernt man die Patienten bis in ihre feinsten Seelenregungen kennen. Man kann auch bei einiger Aufmerksamkeit und Sensibilität Liebesgeschichten bis in ihre geheimsten Motivationen beobachten. Dabei

ergeben sich sehr interessante Befunde. Alle Formen des gesunden und kranken Liebeslebens müssen hierbei in Betracht gezogen werden.
Wenn man in der seelenärztlichen Behandlung sehr viele Menschen erlebt hat, die nicht oder nicht gut lieben können, so erwirbt man mit der Zeit ein Strukturwissen hinsichtlich der liebesfähigen und der liebesunfähigen Menschen. Struktur bedeutet, daß im Seelenleben Teil und Ganzes immer aufeinander bezogen sind; alles Seelische erscheint in Form von Strukturen, das heißt Ganzheiten, die gesetzmäßig bestimmte Teile aufweisen, die sinngemäß zueinandergehören. Man findet etwa bei der Struktur »Liebesfähigkeit« folgende weitere Eigenschaften und Eigenschaftskomplexe: Geduld, Wohlwollen, Freude und Befriedigung an der Arbeit, Offenheit, Lebensmut, Selbstachtung, Verstehen, Sozialinteresse, Aufgeschlossenheit, Angstfreiheit, Kommunikationsbereitschaft, Heiterkeit, affektive und emotionale Stabilität, Zuversicht, gutes Körperverhältnis, Hilfsbereitschaft, Solidarität, Kontaktfreude usw.
Bei den Liebesunfähigen fallen folgende Strukturmerkmale auf: Angst, Mißtrauen, Herrschsucht, gesteigerte Minderwertigkeitsgefühle, Negativismus, Verschlossenheit, Egozentrik, gestörtes Körperverhältnis, Unsicherheit, wenig Toleranz und Einfühlung, mangelnde Umgänglichkeit, starke Affektbereitschaft (Launen), emotionale Distanz usw.
Bei diesen Beobachtungen wird offenkundig, daß Liebenkönnen und sein Gegenteil durchaus *charakterbedingt* sind. Es ist eine bestimmte Charakterbeschaffenheit, die es ermöglicht oder verhindert, Liebe zu geben und zu nehmen. Daher muß die Analyse der Liebesthematik überleiten zum Problem der Charakterkunde, das durch die Tiefenpsychologie eine großartige Klärung erfahren hat.
Welche Charaktere dürfen als liebevoll und liebesfähig bezeichnet werden? Aus welchen Gründen erreichen so wenige Menschen unserer Kultur diesen Status? Wo liegen die individuellen und kollektiven Quellen der weitverbreiteten Liebesunfähigkeit?
Wir wollen nicht mehr auf die psychoanalytische Libidotheorie der Charakterentstehung zurückkommen, die wir weiter oben schon dargelegt haben. Aber die Psychoanalyse hat uns gezeigt, daß Reifwerden und Liebenkönnen wesensidentisch sind. Alle psychopathologischen Fehlentwicklungen – von der Charakteranomalie bis zur Neurose, von der Perversion bis zur Süchtigkeit, von der Delinquenz bis zum Autoritarismus usw. – beruhen auf einem Reifeman-

gel und daraus entspringender Liebesunfähigkeit. Das verminderte Liebenkönnen ist daher oft das prägnanteste Symptom einer gescheiterten Gesamtentwicklung des Seelenlebens.
Man muß immer auf die Erziehung verweisen, wenn man die Liebesunfähigkeit der Menschen begreiflich machen will. Wer etwa unter dem Einfluß verwöhnender Erziehung herangewachsen ist, wird Liebe zumeist als Verwöhntwerdenwollen mißverstehen. Er mißt seinen Partner daran, ob dieser ihn so verhätschelt, wie dies etwa die Mutter getan hat. Regungen von Eigenständigkeit und auch persönliche Ansprüche werden beim Liebespartner als Egoismus mißdeutet; der Partner soll ganz für den ehemals Verzärtelten leben, ansonsten ist er eben kein »wahrhaft Liebender«.
Auch lieblos erzogene Menschen können sich in die Wirklichkeit der Liebe nicht hineinfinden. Da sie als Kind eine kalte und herzlose Atmosphäre erlebt haben, sind sie mißtrauisch, überempfindlich, übelnehmend, reizbar und latent oder manifest aggressiv. Sie projizieren das Unglück ihrer Vergangenheit in ihre Gegenwart hinein, die auch bei günstigen Bedingungen mit der Zeit via Wahrnehmungsverfälschung verdüstert werden kann. Zuletzt kommt es zu der sich selbst erfüllenden Prophezeiung: Wer beim Partner immer Lieblosigkeit vermutet, benimmt sich so unfreundlich, daß dieser tatsächlich mit der Zeit Lust und Liebe verliert. Nun hat man die Bestätigung des gefürchteten Zustandes, weiß aber nicht, daß man selbst Schmied seine Schicksals war.
Jeder sucht und findet in seiner Partnerschaft unbewußt das Milieu seiner Kindheit wieder. Man steht gleichsam unter Wiederholungszwang, alle Schmerzen und Tragödien des Kinderlebens am Partner nochmals durchleben zu müssen. Die Erinnerungsbilder an alle emotional bedeutsamen Bezugspersonen der Kinderjahre stellen sich störend zwischen die beiden Partner, die das Rätsel nicht lösen können, weshalb die so hoffnungsfroh begonnene Beziehung mit der Zeit in einen Zweikampf gegen Gespenster und Schattengestalten ausartet.
So wird die Liebesfähigkeit erst errungen, wenn man die Probleme und Konflikte der Kindheit, die noch in uns allen lebendig sind, gleichsam aufarbeitet, das heißt sich bewußtmacht und auf diese Weise auch in den Griff bekommt. Dann erst eröffnet sich uns der Lebensraum der Liebe, der zuvor durch unsichtbare Mauern verschlossen schien. Liebe erfordert eine Neu- und Umerziehung jener, die ihrer teilhaftig werden wollen; die Schönheit des Liebeserlebnisses fällt uns nicht in den Schoß wie ein reifer Apfel: Sie muß

durch ein hohes Maß von *Selbsterziehung*, meist unter Anleitung des Seelenarztes, erkämpft werden.
Man wird auch den Irrtum korrigieren müssen, mit dem manche ihre Lebenszeit vertrödeln, indem sie meinen, sie könnten herrlich und in Freuden leben, wenn nur der geeignete Partner gefunden werde. Nun ist die Suche nach einem guten Partner sicherlich ein mühevolles und ernstes Geschäft: Nicht jeder paßt zu jedem, und bis die sinnvolle Ergänzung inmitten der Zufälle aller Begegnungen herausgespürt wird, kann schon Zeit ins Land gehen. Aber meistens wird hier ein Problem nach außen verlagert, das eigentlich im Innern eines Menschen steckt: Der wirklich Liebesfähige sucht so lange und so zielbewußt, bis er den richtigen Partner findet. Neurotische Menschen jedoch, die unter dem Eindruck frühkindlicher Verwöhnung stehen, leben unbewußt nach der Maxime, daß ihnen die Vorsehung (sprich: die Eltern oder ihr magisch-mystisches Derivat) den richtigen Partner bringen müßte. Höchst wählerisch zu sein (»Nichts und niemand ist mir recht!«) kann auch den Versuch bedeuten, dem Partnerschaftsproblem überhaupt zu entrinnen; wer Angst vor Beziehung hat, kann einfach die Ansprüche so hoch und so irreal formulieren, daß kein leibhaftiger Mensch ihnen genügen kann. Dann scheint man Pech zu haben; in Wirklichkeit will man gar keine Beziehung, weshalb die Realität so karg und unergiebig erscheint. Wer also nie den »idealen Partner« findet, sollte wissen, daß er selbst überhaupt kein Partner ist: Das eigene unsoziale Gemüt verhindert zielstrebig jedes Engagement, wo man nicht nur träumen und hoffen, sondern wirklich lieben müßte. Ein liebender Mensch findet immer jemanden, den er lieben kann; und wer nicht liebt, wird auch unter Engeln sehnsuchtsvoll nach *der* idealen Partnerin suchen.
Erich Fromm hat in seinem Buch *Die Kunst des Liebens* (1956) die richtige Auffassung vertreten, daß Liebe eine aktive Leistung des Menschen darstellt. Liebe ist eine »Antwort auf die Fragen des Lebens«, und zwar eine gute Antwort. Das Individuum nimmt hierbei mit der ganzen Kraft seiner Person Stellung zum Problem des Isoliertseins und findet eine Lösung, die ein Einssein mit einem Du, mit den anderen Menschen überhaupt ermöglicht, ohne die eigene Individualität preiszugeben. Liebe ist somit Treue zu sich selbst und zugleich auch Hingabe.

In der Liebe ereignet sich das Paradox, daß zwei Menschen eins werden und doch zwei bleiben.[37]

Der Gesichtspunkt, daß Liebe eine aktive Leistung des Subjekts und auch ein Geben ist, verdient genauere Beachtung. Dieses Geben soll nicht so sehr materielle Dinge und Gaben der Verwöhnung betreffen. Der wahrhaft Liebende

> [...] gibt von seiner Freude, von seinem Interesse, von seinem Verständnis, von seinem Wissen, von seinem Humor und von seiner Traurigkeit – kurz, von allem, was in ihm lebendig ist. Und dadurch, daß er von seinem Leben gibt, bereichert er den anderen, steigert er das Lebensgefühl des anderen in der Steigerung des eigenen Lebensgefühls.[38]

Meist ergibt sich aus der echten Hingabe beim Empfangenden auch eine Gebefreudigkeit, die auf den ersten Geber zurückwirkt. So stimuliert eine Lebendigkeit die andere. Die im Sexuellen so intensiv angestrebte *Potenz* muß zuerst im Gefühlsleben als Kraft erwachen; ist sie dort vorhanden, so kann sie mühelos auch in der sexuellen Situation zustande kommen.

Fromm beobachtet in der Liebe die vier Grundtendenzen der Fürsorge, der Verantwortlichkeit, des Respekts und des Wissens. Mit Recht weist er darauf hin, daß alle Leidenschaft bodenlos ist, wenn sie nicht einigermaßen von diesen Merkmalen der seelischen Reife getragen ist. Es gibt im Grunde nur eine Charakterstruktur, die *lieben kann*: der sogenannte genitale oder produktive Charakter im Sinne der Psychoanalyse.

Freuds Auffassung der Liebe ist allerdings stark verdunkelt durch seine materialistische Betrachtungsweise. Die Psychoanalyse behauptet u.a., daß Liebe »nur sublimierte Sexualität« sei. In dieser Lehre wird demnach der Sexualtrieb als primäre Kraft angenommen – alles übrige Seelische muß definitionsgemäß aus ihm abgeleitet werden. Damit wird die Liebe degradiert zu einem bloßen Ableger rein sexueller Strebungen. Wenn danach der Trieb durch Kultur und Erziehung gehemmt wird und Aufschub der Befriedigung erlernt, verwandelt sich durch eine geheimnisvolle Alchimie das sinnliche Begehren in psychische Zuneigung. Schon Max Scheler hat in *Wesen und Formen der Sympathie* (1912) die Bemerkung gemacht, daß diese These durch kein überzeugendes Faktum gestützt werden kann. Wir wissen lediglich, daß es sexuelle, zärtliche und wertorientierte seelische Strebungen gibt; aber alle sind mehr oder minder gleich ursprünglich im Seelenleben. Im Gegenteil: Man kann sogar mit Fug und Recht behaupten, daß die Entwicklung des Kleinkindes den Gedanken nahelegt, daß die Zärtlichkeit und die rein emotionale Verbindung das Primäre ist. Der Sexualtrieb erwacht bekanntlich später, so daß er immer in die Bahnen einmündet, die das Zärtlichkeitsstreben und das Wertempfinden beim Heranwachsenden bereits vorgezeichnet haben. Man hat demnach die Sexualität, die zu den tieferliegenden Gefühlen und Werthaltungen paßt; anders ausgedrückt – etwa im Sinne der Adlerschen Kritik an der Libidotheorie (in: *Heilen und Bilden*, 1914) –, bestimmt der Charakter die Modalität des Liebeslebens und nicht etwa die Sexualität den Charakter.

Wir möchten mit Adler die Meinung vertreten, daß das ganze Geheimnis des Liebenkönnens in der Entfaltung des Sozialinteresses, des Gemeinschaftsgefühls, der mitmenschlichen Verbundenheit liegt. Aber das Lieben muß im frühen Kindesalter gelernt werden. Es zeigt sich zunächst – bei guter Pflege, emotional ausreichender Zuwendung, ermutigendem Umgang usw. – im Lebensmut des Kindes, in seinem Wachsen- und Werdenwollen. Kinder, die richtig essen und schlafen, sich für ihre Umwelt interessieren, gut sprechen und zuhören lernen, soziales Verhalten ihrer Eltern nachahmen, haben die ersten Ansätze des Sozialinteresses erworben. In dieser Richtung liegen auch Spielen- und Lernenkönnen, gute Umgangsformen, Offenheit, Eifer und Aufmerksamkeit für die kleinen Pflichten und Beitragsleistungen, die es schon in der Kindheit gibt und geben soll. Das wohlerzogene Kind, das nicht mit dem Musterkind und dem Dressurprodukt verwechselt werden darf, lernt Mitspielen im Spiel des Lebens. Daher wird es meistens in der Schule erfolgreich sein, einen ihm angemessenen Beruf wählen und auch in seinem sonstigen Gebaren die Erfordernisse des sozialen Lebens im Auge behalten. Aus der gut geförderten Kooperationsfähigkeit (social skill) erwächst später Liebesfähigkeit, denn auch die Liebe ist eine eminent soziale Aufgabe, in der man nicht nur an sich, sondern auch an den anderen denken muß.

Lieben ist nicht nur ein Gefühl: Lieben hat auch mit dem Erkennen zu tun. Es ist gleichsam eine Höchstleistung unserer Einsicht, wenn wir anfangen, uns selbst und unsere Mitmenschen zu lieben. Daher kann man auch sagen, daß die Hingabe an die Kultur (Kunst, Wissenschaft, politische Freiheit, philosophische Wahrheitssuche, aber auch Selbsterkenntnis und Menschenkenntnis) ein Element der Liebesfähigkeit ist. Ein geistig dumpf dahinlebender Mensch wird auch nur spärlich lieben. Da er nichts von Werten weiß, ist seine Gefühlssphäre arg verkümmert. Das Gefühl wächst nur in der Auseinandersetzung mit Werten – wer wertblind ist, hat keine Gefühle und umgekehrt. Daher ist auch alles, was unsere Erkenntnis fördert, ein Beitrag zu unserer Liebesfähigkeit; man kann nicht dumm und liebesfähig zugleich sein. Schon Paracelsus wußte:

Der, der nichts weiß, liebt nichts. Der, der nichts kann, versteht nichts. Der, der nichts versteht, ist wertlos. Der aber, der versteht, liebt und erkennt und sieht [...]. Je mehr Wissen mit einer Sache verbunden ist, desto größer ist die Liebe [...]. Wenn einer glaubt, daß alle Früchte zur gleichen Zeit reif sind wie die Erdbeeren, versteht er nichts von den Weintrauben.[39]

In seinen Meditationen *Über die Liebe* (1952) hebt Ortega y Gasset richtig hervor, daß Liebe vor allem ein Phänomen der Aufmerksamkeit sei: Wenn wir lieben, ist unsere Aufmerksamkeit in besonders hohem Maße von der geliebten Person in Anspruch genommen. Man empfindet regelrecht eine kontinuierliche Hinwendung zu ihr; der Phänomenologe Alexander Pfänder sprach davon, daß das Sein des Liebenden gleichsam ständig ausfließt in Richtung auf den Geliebten. Ortega bezeichnet die Liebe als einen Gefühlsakt, an dem er in erster Linie »eine warme, jasagende Teilnahme an einem anderen Sein um seiner selbst willen«[40] beobachtet. Man ist dauernd auf den Gegenstand der Liebe ausgerichtet; die Gedanken und Gefühle zielen auf ihn.
Ein hübsches Beispiel hierfür gibt Theodor Fontane in seinem Roman *L'Adultera* (1880). Er schildert eine Ehe, in der die Frau infolge der Plumpheit des Mannes unbefriedigt dahinlebt. Nun wird ein junger Mann als Gast des Hauses aufgenommen, in den sich Melanie – so heißt die Frau – zu verlieben beginnt. Eines der ersten unmerklichen Zeichen der Verliebtheit hat Fontane feinsinnig angedeutet. Sowohl der Gatte als auch der spätere Geliebte besuchen Melanie draußen im Freien:

Und nun erst wurde man ihrer ansichtig, und Melanie sprang auf und warf ihrem Gatten, wie zur Begrüßung, einen der großen Bälle zu. Aber sie hatte nicht richtig gezielt, der Ball ging seitwärts, und Rubehn fing ihn auf. Im nächsten Augenblick begrüßte man sich, und die junge Frau sagte: »Sie sind sehr geschickt. Sie wissen den Ball im Fluge zu fangen.«
»Ich wollt', es wäre das Glück.«
»Vielleicht ist es das Glück.«

Mit diesen Worten verständigen sich die zum Ehebruch bereits geneigte Melanie und der junge Rubehn in einer Sprache, die aus dem Unbewußten kommt und das Unbewußte des Hörers ansprechen soll. So deutet sich der erste Anflug von Liebe in einem Ballwurf an. Auch Thomas Mann hat eine ähnliche Szene in seinem *Zauberberg*

(1924) beschrieben, in der der Held Hans Carstorp von der späteren Geliebten Madame Chauchat »einen Bleistift borgt«. Es ist hierbei nicht notwendig, den Bleistift als Penissymbol zu sehen: Er ist eine Gabe, die zur Hingabe überleiten soll.
Wenn Liebe Geben und Hingabe ist, so setzt sie unweigerlich den Selbstbesitz voraus; nur wer sich selbst hat, kann sich einem anderen geben. Darum werden alle Einschränkungen der Lebensfreude wie der inneren und auch äußeren Autonomie das Individuum hindern, Liebe zu schenken und zu empfangen. Charaktereigenschaften wie Angst, Neid, Eifersucht, Trauer, Mißmut, Resignation, Verzweiflung usw. beeinträchtigen merklich die Liebesfähigkeit. Auch Schamhaftigkeit und sexuelle Hemmungen wirken in diese Richtung. Vor allem kann man eine spezifische Beziehung zwischen Liebe und Angst formulieren: Je größer die eine, um so kleiner die andere. Da Liebe ein Akt des Urvertrauens ist, steht sie in Widerspruch zu jeder Verängstigung, die den Menschen auf sich selbst zurückwirft und seine Zuneigung zu anderen drosselt.
Alles, was unfrei macht, wirkt der Liebe entgegen. Freiheit und Freude sind nun – wie wir weiter oben gezeigt haben – identisch. Es ist schon früheren Beobachtern aufgefallen, wie sehr Lieben und Sich-freuen-Können parallel laufen. Spinoza sagt in seiner *Ethik*: »Liebe ist Freude, begleitet von der Vorstellung ihrer äußeren Ursache.« Auch Leibniz sah diesen Aspekt: »Lieben bedeutet: sich freuen am Glück des anderen.« Etwas trockener formulierte es Kant: »Den Nächsten lieben heißt: alle Pflicht gegen ihn *gern* ausüben.« In Abwandlung eines Satzes von Spinoza über die Tugend könnte man sagen: »Glückseligkeit ist nicht der Lohn der Liebe, sondern die Liebe selbst!«
Wenn Hingabe Selbstbesitz erfordert, so muß auch hinzugefügt werden, daß nur der sich besitzen kann, der sich auch selbst liebt. Die Tiefenpsychologie postuliert, daß Selbstliebe und Fremdliebe nicht voneinander zu trennen sind. Daher wird ein Selbsthasser kaum je richtig lieben können. Man begreift hier, warum 2000 Jahre christlicher Predigt der Nächstenliebe so wenig *Liebespraxis* in die Welt zu setzen vermochten: Das Christentum hat in seiner Lebens- und Leibfeindlichkeit wie auch in seiner zwanghaften Tugendlehre, die großenteils Selbstvergewaltigung des Menschen ist, gar nicht die Voraussetzungen geschaffen, auf denen Liebe zum Mitmenschen erblühen konnte. Die asketische Moral – Armut, Keuschheit und Gehorsam – schuf die Basis für fanatischen Menschenhaß und Unduldsamkeit aller Art. Man kann den Menschen nicht leiblich ver-

krüppeln (Sexualtabus usw.) und dann fordern, daß er sich zu jener psychischen und geistigen Höchstleistung aufschwingt, als welche wir die Liebe betrachten. So liegt in der christlichen Liebesverkündigung ein unüberbrückbarer innerer Widerspruch. Wenn man aber die Menschen lehrt, sich selbst anzunehmen, dann ergibt sich die Liebe zum Mitmenschen fast von selbst.

Alle Formen von Selbstverneinung und Selbstvergewaltigung stören die Liebe. Auch wer die Sexualität unterdrücken will oder muß, wird so oft bei dieser unlösbaren Aufgabe frustrierende Niederlagen erleiden, daß er schließlich weder sich selbst noch andere mögen kann. Ein mit sich zufriedener Mensch ist ein besserer Liebhaber als ein Unzufriedener, Verstimmter, Unglücklicher; dies sah schon Aristoteles, der in seiner *Nikomachischen Ethik* erklärt, daß derjenige, der sich selbst liebt, gerne bei sich verweilt. Gerade das aber befähigt ihn, auch beharrlich beim Du zu bleiben. Alle Liebesunfähigen jedoch sind Flüchtlinge, entwurzelt in ihrem eigenen Innern und daher von sich selbst und von den anderen stets fortgetrieben.

In der psychotherapeutischen Praxis muß man sehr oft möglichst rasch beurteilen können, wieviel Liebesfähigkeit ein Patient hat; dies ist diagnostisch und prognostisch wichtig. Aber wie »mißt« man diese Funktion? Haben wir quantitative Kriterien für das Ausmaß des Liebenkönnens? Sicherlich nicht. Der Therapeut erfährt die Liebesfähigkeit seines Analysanden, indem er sich mit ihm in Beziehung setzt. Mittels seiner eigenen Gefühle nimmt er nun den Gefühlsreichtum oder die -armut seines Gegenübers wahr. Es kommt hier wesentlich auf die Persönlichkeit des Therapeuten an: Seine eigene Reife und Menschlichkeit ist das Maß, das er an andere anlegt. Er kann hierin nicht mehr geben, als er hat. Darum muß seine Ausbildung besonders sorgfältig und umfassend sein. Durch seine eigene Lehr- und Charakteranalyse soll der Therapeut instand gesetzt werden, über viele seiner eigenen kindheitsbedingten Engen und Begrenzungen hinauszuwachsen. Nur aus dem großen Wissen um sich selbst, um den Mitmenschen, um das menschliche Leben überhaupt kann er selbst zu einem annähernd brauchbaren *Instrument der Diagnostik und Hilfeleistung* werden, das feinstens registriert, wo ein Mitmensch noch innerlich verkümmert ist und wie man ihm aus dem Engpaß seiner Entwicklung heraushelfen kann. Therapeuten sollten nicht nur kluge, sondern auch wohlwollende, liebevolle Menschen sein.

Für die Diagnostik der Liebesfähigkeit eines Menschen gibt es viele Hilfsmittel, die allerdings nur dem psychotherapeutischen Fachmann zugänglich sind – der Laie wird viele Kleinigkeiten, aus denen der Experte weitreichende Schlüsse zieht, entweder nicht beachten oder falsch interpretieren. Daher ist eine Aufzählung der diagnostisch gehaltvollen Fakten an sich nicht sehr nützlich; man braucht das geschulte Auge oder Ohr sowie den geschulten Verstand, um derlei im psychotherapeutischen Gespräch ausfindig zu machen. Wir erwähnen lediglich, daß jede Ausdrucksbewegung für den Kenner »Bände spricht«. Die Liebesfähigkeit eines Menschen zeigt sich an seiner Stimme, an seiner Mimik, an seiner Körperhaltung, an seinen Bewegungen (auch an der Handschrift!), an seiner Wortwahl (Sprachschatz) und an seinem ganzen Gebaren. Sodann wird sie sichtbar an der Art, wie er sich zu den von Adler so genannten *drei Lebensaufgaben* (Arbeit, Liebe und Gemeinschaft) stellt. Der wahrhaft soziale Mensch löst diese drei Aufgaben in einer sozial produktiven Weise, also in einer Form, die ihm selbst und seinen Mitmenschen zur Entfaltung verhilft.

Auch die Lebensgeschichte eines Menschen, verstehend durchleuchtet und aufgerollt, wird zum Indikator seiner Beziehungs- oder Liebesfähigkeit. Der Beziehungsunfähige hat einen anderen Lebenslauf als derjenige, dem Mitmensch und Kultur Daseinsinhalt bedeuten.

Wenn der Therapeut seinen Analysanden verstehen will, so bedarf er dessen, was Nicolai Hartmann »den liebenden Blick« genannt hat. Er muß über den Ist-Bestand der fremden Persönlichkeit hinaussehen können zu deren Möglichkeiten. Nur dann erfaßt er den ganzen Menschen und kann diesem auch zu seiner Ganzwerdung verhelfen. Hierüber sagt Hartmann:

> Persönliche Liebe entdeckt in der empirischen Persönlichkeit die ideale. Wie sie im Hinstreben und Hinleiten auf das ideale Ethos des Geliebten dieses erst verwirklicht und in den Grenzen ihrer Kraft gleichsam erst erschafft, so muß sie eben dazu jenes sein Ethos erst erfaßt haben, und zwar erfaßt im Gegensatz zur gegebenen empirischen Person. Die Antizipation des Idealen geht, hier wie überall, der Realisation voraus. Das schöpferische Werk der Liebe erfolgt im Erkennen und wirkt in ihm nach. Alle Erfüllung und alles Hochgefühl der Erfüllung beruht schon auf der durchdringenden Erkenntniskraft des liebenden Blicks.[41]

Es bleibt uns nun noch übrig, die oben gegebenen Hinweise detaillierter mit der psychotherapeutischen Praxis zu verknüpfen. Wie stellt sich dem Therapeuten die Liebesthematik dar?

Freud hat dieses Problem u.a. unter dem Begriff »Übertragungsliebe« abgehandelt. Bekanntlich entsteht fast immer in der Psychotherapie eine tiefgreifende emotionale Beziehung zwischen Arzt und Patient. Der Patient richtet sowohl freundliche als auch unfreundliche Gefühle auf den Therapeuten, wobei sich dies bis zu Liebe und Haß steigern kann. Freud hat gesehen, daß dies nicht einfach ein Störungsfaktor der Behandlung ist. Am Übertragungsgeschehen erkennt man die Problematik des Patienten mit besonderer Deutlichkeit, weil man als Arzt darin regelrecht einbezogen ist; es entwickelt sich eine Übertragungsneurose, in der die meisten krankhaften Einstellungs- und Verhaltensmuster in vivo direkt erlebt und auch korrigiert werden können. Indem der Analysand seinen Helfer mit bedeutsamen Bezugspersonen seiner Kindheit offensichtlich vermischt und verwechselt, kann er sich seiner emotionalen Optik bewußt werden und sich hieran selbst erkennen. Dies gelingt aber nur, wenn der Therapeut seinerseits sich auch der Übertragungsgefühle bewußt wird. Auch er überträgt Gefühle auf seinen Gesprächspartner, die genau kontrolliert und verarbeitet werden müssen.

Freuds Darstellung ist noch recht mechanistisch und bedarf wesentlicher Ergänzungen. Viele Autoren sind der Meinung, daß die Übertragungsliebe des Patienten keineswegs nur als Reminiszenz (Wiederaufflackern) uralter Kindheitsgefühle erklärt werden kann. Der Analysand macht doch am Therapeuten die wichtige Erfahrung eines verstehenden und wohlwollenden Menschen, die er ein Leben lang vermissen mußte: Warum sollte er da nicht echte und unverfälschte Sympathiegefühle entwickeln können? Die Übertragungsliebe ist daher wohl nicht unbedingt ein neurotisches Phänomen; sie ist – teilweise – auch Ausdruck der noch vorhandenen psychischen Gesundheit, der Hoffnung auf Besserung des Zustandes und zukünftiger Nähe zum Menschen. Man würde diese Gefühle des Patienten entwerten, wenn man in ihnen nur Selbsttäuschungen sähe und wenn der Therapeut gemäß orthodox-psychoanalytischer Vorschrift »kühl und unbeteiligt wie ein Spiegel« bleiben würde.

Beide Protagonisten des Therapievorgangs wirken emotional aufeinander. Der Patient sucht Hilfe und Förderung und ist glücklich, wenn er diese findet. Der Therapeut will Hilfe geben und findet sein Glück darin, wenn er dies kann. Aber beide Beteiligten lernen dabei auch einander mögen; es ist kein Wunder, wenn sie im Lauf der Zeit einander auch durch Sympathie verbunden sind. Und dem Therapeuten tut das Wohlwollen seines Analysanden ebenso gut wie dem Analysanden das Verstehen und die Freundlichkeit des Analytikers. So hat man auch schon mit Recht gesagt, daß in der

Therapie *beide Beteiligte einander heilen.* Wir müssen uns nicht genieren, wenn wir feststellen, daß dies im Medium der Liebe geschieht.
Scheler definierte Liebe als »die Bewegung vom niederen Wert auf den höheren Wert hin«. Dies bestätigt die Psychotherapie. Bildlich gesprochen kann man es so ausdrücken, daß der Patient in die Therapie mit fixierter Blickrichtung einsteigt: Er sieht nur die niederen Werte. Die Übertragungsliebe jedoch löst seine Erstarrung und weitet seinen Gesichtswinkel: Er lernt nach oben und vorne schauen! Sein reicher und lebendiger werdendes Gefühl erschließt ihm eine Welt neuer Werte.
Die neuen Werterfahrungen sind aber auch mit einer innigeren Nähe zum Menschen und zu sich selbst verkoppelt. Wahrscheinlich kommen sie überhaupt erst zum Tragen, weil der Patient mehr Selbst- und Menschenkenntnis gewinnt und mit Therapeut und Gruppe in wohltuenden Gefühlsaustausch tritt. Erkennen *und* Lieben, Fühlen *und* Werten sind für uns immer nur eines; das Therapieerlebnis wirkt deshalb heilsam, weil es den Menschen emotional ergreift und damit einen inneren Aufschwung einleitet.
Was können nun aber Therapeut und Gruppe tun, um die Liebesfähigkeit des Patienten, die seit der Kindheit verschüttet ist, in Funktion treten zu lassen? Die Antwort auf diese Frage scheint einfach zu sein: Wer einen anderen zum Lieben veranlassen will, möge ihn selbst zunächst einmal liebhaben. Liebe erzeugt Liebe: So ist es in der Kindheit; im Erwachsenenleben ist es nicht anders. Dies haben wir bereits angedeutet, als wir für die Übertragungsproblematik echtes Gefühlsengagement auch von seiten des Therapeuten forderten. Auch haben wir schon darauf hingewiesen, daß der Therapeut ein liebesfähiger Mensch sein muß.
Zusätzlich zu all dem empfehlen wir dem Patienten, daß er sich in den Therapeuten und die therapeutische Gruppe regelrecht verlieben soll. Wir scheuen uns nicht davor, ihm die größten Hoffnungen auf seine Genesung dann zu machen, wenn er bereit ist, ein wenig Liebe (Sympathie, Geduld, Hoffnung) für den Analytiker aufzubringen, selbst wenn ihm dies wegen seiner Neurose schwerfällt.
Aber warum soll der Analysand seinen Analytiker lieben? Vielleicht ist der Therapeut nicht sein Typ? Vielleicht hat er Lebensgewohnheiten, Ansichten, Verhaltensweisen, die dem Patienten gar nicht gefallen können? Lieben ist bekanntlich mehr als eine Geschmackssache.

Solche Einwände tauchen in vielen Behandlungen auf. Es werden ästhetische, weltanschauliche, wissenschaftliche und auch rein gefühlsmäßige Kriterien an den Therapeuten angelegt, wobei er – je nach Maßstab – mitunter schlecht abschneiden kann. Man soll solche Argumente nicht allzu rasch als *Widerstand* abtun. Manchmal hat der Analysand mit seiner Kritik (zumindest teilweise) recht. Aber man darf auch darauf hinweisen, daß der Patient es so in der Hand hat, die Therapie jederzeit torpedieren zu können. Er soll aus den Mängeln und Unzulänglichkeiten des Arztes keine Staatsaffäre machen, sondern versuchen, seinen Gesprächspartner zunächst einmal zu akzeptieren. Etwas Ähnliches wird ja auch vom Therapeuten und von der Gruppe verlangt. Denn auch der Patient ist kein Übermensch, und dennoch will man ihn verstehen und ihm Sympathien entgegenbringen.

Trotz dieser Überlegungen muß man sich aber auch im klaren sein, daß die Therapie hohe Anforderungen an den Therapeuten stellt. Er kann nicht mit dem Argument der allgemeinen menschlichen Unzulänglichkeit alle seine eigenen Untugenden und Schwächen entschuldigen. Ein gewisses *Wertgefälle* zwischen Arzt und Patient muß in solchen Behandlungen bestehen: Der Analytiker muß ein Stück weit vorbildliche Persönlichkeit sein. Denn da nur der höhere Wert Liebesgefühle auslöst, würde die analytische Kur ihrer stärksten Antriebskraft beraubt, sofern der Therapeut weder bewunderns- noch liebenswert ist. Daher ist es nicht zuviel gesagt, wenn wir verlangen, daß der Therapeut durch seine Wesensart (Charakter), sein Wissen und Können, seine menschliche und moralische Grundhaltung durchaus *beeindruckend sein muß*. Wir reden hier nicht von Schauspielerei: es geht hier um echte Menschlichkeit, oder offener gesprochen: um *seelische Größe*.

Psychotherapie ohne seelische Größe des Therapeuten ist eine fragliche Angelegenheit. Denn nur indem der Therapeut durch sein Leben und Wirken »hohe Werte« repräsentiert, kann er intensive Gefühle der Zustimmung, Begeisterung, Freude und Liebe bei seinen Ratsuchenden auslösen. Es ist zu hoffen, daß die Therapeutenausbildung, die derzeit noch im argen liegt, besser wird, daß sich nicht moralisch haltlose Persönlichkeiten, Geschäftemacher und Kurpfuscher in diesen schwierigen und anspruchsvollen Beruf verirren. Der Analytiker kann seinen Analysanden nur so hoch heben, wie er selbst steht: Also muß er sich in seiner Schulung – und dann noch in einer lebenslänglichen Selbstschulung und Selbsterziehung – intellektuell und emotional in eine Position bringen, wo er von einer gewissen *Höhe der Menschlichkeit* zu den Fragen des Lebens und der Gemeinschaft Stellung beziehen kann.

Dann erst kann Psychotherapie ethische Praxis werden, nämlich Psychagogik (Seelenführung). Es geschieht hierbei eine Existenzmitteilung im Sinne von Kierkegaard, die weit über das verbale Miteinander-Reden hinausreicht. Daher hat man das Analytiker-Analysand-Verhältnis auch schon mit der Beziehung Lehrer – Schüler, Meister – Jünger verglichen: Die Vergleiche treffen nicht ganz zu, aber sie relativieren die zumeist angetroffene Meinung, daß der Therapeut Arzt wie jeder andere Arzt sei und daß sich sein Patient von ihm behandeln lassen könne, wie man sich eben von Ärzten behandeln läßt. Diese Auffassung wäre einseitig und irrig. In der Psychotherapie geht es um mehr als nur Symptom- oder Krankheitsheilung. Es geht, wie wir darlegten, um die Entfaltung der Persönlichkeit, um Entwicklung und Reife der Person, um *Selbstwerdung*.

Damit ist ein Stichwort gegeben, das neue Rätsel sichtbar macht. Wenn Psychotherapie den Ehrgeiz hat (und sie muß ihn haben!), den Menschen zu sich selbst zu führen, also gleichsam ihn zu jener Bestimmung hinzuführen, die ihm durch seine Natur gegeben ist, dann muß sie auch mit der Frage konfrontiert werden, was denn diese Natur des Menschen sei. Ohne Beantwortung dieser Fragestellung bleiben die letzten Ziele der therapeutischen Einwirkung undurchsichtig. Daher werden wir im letzten Kapitel jene Probleme aufrollen, bei denen sich Tiefenpsychologie und philosophische Anthropologie, Psychotherapie und philosophische Ethik auf gemeinsamen Arbeitsgebieten zusammenfinden.

Die menschliche Natur

Alle Fragen der Ethik und der Tiefenpsychologie laufen an dem einen Punkt zusammen, wo sich das Problem der Natur des Menschen stellt. Was ist die Eigenart des Menschen unter den anderen Lebewesen? Welche Seinsverfassung hat er gegenüber Pflanze und Tier und der unbelebten Welt? Welche Eigentümlichkeiten des Menschen müssen namhaft gemacht werden, damit seine Existenzweise begreiflich wird? Was ist der Mensch, den wir in seiner seelischen Krankheit und Gesundheit studieren und dessen Leben wir auf eine zu realisierende Wertwelt beziehen?

Nach der Natur einer Sache fragen heißt immer das für sie entscheidend Charakteristische ins Auge fassen. Dies müssen wir auch bei unserer Fragestellung genau beachten. Wir werden einen ganzen Katalog von Eigenschaften des Menschen herausstellen, aber alle unsere Beschreibungen werden erst ihren tieferen Sinn erhalten, wenn wir die *grundlegende Wesensverfassung* des Menschen erkannt haben. Leichtfertige Verallgemeinerungen über die menschliche Natur gibt es in Hülle und Fülle; wir allerdings wollen versuchen, unseren Darlegungen philosophisches Gewicht zu geben.

Übrigens basiert alle Forschung nach der Seinsweise von Dingen und Menschen auf einem alltäglichen, vorontologischen Seinsverständnis. Wir haben in der Lebenspraxis jeweils einen dunkel erahnten Begriff von der Natur all dessen, womit wir zu tun haben. Die Philosophie kann derlei explizit ausarbeiten, wobei sie das Wissen des Alltagslebens nicht überspringen soll. Wissenschaftliche und philosophische Probleme entspringen dem gelebten Leben und wirken auf es zurück. Dies wird uns auch bei der Frage nach der Natur des Menschen deutlich werden.

Was weiß die Forschung heute über die Eigenart des Menschen im Reich des Lebendigen? Wir zählen ohne spezielle Gliederung jene Merkmale auf, die in den meisten anthropologischen Publikationen besondere Würdigung erfahren haben.

a) Fast alle Autoren bezeichnen als das eigentliche Humanum den *aufrechten Gang*. Damit ist der Mensch von den meisten Tieren unterschieden, die auf allen vieren einhergehen (um nur die Vierfüßler

zu nennen!) und den Blick dem Boden zugewendet haben. Im Gegensatz hierzu sieht der Mensch den ganzen Horizont offen vor sich liegen. Er hat den beherrschenden Blick über seine Umwelt. Die aufrechte Haltung gibt ihm von vornherein ein Überlegenheitsgefühl über seine tierischen Verwandten. Im übertragenen Sinn wird der aufrechte Gang gleichfalls als Zeichen der menschlichen Autonomie und Freiheitsgesinnung verwendet. Ernst Bloch betont in einem bekannten Satz, daß auf hundert Kriege nur eine Revolution komme: »So schwer fällt dem Menschen der aufrechte Gang!« Die aufrechte Haltung wird in der Psychotherapie sowohl physisch wie psychisch angestrebt. Wir machen hierbei die Beobachtung, daß nur jener wirklich aufrecht sein und leben kann, der sich eine mutige und eigenständige Stellungnahme (Haltung) zu Menschen und Dingen erarbeitet hat. Dem Aufrechtsein entspricht eine bestimmte Weltanschauung – Weltanschauung, Körperhaltung und Gesinnung hängen offenbar zusammen. Oft bedarf es langwieriger, seelisch-geistiger Interventionen, um eine Körper- und Seelenhaltung aus ihrem Zusammengesunkensein, ihrer Geknicktheit aufzurichten.
b) Ein weiteres Merkmal des Menschen ist sein *opponierbarer Daumen*. Es scheint dies ein zufälliges Ergebnis der Evolution zu sein. Aber die Bedeutung dieser winzigen Tatsache kann kaum hoch genug eingeschätzt werden. Indem der Mensch seinen Daumen der übrigen Hand entgegenstellen kann, hat er sozusagen am Körper selbst das erste Werkzeug, nämlich eine Zangenhand. Die Affen haben alle Finger in der gleichen Ebene. Es fehlt ihnen das Greifwerkzeug, womit die Menschenhand erstaunliche Leistungen vollbringt.
c) Aber wahrscheinlich könnte der Mensch den biologischen Vorteil seiner Werkzeughand nur wenig ausnutzen, wenn nicht bei ihm auch die *Enzephalisation* (Hirnzuwachs) weit über derjenigen des Tieres läge. Der Mensch hat für seine Körpergröße ein relativ großes Hirn. Die relative Größe seines Gehirns erlaubt ihm umfänglichere Seelen- und Geistestätigkeit. Besondere Bedeutung kommt hierbei dem sogenannten Neenzephalon (Neuhirn) zu, das in den letzten anderthalb Milionen Jahren sehr zugenommen hat. Dem Neuhirn wird u.a. die Bewußtseinstätigkeit zugeschrieben: also assoziatives Denken, Wollen, Mitgefühle, Wertempfinden, Kulturtätigkeit. Die Entfaltung des menschlichen Bewußtseins ist an das biologische Substrat des Gehirns gebunden. Ohne Entwicklung der stammesgeschichtlich jüngeren Hirnpartien würde sich die menschliche Eigenart nicht ausgebildet haben.
d) Parallel zu dieser Enzephalisation kann auch eine *Fötalisation*

festgestellt werden. Damit ist die Kindlichkeit und Unfertigkeit des menschlichen Organismus nach der Geburt gemeint; er wirkt – im Vergleich zu den Tieren, die allesamt schnell erwachsen werden – zeit seines Lebens wie unausgereift, er ist daher aber auch formbar und modellierbar. Der relativ große Kopf, das Fehlen von durchgehender Behaarung usw. machen ihn zum »Embryo unter den Lebewesen«, was ebenfalls enorme Entwicklungschancen mit sich bringt.

e) Das Embryonenhafte zeigt sich u. a. auch darin, daß es beim Menschen zu einem annähernd totalen *Instinktschwund* gekommen ist. Die Natur brütet ihn sozusagen nur halbfertig aus; daher hat der Mensch im Gegensatz zum Tier weitgehend keine Instinkte. Instinkt ist unbewußtes, automatisch funktionierendes, durch Umweltreize ausgelöstes oder auch selbständig in Aktion tretendes arteigenes Verhalten und Wissen, das durch spätere Beeinflussung nur wenig oder gar nicht modifiziert wird. Tiere mit Instinkten sind lebenslänglich an ihre Verhaltensschemata gebunden. Demgegenüber ist der Mensch, wie Herder sagte, der erste »Freigelassene der Natur«. Ihm ist kein Lebensplan vorgegeben; er muß ihn selbst suchen. Dies bringt den unschätzbaren Vorteil der Kulturfähigkeit hervor. Da die Natur ihn nicht festgelegt hat, ist der Mensch das anpassungsfähigste Wesen. Anstelle von Instinkten erwirbt er Einsichten, Gewohnheiten, selbstformulierte Verhaltensregeln: Diese kann er nach Bedarf abändern.

f) Die Instinktlosigkeit des Menschen wird von vielen Biologen (z. B. Adolf Portmann) auf das sogenannte *extrauterine Lebensjahr* zurückgeführt. Nach dieser Theorie sollte der Mensch, verglichen mit ähnlichen Lebewesen, circa 21 Monate im Mutterleib ausgebrütet werden. Dann erst wäre er biologisch komplett. Nun hat aber der evolutionäre Zufall bewirkt, daß er schon nach neun Monaten geboren wird. Es ist somit keine Zeit vorhanden, ihm Instinkte einzupflanzen. Er kommt völlig unfertig auf die Welt. Die ersten zwölf Monate, die er dann in besonders intensiver mütterlicher Pflege verbringt, können als ein extrauterines Früh-Jahr bezeichnet werden. In diesem Jahr erwirbt der Mensch die für ihn wesentlichen Kennzeichen der Sprache und des aufrechten Ganges. Seine Unfertigkeit gibt ihn der menschlichen und kulturellen Beeinflussung preis, die ihm anstelle der biologischen eine soziale und kulturelle Natur beschert. Portmann spricht davon, daß diese Naturlaune den Menschen, der ein Nestflüchter sein könnte (wie seine nächsten tierischen Verwandten, die sich sehr bald von der mütterlichen Betreuung entfernen), zu einem sekundären Nesthocker macht. Weil er aber im Nest sitzen bleibt (und wenn man die Familie als Nest betrachtet, so verharrt er in ihr fast ein Drittel seines Lebens, etwa bis zum 20. Lebensjahr), wird er viel stärker sozialisiert und kultiviert. So wird er für die Kultur im höchsten Maße formbar: Er wird zum Geschöpf und später auch zum Schöpfer der Kultur.

g) Als weiteres anthropologisches Ingrediens hat Helmuth Plessner die sogenannte *exzentrische Positionalität* in den Vordergrund gerückt. Dieses Merkmal greift tief in die Wesensverfassung des Menschen ein. Danach ist er nie in seinem Lebensvollzug voll und ganz enthalten; er ist innerlich derart »aufgebrochen«, daß er sich immer gleichsam von außen sieht, also sein eigener Zuschauer ist. Tiere haben diese Exzentrizität nicht: Sie sind allesamt in ihre Leiblichkeit eingeschlossen und können sich nicht aus ihr befreien. Der Mensch hingegen nimmt immer einen Standpunkt zu sich ein. Er fühlt sich aber auch schmerzlich von sich selbst getrennt und träumt nicht selten den Traum eines rein leibhaften Existierens. Aber das ist für den Menschen nicht möglich. Es gibt für ihn kein unbewußtes Dahinleben: Er weiß oder ahnt immer, was er tut und wie es mit ihm steht.

h) Die exzentrische Position ermöglicht u. a. auch das *Lachen* und das *Weinen*. Es sind dies Grenzformen des Verhaltens, in die ein Tier nicht hineingeraten kann. Plessner hat diesen beiden Phänomenen eine schöne Studie gewidmet (*Lachen und Weinen*, 1953). Danach kommt es zum Lachen wie auch zum Weinen, wenn der Mensch mit seinem üblichen Verhaltensrepertoire an eine unüberwindliche Grenze stößt. Wenn er in einer Situation blockiert ist und nicht über sie hinausgelangen kann – Situationsüberwindung ist ein Hauptziel seines Strebens –, so bleibt ihm noch der Ausweg, die auftretende Spannung zu beenden, indem er sich »in seinen Körper hineinfallen läßt«. Im Lachen geschieht dies mit einem Überlegenheitsgefühl; im Weinen erfolgt es via Resignation. Wichtig ist dabei, daß die Situation, die Ratlosigkeit oder gar Quälerei ausgelöst hat, damit umgewandelt werden kann. Der Lachende setzt sich über sie hinweg, und der Weinende entzieht sich ihr, indem er in seinem Körper Zuflucht sucht.

i) Durch die nebeneinanderliegenden Augen ist der Mensch in die Lage versetzt, *perspektivisch zu sehen*. Wir denken kaum daran, welcher Gewinn in dieser Anordnung der Augen liegt. Die Tiere haben infolge ihrer seitlich liegenden Augen zwei Blickfelder, die sich nur wenig überschneiden. Indem der Mensch mit beiden Augen nach vorne blickt, sieht er die Tiefe des Raumes und der Dinge. Sein Blick kann sich sogar bis ins Unendliche weiten. Da auch hier die Exzentrizität mitspielt, wird gleichsam durch die Augen hindurch in die Welt geschaut. Dies vergeistigt das menschliche Sehen, das vom tierischen Sehen unterschieden ist. Sehen und Denken haben enge Beziehung zueinander. Der Mensch ist – mehr als andere Lebewesen – ein *Augentier*. Er sieht nicht nur Dinge um sich; er sieht die Dinge als Bestandteil einer Welt.

Nach der Darlegung dieser quasibiologischen Eigentümlichkeiten des Menschen, was noch da und dort vervollständigt werden könnte, wollen wir dazu übergehen, die mehr seelischen und geistigen Merkmale zu charakterisieren; selbstverständlich spielen Biologisches, Seelisches und Geistiges immer ineinander.

j) Eine nichtbiologische Eigentümlichkeit des Menschen ist seine *Sprache*, die in keiner Weise mit den Tiersprachen gleichgesetzt werden kann. Tiere haben eine Ausdruckssprache, die im Grunde aus Gesten und Gebärden besteht (auch stimmliche Verlautbarungen fallen unter diesen Begriff). Der Mensch jedoch hat eine Zeichensprache; er verwendet sprachliche Symbole, die konventionell festgelegte Bedeutungen haben. Es ist für die Kulturentwicklung von größter Tragweite, daß der Mensch symbolische Zeichen für Selbstausdruck und Mitteilung einsetzen kann. Dadurch gewinnt er eine grandiose Unabhängigkeit gegenüber seiner Umwelt. Er schwingt sich sozusagen mit seinen sprachlichen Äußerungsformen über die Welt hinaus und gewinnt einen Standpunkt außerhalb ihrer, der demjenigen des Archimedes gleicht, der von einem Punkt außerhalb der Welt diese aus den Angeln zu heben versprach. Die Sprache ist ein solcher archimedischer Punkt. Mittels ihrer baut sich der Mensch gegenüber der realen Welt eine Symbolwelt auf. Er kann durch Zeichengebung die Sachverhalte nicht nur abgekürzt und souverän beschreiben, sondern auch sein Denken über sie machtvoller und wirkungsvoller gestalten. Die Sprache des Menschen ist nicht nur Produkt seiner Denktätigkeit, sondern auch das entscheidende Mittel, das Denken zu schulen und zu fördern. Ohne Sprache kein Denken: Die Griechen haben mit Recht den Menschen sowohl als »sprechendes Tier« wie auch als »vernünftiges Tier« definiert und beschrieben.

k) Zur Sprache kommt die *Arbeit* hinzu. Kein Tier kann wirklich arbeiten. Hierbei ist gemeint, daß Arbeit nur das genannt werden kann, was aufgrund von Plan und Zielstrebigkeit (Absicht) Umweltveränderungen ins Werk setzt. In diesem Sinne arbeiten weder

Bienen noch Ameisen, weder die Biber noch die Vögel (Nestbau): Sie betätigen sich wohl nach instinktiven Gesetzmäßigkeiten, aber den Menschen zeichnet planvolle Umweltgestaltung aus. Dies hat auch Karl Marx betont, als er die Hervorbringungen des Menschen von den Werken der Natur, die etwa Bienen und Ameisen errichten, sorgfältig unterschied. Marx hat auf zwei Aspekte der menschlichen Arbeit aufmerksam gemacht. Einerseits dient sie dazu, die Umwelt für den Menschen nutzbar zu machen; zugleich aber ist sie »Arbeit an uns selbst«. Arbeitend vollzieht der Mensch seinen eigenen Wesensaufbau – er schafft gleichsam die Gattung Homo. Daher ist Arbeit ein vorzügliches Wesensmerkmal des Menschen, der durch sein eigenes Tätigsein erst die Eigenschaften erwirbt, die wir wahrhaft »menschlich« nennen.

l) Die Tätigkeiten von Tier und Mensch unterscheiden sich etwa wie Instinkt und Vernunft. Die *Vernunft* ist das Charakteristikum des Menschen, wie schon die alten Griechen wußten (Logos). Es ist aber nicht einfach, Wesen und Funktion der Vernunft klarzustellen. Offenbar hat sie mit dem Denken, dem Wollen, dem Wertempfinden usw. zu tun. Gewiß können auch Tiere einfache Denkoperationen ausführen; Wolfgang Köhler hat dies mit seinen berühmten Affenexperimenten bewiesen. An der tierischen Intelligenz ist nicht zu zweifeln; aber sie ist von der menschlichen Geistestätigkeit verschieden. So kann der Mensch abstrakt denken, das heißt, er kann Allgemeinbegriffe finden, unter denen er seine vielfältigen Einzelerfahrungen subsumiert. Er bemüht sich des weiteren um Objektivität bezüglich seiner Erfahrungswelt: Sein Denken und Wollen sind nicht nur bedürfnisgebunden und auf die Erfordernisse des Augenblicks beschränkt, sondern reichen über sein eigenes Leben hinaus und schließen unter Umständen sogar alle Zukunft der Menschheit in sich ein. Schließlich besitzt der Mensch Werte, mit denen er die Welt der Tatsachen einschätzt, beurteilt, bejaht oder verneint. Die Vernunft ist Ausdruck der Geistigkeit des Menschen.

m) Diese Geistigkeit zeigt sich u. a. auch im sogenannten *Selbstbewußtsein*. Tiere haben wie der Mensch ein Bewußtsein, aber nur der Mensch ist sich seiner selbst bewußt. Sein Bewußtsein ist gleichsam in zwei Hälften auseinandergebrochen: Er weiß, und er weiß, daß er weiß. Dieses reflexive Moment ist die Grundlage jeder Selbsterkenntnis, Selbsterziehung, Selbsterfahrung, Selbstkritik, Selbstverwirklichung usw. Damit ist etwas sehr Wesentliches über den Menschen ausgesagt. Die Struktur seiner Existenz wird damit angedeutet; Kierkegaard sagte über das menschliche Selbst, es sei »ein

Verhältnis, welches zu sich selbst ein Verhältnis hat«. Ähnliche Formulierungen kehren im modernen Begriff der »Existenz« wieder (Existenzphilosophie). Im Bewußtsein verhalten wir uns zur Welt; im Selbstbewußtsein verhalten wir uns zu diesem Weltverhältnis. Diese beiden Momente fallen keineswegs auseinander, sie folgen auch nicht zeitlich hintereinander; vermutlich ist in jedem intentionalen Akt (Bewußtsein–Welt) das Reflexive mitenthalten, und zu jeder Reflexion (Bewußtsein des Bewußtseins) gehört das Intentionale.

Wenn es eine *menschliche Freiheit* gibt (*nicht* Willensfreiheit!), so hängt sie mit dieser reflexiven Beziehung zu uns selbst zusammen. Tiere haben wohl einen »Gedankenstrom«, den sie weder steuern noch kontrollieren können. Durch das Selbstbewußtsein ist der Mensch in der Lage, diesen inneren Strom zu unterbrechen, ihm Ziele zu setzen, ihn »nach vorne« und »nach hinten« einer Überprüfung zu unterwerfen (etwa: Wo fing diese Gedankenkette an und wo endete sie?).

n) Durch das Selbstbewußtsein weiß auch der Mensch um seine Vergänglichkeit. Er hat, anders als das Tier, ein *Todesbewußtsein*. Er weiß um seine Endlichkeit und Hinfälligkeit in der Zeit. Er weiß nicht, wann sein Tod erfolgen wird; er weiß aber, daß er sterben muß. Daran knüpft sicherlich eine latente Angst an, von der der Mensch nie ganz frei werden kann. Viele Philosophen meinen sogar, daß die Gewißheit des Todes der eigentliche Motor alles Philosophierens – des Nachdenkens des Menschen über sich selbst und die Welt – sei. Wahrscheinlich hat die Todesangst noch zahlreiche andere Konsequenzen. Um ihretwillen baut der Mensch in die Zukunft, schafft Wissenschaften, Künste und Kulturleistungen, die über den Tod hinaus Geltung haben sollen. Auch die Religionen haben sicherlich im Todesbewußtsein ihren Ursprung. Sie versprechen ein ewiges Leben und vertrösten über den Tod hinaus, den sie für nichtig erklären, auf ein Jenseits; damit gewinnen sie ihre große Macht über das menschliche Gemüt. Nach einer alten Vorstellung haben Furcht und Hoffnung die Götter geschaffen: Es werden wohl Todesfurcht und die Hoffnung auf ein Weiterleben nach dem Tod gewesen sein.

o) Der Tod ist ein Ausblick in die Zukunft des Menschen. Aber nicht nur das Zukünftige spielt ständig in Menschenleben hinein; auch die Vergangenheit beeinflußt nachhaltig den Menschen. So besitzt der Mensch, anders als das Tier, ein spezifisches *Zeitbewußtsein*. Dieses entfaltet sich in die drei Dimensionen der Zeitlichkeit:

Vergangenheit, Gegenwart und Zukunft. Indes das Tier jeweils nur im Augenblick lebt (»kurz angebunden an den Pflock des Augenblicks« – sagte Nietzsche in seiner zweiten »Unzeitgemäßen Betrachtung«), eröffnen sich für den Menschen immer alle drei Dimensionen der Zeitlichkeit, was Heidegger sehr tiefgründig in *Sein und Zeit* beschrieben hat. Diese drei Zeitdimensionen sind ineinander verfugt. In jedem Jetzt ist immer schon das Gewesene und das Zukünftige mitenthalten. Oft bestimmt unsere Zukunftserwartung, wie wir den gegenwärtigen Moment erleben; ebenso determiniert unsere Vergangenheit, wie wir Gegenwart und Zukunft sehen; und gewiß erfahren wir sowohl Vergangenheit als auch Zukunft im Licht der Stimmungen, die uns gerade im Augenblick erfüllen. Husserl und Heidegger (und vor ihnen Bergson) haben die Zeitlichkeit des Menschen als wesentliches Strukturmerkmal seiner Existenzweise bestimmt.

p) Die Existenzphilosophie leitet aus dem Zeitbewußtsein des Menschen auch seine *Geschichtlichkeit* ab. Nur weil wir diese innere Zeitstruktur haben, können wir geschichtlich leben. Die erste und grundlegende Form der Geschichtlichkeit betrifft unser eigenes Dasein: Wir erinnern uns des Gewesenen, planen und erhoffen das Zukünftige und sind tätig oder untätig im Gegenwärtigen. Jeder weiß um seine Lebensgeschichte, so fragmentarisch dieses Wissen auch sein mag. Aus dieser Geschichtlichkeit heraus kann der Mensch Geschichte erforschen, Weltgeschichte machen und verstehen. Der Mensch ist das »historische Tier«. Er erarbeitet sich ein Bild der vergangenen Menschheit. Die Geschichte des Weltalls, des Lebens auf der Erde, der Menschwerdung und der menschlichen Gesellschaften und Kulturen ist Gegenstand seines Interesses. Auch hier hat Nietzsche in der bereits zitierten Abhandlung deutlich gemacht, daß alles historische Denken auch der Gegenwart zu dienen hat. Wir untersuchen das Vergangene, um das Gegenwärtige besser zu begreifen und um die Zukunft sicherer in den Griff zu bekommen. Letztlich ist das Menschenleben immer zukunftsorientiert. In der Zukunft entscheidet sich unser Schicksal, aber aus der Vergangenheit können wir lernen, wie wir ihm zu begegnen haben.

q) Ernst Cassirer nannte den Menschen ein »symbolisches Tier« (*Philosophie der symbolischen Formen*, 1923). Dieses Motiv klang bereits bei unserem Hinweis auf die Menschensprache an. Bei Cassirer jedoch gewinnt diese Thematik eine umfängliche Bedeutung. Der *Symbolismus des Menschen* entfaltet sich nicht nur in der Sprache, sondern auch in Mythos und Religion, in Wissenschaft, Kunst, Phi-

losophie und Alltagsleben. Die symbolische Funktion kann regelrecht als Ausdruck des geistigen Vermögens im Menschen gewertet werden. Symbole sind Schöpfungen des Menschen. Mittels ihrer errichtet er seine kulturelle Welt, in der er viel heimischer ist als in seiner natürlichen Umwelt. Menschsein heißt inmitten von Symbolen leben. Alle Bewußtseinstätigkeit strebt Symbolik an, weil sie dadurch ihre festen und verwendbaren Formen erhält. Auch die kulturelle Tradition erhält sich und wird weitergegeben mit Symbolen. Susanne K. Langer (*Philosophie auf neuem Wege*, 1942) hat die Befunde Cassirers noch ziemlich ausgeweitet. Aber auch für sie ist der Symbolismus der Schlüssel zur philosophischen Anthropologie. Sie bezieht die tiefenpsychologischen Forschungen zur Symbolik ein, die allerdings leider hauptsächlich nur das sexuelle Motiv ins Auge gefaßt haben. Langer betont, daß nicht die Sexualität der primäre Symbolschöpfer ist; der Menschengeist schafft sich Symbole, und das Sexuelle wird vom Geist so sehr bestimmt, wie es auf ihn zurückwirkt.
Wir könnten noch viele solcher Merkmale des Menschen sammeln, um seine Eigenart zu verdeutlichen. Doch dies würde zu weit führen. Daß sich die menschliche Daseinsform eindeutig von der tierischen unterscheidet, tastet die Deszendenztheorie (Abstammungslehre) in keiner Weise an. Gewiß entstammt der Mensch dem Tierreich, aber dies bedeutet nicht, daß seine Wesensverfassung vom Animalischen her verständlich sein muß. Aber von woher ist er dann zu verstehen? Bevor wir diese Frage beantworten können, müssen wir uns einigen Themen der anthropologisch-ethischen Diskussion zuwenden, die gerade durch den Analogieschluß vom Tier auf den Menschen in Vergessenheit geraten sind.

In vielen psychologischen und philosophischen Texten wird eingehend das Problem erörtert: Ist der Mensch sozial oder asozial? Ist er gut oder böse? Niemand kann an der Wichtigkeit dieser Fragestellung zweifeln. Ihre Beantwortung ist ein entscheidender Bestandteil unseres Menschenbildes und hat praktische Konsequenzen.
Da wir in einer langen Tradition der Verteufelung der menschlichen Natur stehen, wozu die Religionen am meisten beigetragen haben, empfand man im 18. Jahrhundert die Botschaft Rousseaus: »Der Mensch ist gut!« als Befreiung. Sie beflügelte politische und pädagogische Neuerungstendenzen, die aus dem Glauben an die natürliche Güte des Menschen den Mut und die Hoffnung schöpften, daß sich »Freiheit, Gleichheit und Brüderlichkeit« sehr wohl praktizieren ließen.

Im 19. Jahrhundert wurde diese These weiter ausgebaut. Schopenhauer verglich zwar die Menschen mit Stachelschweinen, die sich in der Kälte aneinanderdrängen, aber durch die Stacheln immer wieder in gehörigem Abstand gehalten werden. Doch die Vorläufer und Väter der sozialistischen Idee, die sich in jener Zeit machtvoll entfaltete, betonten sehr nachdrücklich die Gutartigkeit des Menschen, in der sie den Garant einer Verwirklichung ihrer sozialen Ideale sahen. Es entwickelte sich eine gleichsam politische Polarität: Auf der Seite des Fortschritts wurde die Menschennatur positiv geschildert, indes reaktionäre Kreise den Menschen als asozial und böse beschrieben. Letzteres diente der Rechtfertigung der Herrschaft des Menschen über den Menschen. Alle autoritären Systeme neigen seit jeher zur Verteufelung des Menschen, da dies ihrer Mentalität entspricht und ihrer Machtausübung zugute kommt.
Durch die Lehre Darwins spitzte sich das Problem erneut zu. Bekanntlich wurden sehr unterschiedliche Schlußfolgerungen aus der Deszendenztheorie gezogen. Der Manchesterliberalismus sah in den Formeln »Kampf ums Dasein« und »Überleben des Tüchtigsten« eine Bestätigung für seine kapitalistische Ausbeutungspraxis; wenn viele Menschen durch die Gewinngier der Kapitalisten zugrunde gingen, so sah man darin ein Naturgesetz, das im Sinne der Evolution wirke und nicht verhindert werden solle. Dagegen erhoben die Sozialisten und Humanisten Einspruch, die Darwins Auffassungen – mit Recht – ganz anders interpretierten. Denn der große Forscher hatte darauf hingewiesen, daß das stärkste Hilfsmittel der Entwicklung nicht der Kampf, sondern die Solidarität der Artgenossen sei. Dementsprechend ist ein gnadenloses Wirtschaftsleben, wo jeder seinen eigenen Vorteil unter Mißachtung der Interessen der Gesamtheit sucht, alles andere als natürlich: Es ist vielmehr eine Entartung des Gesellschaftslebens, wofür man keine beschönigenden Theorien aus der Natur ableiten kann. Im Gegenteil: Das Leben der Tiergemeinschaften ist derart von wechselseitiger Fürsorge und Kooperation bestimmt, daß gerade Beispiele aus dem animalischen Bereich die unnatürliche Perversität der ökonomischen Dschungelwelt belegen. Peter Kropotkin hat in seinem ebenso wichtigen wie liebenswürdigen Buch *Gegenseitige Hilfe in der Entwicklung* (1904) den Mythos von der »grausamen Natur« widerlegt.
Aber das Bild des Menschen wurde auch weiterhin stark von reaktionären und religiösen Vorstellungen geprägt. Selbst Sigmund Freud sah den Menschen als grimmigen Egoisten, der nur durch erheblichen kulturellen Zwang zur Soziabilität gezwungen werden

könne. Freuds Homo ist ein Triebwesen, das nur bei gelingender Sublimierung den Mitmenschen achten und respektieren kann. Häufiger jedoch fänden wir beim Menschen starke Triebe, die durch eine nur schwache Intelligenz kaum in Schach gehalten werden könnten. Mit dem sogenannten Aggressions- und Todestrieb trieb Freud seine Verteufelung der menschlichen Natur auf die Spitze. Vor dem pessimistischen Psychoanalytiker tat sich damit eine düstere Menschenwelt auf, in der das »homo homini lupus« (der Mensch ist dem Menschen ein Wolf) das Dschungelgesetz des Alltags und der Geschichte war. Für Freud war der Mensch nicht nur asozial, sondern auch böse; seine Güte sei ein sehr fragwürdiges und auch fragiles Kulturprodukt.

Diese Lehre, die politisch konservativen Kreisen sehr nach dem Munde redet, ist auch von Konrad Lorenz mit großer Popularität vertreten worden. Mit willkürlich herangezogenen Beispielen aus der Tierwelt, die selbst in Fachkreisen sehr umstritten sind, belegt der berühmte Verhaltensforscher die Hypothese, daß der Mensch aggressiv und kampflustig sei: Daraus werden dann politische und moralische Richtlinien abgeleitet.

Es ist hier nicht der Ort, die Irrtümer von Freud, Lorenz u. a. m. nachzuweisen – wir haben dies an anderem Ort getan (siehe Josef Rattner *Aggression und menschliche Natur*, 1973). Sehr viele Beobachtungen sprechen dafür, daß es keine spontanen Aggressionen beim Menschen gibt: Aggressives Verhalten ist immer auf Frustration, Verängstigung und psychische Störung zurückzuführen (Verteidigung gegen Angriffe kann nicht als Aggressivität bezeichnet werden).

So haben wir genügend Gründe dafür, die These abzulehnen, daß der Mensch grundsätzlich böse sei. Auch die Tiefenpsychologie lehrt uns, daß der Mensch nicht asozial ist. Er bedarf von Kindheit an der Gemeinschaft und ist in seinem ganzen psychischen Habitus auf das gemeinschaftliche Leben ausgerichtet. Fehlt ihm der Mitmensch, so kann er weder physisch noch psychisch existieren. Bei Vereinsamung kommt es zum seelischen Zusammenbruch, wobei im Fall der Psychose etwa die fehlende Anrede durch Halluzinationen ersetzt werden kann. Die Mitmenschlichkeit ist für den Menschen offenbar so wichtig wie das Wasser für die Fische und wie die Luft für atmende Lewesen.

Der Mensch ist demnach in unserem Sinne *durch und durch sozial*, und er ist *gut in dem Maße, wie er psychisch gesund ist*. Eine angeborene Güte kann man für ihn nicht annehmen, da Gutsein ein Wissen

erfordert, das erst im Lauf des Lebens erworben werden muß. Aber nichts hindert den Menschen daran, gut zu werden: Es sei denn, daß Erziehung und Kultur, wie dies heute der Fall ist, ihn derart desorientieren und krank machen, daß er weder Mut, Kraft noch Wissen zum wirklichen Gutsein hat. Oft muß er dies erst in der Psychotherapie mühsam erlernen.
Da wir aber den Menschen prinzipiell vom Tierreich abgehoben haben, hat es wenig Sinn, das Soziale und das Gute am Menschen aus einer tierischen Erbschaft (etwa aus dem Herdentrieb) abzuleiten. Wenn der Mensch kein Tier mehr ist, dann hat seine Soziabilität und sein Gutsein eine andere Fundierung als all das, was wir bei Herdentieren finden. Daher muß für das Soziale am Menschen eine eigene Begründung geleistet werden; diese kann aber nur aus dem Verstehen der Seinsverfassung des Menschen heraus präzise entwikkelt werden.

Alle naturwissenschaftlichen und materialistischen Ethiken begehen den Fehler, daß sie die ethischen Forderungen an den Menschen aus realistischen oder poetisch ausgeschmückten Beispielen tierischen Verhaltens ableiten. Oder sie stellen eine für Tiere und Menschen gemeinsam gültige Liste der Bedürfnisse auf, die sie dann mit einer Wertetafel verwechseln. Damit wird fast immer ein *statischer Begriff* der menschlichen Natur verbunden, wie man etwa auch von der ein für allemal fixierten Wesensart des Löwen, des Pferdes, des Hundes usw. sprechen kann. So wird etwa dem Menschen das Bedürfnis nach Nahrung, Schlaf, Sexualität, Geselligkeit, Freiheit zugeschrieben, womit auch schon der Katalog ethischer Tugenden abgeschlossen ist. Der Mensch solle einfach seiner sozialen Natur folgen, seine Sexualität befriedigen und Freiheit für sich und andere anstreben: Damit tue er aller Ethik bereits Genüge. Diese Überlegungen sind nicht völlig falsch. Sie haben einen sehr richtigen Kern, aber sie übersehen, daß auf menschlicher Ebene mit dem bloßen Hinweis auf Soziales, Sexuelles und Freiheitliches zu wenig ausgesagt wird. Denn als ein geschichtlich sich wandelndes Wesen erscheinen dem Menschen natürliche Bedürfnisse und soziale (kulturelle) Konventionen in immer neuem Licht. Ein Naturprogramm für Bedürfniserfüllung und Lebensgestaltung besteht nur als sehr vager Rahmen, in den die Kultur ihren Inhalt einpflanzt.
Wir vermeiden diesen Mangel, der in jeder naturalistischen Ethik liegt, wenn wir aus der *Seinsweise des Menschen* dessen Bedingungen und Möglichkeiten für Sexualität, soziale Interaktion, Zusam-

menarbeit und Zusammenleben, Lebensgestaltung usw. ableiten. Aber diese Seinsweise haben wir noch nicht gefunden.

Am Anfang dieses Kapitels haben wir erwähnt, daß der Mensch ein vorwissenschaftliches Verständnis für die Seinsart aller Dinge besitzt. Bevor ihn noch Wissenschaft und Philosophie belehren, hat er im alltäglichen Umgang mit Sachen und Menschen eine Ahnung für das entwickelt, womit er zu tun hat. Nur so kann er in seiner Lebenspraxis mit Dingen, Pflanzen, Tieren und Menschen annähernd richtig umgehen. Die Wissenschaft hebt dieses Ahnen und Wissen in die Sphäre deutlicher Begriffe; aber sehr oft kann sie die Einsicht des Alltagsdenkens, das Adler gerne als Common sense, gesunder Menschenverstand, bezeichnete, weitgehend bestätigen. Sollte dies nicht auch für die Natur des Menschen möglich sein?

Nun behandeln wir im alltäglichen Umgang die Menschen als *Personen*, also nicht als Herdentiere oder »seelische Apparate« (Freud), nicht als Triebwesen oder mechanisch reagierende Maschinen. Wäre demnach in der Personalität das Seinsrätsel des Menschen begründet? Dies zu klären würde bedeuten, die menschliche Eigenart von der Person her zu bedenken und zu deuten. Bevor wir dies tun, wollen wir Nicolai Hartmann das Wort geben, der in seinem Buch *Das Problem des geistigen Seins* (1949) die gründlichste Erörterung des Personseins gegeben hat, die wir kennen. Auch Hartmann geht von der Alltagserfahrung aus, wenn er sagt:

> Im Leben pflegen wir diese Einheit des geistigen Einzelwesens als »Person« zu bezeichnen. Wir unterscheiden sie damit schon im Alltag von der Sache, dem Organismus, ja dem Seelenleben und dem Bewußtsein. Unter Personen verstehen wir die menschlichen Individuen, sofern sie als handelnde, redende, wollende und strebende, als Vertreter ihrer Meinungen, Einsichten, Vorurteile, als Wesen mit Ansprüchen und Rechten, Gesinnungen und Wertungen irgendwie Stellung nehmen.[42]

Wenn wir »Person« sagen, so bewegen wir uns in der Nähe von Begriffen, die oft in einem ähnlichen Wortsinn gebraucht werden, zum Beispiel: Ich, Selbst, Charakter, Subjekt, Existenz. Es ist hier nicht der Ort, um subtile Unterscheidungen einzuführen; wir wollen uns mit knappen Hinweisen begnügen.

1. Unter »Ich« versteht man zumeist das Zentrum unseres Bewußtseinsfeldes, also den bewußten Aspekt der Person. Die Person selbst reicht aber weit über das Ich hinaus. Sie umfaßt auch unbewußtes Leben und Erleben. Sie ist mehr als das Ich.

2. Das »Selbst« wird oft als Synonym für das Personsein verwendet.

Es ist umfänglicher als das Ich und schließt die Gesamtheit unserer aktiven und passiven, produktiven und rezeptiven, bewußten und unbewußten Lebensäußerungen in sich ein.

3. »Charakter« als psychologischer Begriff verweist auf das Verhältnis des Menschen zu sich selbst und zu den Mitmenschen, ist also Summe und Inbegriff der Einstellungen und Verhaltensweisen. Er ist sozusagen die soziale Außenseite der Person.

4. Wenn wir »Subjekt« sagen, denken wir unwillkürlich auch an »Objekt«. Subjekt bezeichnet die Person in ihrem Erkenntnisverhalten gegenüber allem, was für sie Objekt werden kann. Dieses Erkennen benützt gleichsam das Ich-Es-Modell. Wenn wir mit einem Menschen in echter Beziehung leben, ist das Ich-Du-Modell wichtiger als die Ich-Es-Beziehung: Wir begegnen ihm von Person zu Person, nicht aber von Person zu Sache.

5. »Existenz« ist in der Existenzphilosophie die Seinsverfassung des Menschen, der ein Selbst hat, das definiert wird als ein »Verhältnis, welches zu sich selbst ein Verhältnis hat«. Existenz (Dasein) in diesem Sinne ist wohl weitgehend mit »Person« identisch.

Schließlich soll noch darauf hingewiesen werden, daß auch die Begriffe »Individuum« und »Persönlichkeit« in unserem Zusammenhang auftreten. Individuum meint den einzelnen, aber dieses Einzelsein gilt sowohl für Tiere als auch für Menschen. Tiere können Individuen, nicht aber Personen sein. Persönlichkeit jedoch ist die Person in ihrer sozialen und kulturellen Lebensrolle; im emphatischen Sinn behält man das Wort »Persönlichkeit« für jene Menschen vor, die durch Umfang und Weite ihrer Person, das heißt ihrer menschlichen Beziehungsfähigkeit und Wertverwirklichung, über den Durchschnitt der Mitmenschen hinausragen.

Wie muß aber »Person« konkret bestimmt werden? Wir werden uns in der Folge an Hartmanns Ausführungen anschließen, die uns als vorbildlich erscheinen.

Im Begriff »Person« erfassen wir den Menschen als ein Lebewesen sui generis, abgehoben von Dingen, Pflanzen und Tieren, als Schöpfer seiner selbst und einer ihm eigentümlichen Kulturwelt. Wenn man mit Arnold Gehlen sagt, daß der Mensch von Natur ein Kulturwesen sei, so bedeutet dies mit anderen Worten, daß die Kultur nichts anderes als die Natur des Menschen ist. Dies haben wir oben schon angedeutet, als wir meinten, daß kein Mensch rein natürliche Bedürfnisse haben könne: Diese sind allemal schon, wie auch der Marxismus behauptet, kulturell und geschichtlich vermittelt. Wenn wir also das Wesen der Personalität begreifen wollen, dürfen wir ihr kulturelles Bedingt- und Verflochtensein nicht aus den Augen verlieren: Hartmann drückt dies so aus, daß er den »personalen Geist« immer im Zusammenhang mit dem »objektiven« und »objektivierten Geist« sieht. Was diese Begriffe, die aus der Hegelschen Philosophie stammen, für uns bedeuten, wird weiter unten erläutert werden.

1. Eine wichtige Bestimmung der Person ist, daß sie in der Ich-Du-Beziehung lebt. Dies will besagen, daß Ich und Du sich wechselseitig im Personsein stützen und tragen. Ein einsames Ich kann nicht Person werden. Gewiß kann ein Mensch auch in der Einsamkeit existieren und seinen Wert als Person aufrechterhalten; dies ist aber nur möglich, wenn er in Gedanken und Gefühlen mit einem Du oder einem Wir verbunden bleibt. Hegel sagte sinngemäß in der *Phänomenologie des Geistes* (1807): Das Sein des Selbstbewußtseins liegt in der Anerkennung durch ein anderes Selbstbewußtsein. Ähnliches können wir vom Personsein behaupten. Martin Buber hat die »dialogische Verfassung« der menschlichen Person in einigen seiner Schriften (*Ich und Du*, 1923, *Zwiesprache*, 1930) deutlich herausgestellt, leider mit einem mystisch-religiösen Hintergrund. Aber es entspricht der faktischen Beobachtung, daß die Person in Anrede und Gegenrede, in Bejahung und Anerkennung in ihrem Sein erhalten wird.

2. Die Person kann niemals erkenntnismäßig ganz durchdrungen werden. Wir nehmen immer Teilaspekte von ihr wahr, und zwar eher emotional als rational. Abgeschlossene Erkenntnis einer Person ist schon deshalb unmöglich, weil die Person immer im Werden ist: Solange sie lebt, weiß man nicht, was noch aus ihr werden kann. Im Zusammenleben mit einem Du erfahren wir nach und nach, wie es beschaffen ist; wir müssen uns aber stets offenhalten für neue Erfahrungen, die sich aus Wandlung und Entwicklung ergeben können.

3. Die Person ist Einheit und Ganzheit. Bezogen auf die psychophysischen Tatsachen können wir von der Leib-Seele-Einheit sprechen. Betrachten wir den Menschen als Person, so heißt das, daß alle seine Lebensäußerungen teleologisch zusammengehören. Alles bildet eine einzige Struktur, deren Teile Ausdruck des Ganzen sind; von jedem Detail läßt sich das Ganze erschließen, aber auch der partikuläre Befund ist nur aus der Totalität heraus deutbar. Auch die rein biologischen Reaktionen fallen nicht aus dem Rahmen der Person: Sie sind sinnhaft und haben ihre Funktion innerhalb des Personseins. Dies gibt der psychosomatischen Medizin ihre Grundlage. Ein gesteigerter Blutdruck ist nicht ausschließlich hormonal zu erklären, sondern kann die Verängstigung und das Gespanntsein der

Person in ihren wesentlichen Beziehungen ausdrücken. Bis in den Stoffwechsel hinein wirkt sich das Leben und Gestimmtsein der Person aus.

4. Die Person existiert immer in Situationen. Sie gerät in immer neue Konstellationen hinein, die von ihr Entscheidung und Stellungnahme erfordern. Dem kann sie sich nicht entziehen; denn auch Ausweichen vor einer Stellungnahme ist ein Stellungnehmen. So steht fest, daß sich die Person immer entscheiden muß, aber nirgendwo ist festgelegt, *wie* sie sich entscheidet. Darin kann ein Element von Freiheit gesehen werden. Es ist keine absolute Freiheit, denn die Situation ist gegeben; was der Mensch hinzufügen kann, ist der Sinn, den er den Realitäten gibt. Dadurch geht er nie ganz in einer Situation auf, wie dies beim Tier der Fall ist; er ist ihr nicht völlig ausgeliefert.

5. Im Kern der Person finden wir emotionales Geschehen, ein Gefüge von Akten, die sowohl passiv-rezeptiv als auch aktiv-gestaltend sind. Gefühle spielen hierbei die Hauptrolle; sie sind aber zugleich auch Erkenntnisfunktionen. Hoffend, liebend, erwartend, ängstlich, zuversichtlich usw. steht die Person im Strom der Ereignisse – sie erfährt den Widerstand der stumpfen Welt und stemmt sich gegen ihn an. Im Kampf gegen Widerstände wächst die Person zu sich selbst heran.

6. Die Person lebt in ihren Weltbezügen. Nicht nur ihre Ich-Du-Bindungen sind entscheidend, sondern die ganze Fülle ihrer Teilhabe am Weltganzen. Auch die Dinge gehören zur Lebenssphäre der Person. Sie ist eins mit ihnen. Umfang und Weite der Person hängen mit ihrem Wirkungskreis zusammen: »Sage mir, wieviel Welt du assimiliert hast, und ich sage dir, was für eine Person du bist!«

7. Die Person hat Beziehung zu sich selbst, weiß um sich und erforscht sich ständig. Zu diesem Mitwissen im Lebensvollzug gehört auch die Gewissenserfahrung. Nur die Person kann ein Gewissen haben: Tiere haben bestenfalles Dressate, also verinnerlichte Gebote und Verbote, die ihr Verhalten regeln. Nur die Person kann sich selbst erkennen, erziehen und gestalten. Allerdings gelingt ihr das nicht in der bloßen Zuwendung zu sich selbst; nur auf dem Umweg über die Weltbewährung lernt sie sich kennen und kann auf sich selbst einwirken.

8. Die Person ist nicht in die Gegenwart eingeschlossen; sie sieht voraus in die Zukunft. Dies ermöglicht ihr auch – in Grenzen – Vorausbestimmung. Sie kann vorausschauend in den Gang der Er-

eignisse eingreifen. Nur dadurch wird der Mensch Herr über die Naturgewalten, die viel mächtiger sind als er selbst. Aber da er ihre Ereignisketten genau vorhersieht, kann er sich ins Naturgeschehen einbringen und Kräfte und Mächte für seine Zwecke einspannen. Man kann dies durchaus als »List der Vernunft« (Hegel) bezeichnen.

9. Ganz wesentlich ist die Tatsache, daß die Person wertsichtig und wertempfindend ist. Sie allein kann eine Wertwelt erfassen und begreifen. Nur weil sie bezogen auf Werte lebt, kann sie sich in der Tatsachenwelt orientieren. Werterfahrung ist für die Person gegenüber der Tatsachenerfahrung primär. Die Person wird regelrecht ins Leben gerufen durch Werte; oder: Werte werden erst in dem Maße sichtbar, als die Person lebt und innerlich wächst. Alles Handeln der Person ist wertbezogen: Die Person intendiert immer »das Wertvolle«. Daher kann der Mensch immer nur »das Gute« wollen: Aber sein Urteil über das, was »gut« ist, kann in die Irre gehen. Der Psychologe kann diese Auffassung bestätigen, indem faktisch jeder Übeltäter im Rahmen seiner Ansichten recht zu haben scheint. Wenn seine Voraussetzungen stimmen würden, wären auch seine Konsequenzen richtig. Wie etwa ein Dieb sagen kann: »Wer stiehlt, ist schlauer als alle anderen. Im Grunde würden alle stehlen, wenn sie nur könnten. Die sind aber nicht so geschickt wie ich!«

10. Daß der Mensch durch seine Personhaftigkeit für die Welt der Werte empfänglich ist, gibt ihm eine einzigartige Stellung in der Welt. Auch dies ist ein Aspekt seiner Vernunft. In der Wertempfindung liegt auch die Möglichkeit der Freiheit, wenngleich es rätselhaft ist, wie weit diese im Einzelfall reicht. In den seelischen Erkrankungen jedenfalls ist sie auf ein winziges Minimum reduziert beziehungsweise gar nicht mehr vorhanden.

11. In Voraussicht und Vorausbestimmung zeigt die Person Eigenschaften, die man früher der Gottheit zuschrieb. Nur handelt es sich beim Menschen nicht um absolute Qualitäten: Der Mensch ist ein sehr kleiner Gott. Hartmann knüpft an Ludwig Feuerbach an, wenn er an diesem Punkte eine anthropologische Reduktion fordert – die Eigenschaften Gottes müssen auf den Menschen zurückgenommen werden. Die Person braucht keinen Gott, weil sie selbst – cum grano salis – »göttlich« ist.

12. Die Person lebt nicht nur in Teilhabe an Menschen und Dingen, sondern – und vor allem – auch an geistigen Werten. Kunst, Wissenschaft, Philosophie, Technik, Politik sind das Medium, in

dem die Person sich entfalten kann. Je größer ihre Teilhabe an diesem – wie Hegel es nannte – »objektiven Geist«, um so »wirklicher« ist sie. Der persönliche Geist (die Person) wird durch den objektiven Geist (den Zeitgeist, die Kultur der Epoche, die Kultur der Menschheit) genährt und erzogen. Der Mensch ist nicht nur Schöpfer, sondern auch Geschöpf der Kultur.
Diese fragmentarischen Darlegungen müssen genügen, um die zentrale Bedeutung des Personseins für die Frage nach der menschlichen Natur deutlich zu machen. Für den Psychologen jedoch stellt sich nun das Problem, wie die Person sich entwickelt, wie sie *wird*, was sich über ihr Gesund- oder Kranksein feststellen läßt; denn die Psychotherapie müßte dann nach unseren obigen Schilderungen auf *Diagnostik und Therapie der Person* beruhen.
Jeder Mensch ist eine einmalige und unverwechselbare Person. Diese Personalität entsteht irgendwann im frühen Kindesalter und reift und wächst dann während des ganzen Lebens. Erst mit dem Tod ist das Wachstum der Person abgeschlossen. Aber wann und wo fängt sie in der Kindheit an? Wir stehen hier vor einem der großen Rätsel der Natur. In der Psychologie wird es in der Regel unter dem Begriff »Ichbildung« abgehandelt.
Wie entsteht also das kindliche Ich? Hierüber gibt es viele Theorien, die wir nicht an dieser Stelle prüfen können. Wir können uns nur von der orthodoxen Psychoanalyse abgrenzen, die die Ichentstehung auf sogenannte Triebschicksale glaubt reduzieren zu können. Danach soll das Ich aus dem Es entstehen, von dem es ja nur ein »Rindenphänomen« ist. Es ist sehr fraglich, ob die Person aus dem Biologischen abgeleitet werden kann. Gewiß setzt ihre Existenz den Organismus voraus; auch ein Gehirn ist für sie unentbehrlich; aber durch nichts läßt sich beweisen, daß das Biologische die Person determiniert.
Wir möchten die Hypothese vertreten, daß in der Entstehung der Person biologische, psychische und geistige Faktoren zusammenwirken. Jedes Menschenkind bringt die biologische Disposition mit auf die Welt, Person zu werden. Ob dann auch die Person zustande kommt, hängt offenbar sehr von der Betreuung in den ersten zwei bis drei Lebensjahren ab. Am besten wird wohl der Sachverhalt so beschrieben, daß die Mutter durch die Pflege und Zuwendung appellativ das kindliche Ich ins Leben ruft. Körperliche Betreuung allein reicht hier nicht aus. Erst die mütterliche Liebe schenkt dem Kind sozusagen seine Person. Indem die Mutter fortwährend ihr Kind anredet, es anlächelt, es beim Namen nennt und auch persön-

lich meint, ermutigt sie das Kind zur Ichbildung. Wo immer diese mütterliche Haltung ausbleibt, tritt ein Schaden in der Person- und Menschwerdung ein.
Dies zeigen die sogenannten Wolfskinder, Menschenkinder, die von Wölfen zwar am Leben erhalten wurden, aber keine menschliche Anrede hatten: Sie wurden zwar menschenähnliche Lebewesen, aber keine Menschen. Der Stauferkaiser Friedrich II. soll versucht haben, zwölf Kinder ohne menschliche Zuwendung heranwachsen zu lassen, um die Ursprache der Menschheit zu erkunden; aber die Kinder, die niemand ansprechen durfte, starben frühzeitig dahin. Auch die Beobachtungen von René Spitz an Heimkindern mit fehlender Mutterbeziehung lassen darauf schließen, daß ohne regelmäßigen Beistand einer Person mit entsprechender Liebe und Fürsorge die kindliche Personhaftigkeit schwer beeinträchtigt wird. So können wir die Schlußfolgerung wagen: Jedes Ich wächst nur an einem Du heran. Es kann wohl meist nur so weit Ich werden, als das beistehende Du selbst schon Ich ist. Personalität wird demnach von Mensch zu Mensch weitergegeben.
Wir können nur mutmaßen, wie sich die Personwerdung im Seelenleben des Kindes abspielt. Das Kind ist zunächst ein rein biologisches Wesen; sein Lebenslauf erschöpft sich im Essen, Trinken, Schlafen, wobei die Empfindungen von Lust und Unlust die Regulatoren des ganzen Lebensgeschehens darstellen. Aber mit den ersten Ansätzen der Personwerdung (im ersten und zweiten Lebensjahr) mischen sich in diese rein animalischen Zustände auch menschliche Gefühle und Stimmungen; das Kind erlebt hierbei vor allem mit wachsender Deutlichkeit seine Betreuerin. Gefühle der Zärtlichkeit, Freude, Nähe usw. keimen in ihm auf. Wahrscheinlich ist dies alles sehr flüchtig und hat zunächst keinen Fixpunkt, an dem es sich festmachen könnte. Um bleibende Erfahrungen zu machen, müßte die Person (das Ich) schon da sein; Person selbst kann aber nur aus bleibender Erfahrung entstehen. Das Kind lebt in einem wogenden Meer von Gefühlen. Um sich aber dieser Gefühle bewußt zu werden, bedarf es einer »Insel«, an der man vor Anker gehen kann. Wie ist diese Problematik aufzulösen?
Hans Georg Gadamer erinnert in *Wahrheit und Methode* (1972) an ein schönes Gleichnis von Aristoteles, der die Ichbildung mit einer Armee vergleicht, die zunächst auf der Flucht ist und zum Stehen gebracht werden soll. Wie kommt eine fliehende Armee dazu haltzumachen? Zunächst halten ein bis zwei Leute inne und wenden sich um. Das Beispiel verleitet auch andere dazu stehenzubleiben.

Je mehr Leute dies tun, um so mutiger wird der ganze Haufen und bleibt stehen. Zuletzt hat sich die ganze Armee umgewendet.
So mag es im flüchtigen Gefühls- und Empfindungsleben des Kindes auch zugehen. Irgendwann und irgendwo bildet sich ein Ichkern, an den sich alles übrige angliedern kann. Wir haben diesen Prozeß der Personwerdung nicht in unserer Gewalt. Wir können und sollen möglichst günstige emotionale, biologische und umweltbezogene Voraussetzungen bereitstellen; aber die Ichwerdung erfolgt im Dunkel des kindlichen Seelenlebens. Nicht nur die Person der Mutter ist hierbei von Belang: auch wie das Kind seinen eigenen Körper, Erfolg und Mißerfolg seiner Aktivität, Zufälle des Lebens usw. aufnimmt und verarbeitet, wird für die Charakterbildung und für die Persönlichkeitsgestaltung entscheidend sein. Dies meinte wohl auch Alfred Adler, als er in einer Notiz schrieb:

Vergessen Sie nicht die wichtige Tatsache, daß nämlich nicht Vererbung und nicht das Milieu die entscheidenden Faktoren sind. – Beide bilden lediglich den Rahmen und die Einflüsse, auf die das Individuum je nach seiner ihm eigenen schöpferischen Kraft reagiert.

Die Personwerdung ist also eine Eigenschöpfung des Kindes im Rahmen gegebener Bedingungen. Ist die Person ins Leben gerufen, so wächst sie und entwickelt sich, behält aber auch eine merkwürdige Konstanz für das spätere Leben. Hinsichtlich ihres psychischen Aktivitätsgrades, der Stärke ihres Gemeinschaftsgefühls und ähnlicher Befunde bleibt sie meist dieselbe, es sei denn, daß tiefgreifende Einwirkungen wie etwa eine Psychotherapie eine Umgestaltung bewirken.
Die Person ist, wie wir gesehen haben, mit ihrem Wertentwurf identisch. Dieser Werthorizont dämmert sehr früh ins kindliche Gemüt hinein. Oft hat er kompensatorischen Charakter, indem das Kind jene Werte besonders ins Auge fassen wird, die zu seinen wirklichen und eingebildeten Mängeln im Verhältnis des Ausgleichs und der Überkompensation stehen. Aber nicht nur die Kompensation ist hier maßgeblich. Auch die Werte der Kultur, in die das Kind hineingeboren wurde, beeinflussen früh das kindliche Denken und Fühlen. Der Charakter des Kindes nimmt seine Form an.
Nun wissen wir aus der psychotherapeutischen Erfahrung, wie resistent der Charakter gegen alle Umwelteinflüsse ist. Er ist die Matrix, die Eindrücke und Erlebnisse wahrnimmt, wobei jede Person gemäß ihrem Wertentwurf einen bestimmten Erlebnishorizont hat,

der für sie Gültigkeit besitzt. Man macht demnach immer nur die Erfahrungen, die zum Charakter passen; alles andere wird selektiv nicht wahrgenommen und verdrängt. Daher kann eine Person ein Leben überdauern, ohne sich wesentlich zu ändern, selbst wenn sie mit ihrem Wertentwurf schwerste Rückschläge erleidet und sogar scheitert.

Weiterhin erleben wir in der Psychotherapie, daß fast alle Menschen unserer Kultur eine nur sehr schwache, winzige, kränkelnde und hilflose Person aufweisen. Dies ist eine der Grundursachen aller psychischen Störungen, für die man als Generalnenner die Ichschwäche namhaft machen kann. Für die meisten Menschen gilt, daß ihre Person kaum richtig ausgebildet ist. Man gewinnt den Eindruck, daß sie »noch nicht recht geboren ist«.

Dies bringt uns auf das Theorem der sogenannten *zweimaligen Geburt des Menschen*. Als biologischer Organismus wird der Mensch bei seiner ersten Geburt aus dem Mutterleib ausgestoßen und beginnt – auf animalischer Ebene – selbständig zu existieren (Durchschneiden der Nabelschnur). Aber noch ist er kein Mensch, das heißt keine Person. Nun nimmt ihn sofort die Familie und die Gesellschaft in sich auf, wobei die Familie wie eine zweite Gebärmutter aufgefaßt werden kann. Hier erfolgt nun Pflege und Betreuung, die lebenswichtig sind. Aber es existiert auch die Gefahr, daß das Kind in diesem »sekundären Uterus« sitzen bleibt. Familie und Gesellschaft nehmen den Menschen gefangen und verhindern, daß er »er selbst« werden kann. Alle Neurotiker zum Beispiel sind »Hörige ihrer Familie« – sie sind auf dem Wege der Entwicklung steckengeblieben.

Die zweite Geburt ist die Personwerdung, nämlich die Loslösung von der Familie und eventuell auch von Sitten und Gebräuchen, Konventionen, kollektiven Lebensgepflogenheiten, die man fraglos zunächst übernimmt. Es kommt hier nicht auf die räumliche Trennung von der Familie an; auch ist nicht unbedingt trotziges oder aufsässiges Benehmen gemeint. Worauf es ankommt, ist der Versuch, sich selbst zu finden, und zwar auch gegen die Mißbilligung der Familie. So gesehen ist auch die zweite Geburt ein schmerzlicher Prozeß. Es ist mitunter ein Leidensweg, wenn ein Ich zu sich selbst finden will.

Die unzulängliche Personhaftigkeit, das »Nur-halb-oder-viertel-geboren-Sein« ist die Basis aller psychopathologischen Symptome, die wir in der Seelenheilkunde zu behandeln haben. Nur wer nicht Ich-Selbst ist, hat Angst, Kontaktschwierigkeiten, psychosoma-

tische Symptome, Charakteranomalien, Zwanghaftigkeit, Depression, Wahngedanken, kriminelle Tendenzen usw. Daher geht es in der Psychotherapie prinzipiell darum, nicht nur dies oder das zu beseitigen oder zu korrigieren, sondern Geburtshilfe für die Person zu leisten. Der Psychotherapeut ist Mäeutiker im sokratischen Sinne, also Geburtshelfer. Nur in dem Maße, wie er diese Funktion ausübt, wird er dem hohen Ethos seiner Aufgabe gerecht.
Aber wie hilft man dem Menschen bei seiner zweiten Geburt? Max Scheler sagt sehr richtig:

Nun gilt aber für die individuelle Person, daß sie uns überhaupt nur *durch* und *im* Akte der Liebe, das heißt also auch ihr Wert als Individuum nur in diesem Aktverlauf zur Gegebenheit kommt. Die Gegenständlichkeit als »Liebesgegenstand« ist gleichsam der Ort, wo allein die Person existiert und darum auch auftauchen wird.[43]

Auch Hartmann spricht davon, daß die Person so fragil und flüchtig ist, daß sie nur in der Teilhabe anderer an ihr volle Existenz gewinnt.
Das bedeutet für die Psychotherapie, was wir seit Freud und Adler schon wissen, daß der Patient nur gesund wird, wenn man ihn auch lieb hat, ihm also Zuwendung, Zuneigung und Zustimmung zuteil werden läßt. Daß in der Kindheit und im späteren Leben niemand da war, der ihn »sah«, das heißt seine Bedürfnisse, Fähigkeiten und Möglichkeiten unverstellt wahrgenommen hat, das hat ja die Person verkrüppelt und klein gehalten. So ist Psychotherapie Liebe und Erkenntnis zugleich; in diesem Bereich – wie im Leben auch – erkennt man den Menschen nur, insofern man ihn liebt, und man liebt ihn nur, insofern man ihn erkennt. Hierfür drei Kronzeugen aus der Kulturgeschichte der Menschheit:
»Man lernt nichts kennen, als was man liebt, und je tiefer und vollständiger die Kenntnis werden soll, desto kräftiger und lebendiger muß die Liebe, ja Leidenschaft sein.« (Goethe)
»Jede große Liebe ist die Tochter einer großen Erkenntnis.« (Leonardo da Vinci)
»Liebe und Vernunft sind ein und dasselbe.« (Pascal)
Im Lichte dieser Einsichten müssen wir das Problem der Psychotherapie neu formulieren. Psychotherapie ist die Heilung eines an Lieblosigkeit (Verständnislosigkeit) Erkrankten durch die Liebe (also durch das Verstehen). Das Ziel der Therapie ist die zweite Geburt des Menschen, das heißt seine Personwerdung. Gewissen ist das Wissen des Menschen, daß er Person werden soll und kann. Es kriti-

siert nicht diese oder jene Tat, diesen oder jenen Mangel an uns, sondern es ruft uns auf, Person zu werden. Person wird man, indem ein anderer, der schon mehr Person ist, den Weg zum Personwerden zeigt. Dies geschieht, indem wir diesen anderen verstehen und lieben lernen; denn man eignet sich von den Mitmenschen immer das an, was man an ihnen versteht und liebt. Therapeut und Analysand beziehungsweise Therapeut und Gruppe bilden eine Insel in unserer personfeindlichen Kultur, auf der Ernst gemacht wird mit dem Anliegen, Mensch und Mitmensch zu werden. Jeder hilft jedem, seine Person ins Leben zu rufen. Jeder lehrt und lernt lieben.

Damit sind wir bei einem ethischen Problem angelangt, das wir in den vorangehenden Kapiteln gestreift, aber nicht erörtert haben. Es ist die Frage nach dem *höchsten Wert*, auf den hin der Mensch sich ausrichten soll. Jede Ethik muß zu diesem Thema Stellung beziehen.

Für religiöse Menschen ist diese Problematik schnell geklärt. Für sie nimmt Gott den Platz des höchsten Wertes ein, und die höchste Tugend des Menschen besteht darin, Gott zu lieben. Insofern aber Gott nur ein Glaubensartikel der Frommen ist (weder beweisbar noch denkbar für ein redliches Denken), kann er für eine tiefenpsychologische Ethik nicht der höchste Wert sein. An seine Stelle kann und muß der *Mensch selbst* treten.

Dieses Problem hat seine Aktualität seit mehr als hundert Jahren, als im Zuge der Religionskritik die ganze Wertpyramide des Abendlandes ins Wanken geriet. Die Aufklärer, die Materialisten, die Jung-Hegelianer, Nietzsche u. a. m. waren sich darüber klar, daß der »Tod Gottes« (Nietzsche) umwälzende Folgen für die Einschätzung des Menschen haben müsse. Ludwig Feuerbach war wohl der erste, der die grandiose Bedeutung der »anthropologischen Wende« begriff; er erklärte die Eigenschaften Gottes nicht bloß als Wahngebilde, sondern erkannte in ihnen entfremdete Wesenseigentümlichkeiten des Menschen. Die Prädikate Gottes sollen daher auf den Menschen zurückgenommen werden; indem die Menschheit die göttlichen Qualifikationen der Allmacht, All-Liebe und Allgüte, der Voraussicht und Vorherbestimmung erwirbt, wird Gott überflüssig. Ohne politische, soziale und geistige Höherentwicklung der Menschheit gibt es keine Überwindung der Religion.

In diesem Punkt stimmen Feuerbach, Marx und Engels u. a. weitgehend überein. Aber Marx und Engels legen mehr Gewicht auf

die ökonomische und politische Umwälzung als Feuerbach, der ein bürgerlicher Aufklärer blieb. Bei allen drei Autoren jedoch wird der höchste Wert (nach der Abschaffung Gottes) in ein anonymes Gebilde verlegt: bei Feuerbach in die »Menschheit«, bei Marx in die zukünftige klassenlose Gesellschaft, die »Menschheit des kommenden Kommunismus«. Demgegenüber erhob Max Stirner (*Der Einzige und sein Eigentum*, 1845) scharfe Kritik, indem er die Rechte des Individuums hier und jetzt verwirklicht sehen wollte. Der sehr schwer faßbare Begriff »Menschheit« und der ebenfalls sehr vage »Kommunismus der Zukunft« können wiederum Fesseln des Individuums werden, das man auf spätere Freiheit vertröstet, indes es in seiner konkreten Situation wiederum zur Sklaverei verdammt wird. Daher will Stirner – nach ihm auch Nietzsche – die menschliche Person *sofort* als Höchstwert ansetzen; Versprechungen auf eine fragliche Zukunftsglorie erinnern ihn allzusehr an das religiöse Eiapopeia-Lied, mit dem man jahrtausendelang die Menschen einlullte und über ihr Elend hinwegtröstete.
Auch die Psychotherapie behauptet gern den grenzenlosen Wert der Einzelpersönlichkeit gegenüber allen Ideologen und Menschheitsbeglückern. Die seelenärztliche Hilfe will hier und jetzt dem Menschen nützen; sie läßt sich nicht auf Versprechungen einer ungewissen Zukunft ein. Auch kann sie nicht den Irrtum jener Ignoranten unterstützen, die behaupten, man müsse den Neurotiker krank sein lassen, damit seine Krankheit zum »revolutionären Potential« werde. Neurotiker sind schlechte Revolutionäre und taugen wenig zur gesellschaftlichen Umgestaltung. Die Verwirklichung von Freiheit und Fortschritt kann nur durch ichstarke Menschen erfolgen.
Psychotherapie ist und bleibt Persönlichkeitsbildung. Die Persönlichkeit als Wert- und Kulturträger ist das höchste Ziel der therapeutischen Interaktion. Sowohl Therapeut, Analysand und Therapiegruppe dürfen sich zu dem Goetheschen Vers bekennen:

> Volk und Knecht und Überwinder,
> Sie gestehn zu jeder Zeit:
> Höchstes Glück der Erdenkinder
> Sei nur die Persönlichkeit.

Wir sind am Ende eines langen und beschwerlichen Weges angelangt. Probleme dieser Art löst man nicht, sondern man unternimmt viele Anläufe, um einer Klärung näherzukommen. Aus dieser Einsicht heraus mußten wir Selbstbeschränkung walten lassen; nur jene Aspekte des Themas wurden herausgegriffen, deren Bearbeitung uns möglich war, andere aber – ebenfalls wichtige – wurden mit Absicht vernachlässigt. Der besonnene Forscher weiß, was er nicht weiß; er wird also nicht sich selbst und anderen etwas vormachen. Nur bei dieser Einstellung gilt für ihn der Satz: *Man kann alles, was man will, sofern man klug genug ist zu wollen, was man kann.*

Anmerkungen

Bei Literaturverweisen wird nur der Name des Autors, Kurztitel und die betreffende Seite des Buches genannt. Vollständiger Buchtitel, Erscheinungsort und -jahr finden sich in der Literaturauswahl.

1 Jones *Freud*, Bd. 3, S. 292
2 Freud *Briefe*, S. 81 f
3 Jones *Freud*, Bd. 2, S. 207
4 Fromm *Freuds Sendung*, S. 97 f
5 Jones *Freud*, Bd. 3, S. 216
6 Freud *GW*, Bd. 10, S. 53
7 Fromm *Psychoanalyse und Ethik*, S. 100
8 Adler *Menschenkenntnis*, S. 41
9 Adler *Sinn des Lebens*, S. 172
10 Furtmüller, *Ethik und Psychoanalyse*, S. 32 ff
11 Jung, *Psychologie des Unbewußten*, S. 27
12 Ebd., S. 29
13 Jung *GW*, Bd. 4, S. 212
14 Horney *Neurose*, S. 13 f
15 Freud *GW*, Bd. 13, S. 358 f
16 Horney *Neurose*, S. 389
17 Adler *Menschenkenntnis*, S. 241
18 Horney *Neue Wege*, S. 244
19 Ebd., S. 245
20 Freud *GW*, Bd. 11, S. 463
21 Freud *GW*, Bd. 16, S. 93 f
22 Jung *GW*, Bd. 4, S. 273
23 Adler *Sinn des Lebens*, S. 172
24 Hartmann *Ethik*, S. 47 f
25 Schopenhauer »Aphorismen«, S. 1
26 Nietzsche *Werke*, Bd. 1, S. 902
27 Ebd., S. 323
28 Zulliger *Kindliches Gewissen*, S. 32
29 Freud *GW*, Bd. 15, S. 73 f
30 Adler *Nervöser Charakter*, S. 214
31 Ebd., S. 259
32 Adler *Sinn des Lebens*, S. 171 f
33 Fromm *Psychoanalyse und Ethik*, S. 176 f
34 Nietzsche *Werke*, Bd. 1, S. 287

35 Marx, Engels *Werke*, Bd. 1, S. 378
36 Häfner *Schulderleben*, S. 175 f
37 Fromm *Kunst des Liebens*, S. 40
38 Ebd., S. 44
39 Zit. nach ebd., S. 14
40 Ortega y Gasset *Liebe*, S. 145
41 Hartmann *Ethik*, S. 543
42 Hartmann *Geistiges Sein*, S. 125
43 Scheler *Sympathie*, S. 168

Literaturauswahl

Abraham, Karl »Psychoanalytische Studien zur Charakterbildung« (1925), in: Ders., *Psychoanalytische Studien. Gesammelte Werke in zwei Bänden.* Hg. u. eing. v. Johannes Cremerius. Frankfurt a. M. 1969, 1971, Bd. 1

Adler, Alfred *Über den nervösen Charakter.* (1912) Frankfurt a. M. 1972

– *Menschenkenntnis.* (1927) Frankfurt a. M. 1966

– *Der Sinn des Lebens.* (1933) Frankfurt a. M. 1973

– u. Carl Furtmüller *Heilen und Bilden.* (1914) Frankfurt a. M. 1973

– u. Ernst Jahn *Religion und Individualpsychologie.* (1933) Frankfurt a. M. 1975

Allport, Gordon Willard *Persönlichkeit.* (1937) Meisenheim / Glan 1959

Aristoteles *Nikomachische Ethik.* Zürich 1951

Berger, Friedrich (Hg.) *Vom menschlichen Selbst.* Stuttgart 1965

Bergson, Henri *Die beiden Quellen der Moral und der Religion.* (1933) Freiburg 1980

Brod, Viktor *Die Ich-Du-Beziehung als Erfahrungsgrundlage der Ethik.* München 1967

Cassirer, Ernst *Philosophie der symbolischen Formen.* (1923) 3 Bde. Darmstadt ^{8}1985 (Bd. 1), ^{7}1977 (Bd. 2), ^{8}1982 (Bd. 3)

Camus, Alfred *Der Mensch in der Revolte.* Reinbek bei Hamburg 1953

Erikson, Erik H. *Einsicht und Verantwortung. Die Rolle des Ethischen in der Psychoanalyse.* Stuttgart 1966

Freud, Sigmund *Gesammelte Werke.* London, Frankfurt a. M. 1940–1968 (GW)

– *Briefe 1873–1939.* Frankfurt a. M. 1968

Fromm, Erich *Psychoanalyse und Ethik.* Konstanz 1954

– *Die Kunst des Liebens.* Berlin 1956

– *Sigmund Freuds Sendung. Persönlichkeit, geschichtlicher Standort und Wirkung.* Berlin 1961

– Daisetz Teitaro Suzuki u. Richard de Martino *Zen-Buddhismus und Psychoanalyse.* München 1963, Frankfurt a. M. 1972.

Furtmüller, Carl *Ethik und Psychoanalyse.* München 1912

Gadamer, Hans Georg *Wahrheit und Methode.* Tübingen 1972

Häfner, Heinz *Schulderleben und Gewissen. Beiträge zu einer personalen Tiefenpsychologie.* Stuttgart 1956

Hartmann, Nicolai *Das Problem des geistigen Seins.* Berlin 1932

– *Ethik.* Berlin 1925, 1962

Hegel, Georg Wilhelm Friedrich *Phänomenologie des Geistes.* (1807)
– *Vorlesungen zur Ästhetik.* (1835–1838)
Heidegger, Martin *Sein und Zeit.* Halle a. d. S. 1927
Horney, Karen *Neurose und menschliches Wachstum.* (1950) München 1975
– *Neue Wege in der Psychoanalyse.* (1951) München o. J.
– *Der neurotische Mensch unserer Zeit.* (1951) München 1966
– *Unsere inneren Konflikte.* (1954) München 1973
Jones, Ernest *Das Leben und das Werk von Sigmund Freud.* 3 Bde, Stuttgart, Bern 1960, 1962
Jores, Arthur *Menschsein als Auftrag.* Bern 1967
Jung, Carl Gustav *Über die Psychologie des Unbewußten.* (1916) Frankfurt a. M. 1975
– »Freud und die Psychoanalyse«, in: *Gesammelte Werke.* Bd. 4, Zürich 1969 (GW)
Kant, Immanuel *Kritik der praktischen Vernunft.* (1788)
Keller, Wilhelm *Das Selbstwertstreben.* München 1963
Kropotkin, Peter *Gegenseitige Hilfe in der Entwicklung.* Leipzig 1904
– *Ethik.* Berlin 1923
Landmann, Michael *Der Mensch als Schöpfer und Geschöpf der Kultur.* München 1965
Langer, Susanne K. *Philosophie auf neuem Wege.* (1942) Frankfurt a. M. 1984
Lersch, Philipp *Aufbau der Person.* München 1954
Marx, Karl »Zur Kritik der Hegelschen Rechtsphilosophie«, in: Karl Marx, Friedrich Engels *Werke.* Bd. 1, Berlin (Ost) 1972
Maslow, Abraham H. *Psychologie des Seins.* München 1967, 1974
Moore, George E. *Grundprobleme der Ethik.* München 1975
Neumann, Erich *Tiefenpsychologie und neue Ethik.* München 1970
Nietzsche, Friedrich *Werke in drei Bänden.* Hg. von Karl Schlechta. München 1966
Ortega y Gasset, José *Über die Liebe.* Stuttgart 1952
Pieper, Josef *Über die Liebe.* München 1972
Plessner, Helmuth *Die Stufen des Organischen und der Mensch.* Berlin 1926
– *Lachen und Weinen.* Bern 1953
Popper-Lynkeus, Josef *Phantasien eines Realisten.* Wien ²1900
Portmann, Adolf *Biologie und der Geist.* Zürich 1956
Rattner, Josef *Psychologie und Psychopathologie des Liebeslebens.* München 1969
– *Selbsterkenntnis und Menschenkenntnis.* München 1971
– *Aggression und menschliche Natur.* Frankfurt a. M. 1972
– *Gruppentherapie. Die Psychotherapie der Zukunft.* Frankfurt a. M. 1973.
– *Der schwierige Mitmensch.* Frankfurt a. M. 1973

– *Psychotherapie als Menschlichkeit.* Frankfurt a. M. 1973
– *Neue Psychoanalyse und intensive Psychotherapie.* Frankfurt a. M. 1974
Scheler, Max *Wesen und Form der Sympathie.* (1912) Bern 1973
– *Der Formalismus in der Ethik und die materiale Wertethik.* (1923) Bern 1965
Schmidbauer, Wolfgang *Die hilflosen Helfer.* Reinbek bei Hamburg 1977
Schopenhauer, Arthur *Über die Grundlage der Moral* (1840)
– »Aphorismen zur Lebensweisheit«; in: Ders. *Parerga und Paralipomena.* (1851) München 1983
Schultz-Hencke, Harald *Der gehemmte Mensch.* Stuttgart 1940
Sonns, Stefan *Das Gewissen in der Philosophie Nietzsches.* Winterthur 1955
Spinoza, Benedictus de *Die Ethik.* (1670)
Thomae, Hans (Hg.) *Die Motivation menschlichen Handelns.* Köln 1965
Uslar, Detlef von *Die Wirklichkeit des Psychischen.* Pfullingen 1969
Wexberg, Erwin *Individualpsychologie.* (1930) Stuttgart 1974
Zulliger, Hans *Umgang mit dem kindlichen Gewissen.* Frankfurt a. M. 1969

Bibliographie der Werke von Josef Rattner

(1952) Das Menschenbild in der Philosophie Martin Heideggers. (Philosophische Dissertation.) Zürich (Selbstverlag).

(1957) Große Pädagogen. München: Reinhardt.

(1963) Individualpsychologie – die Lehre Alfred Adlers. München: Reinhardt.

(1964) Kafka und das Vaterproblem. München: Reinhardt.

– Das Wesen der schizophrenen Reaktion. München: Reinhardt.

(1965) Psychologie und Psychopathologie des Liebeslebens. Bern: Huber.

– Psychosomatische Medizin heute. Zürich: Classen.

– Was ist Schizophrenie? Zürich: Classen.

– Der nervöse Mensch und seine Heilung. Zürich: Classen.

(1966) Menschenkenntnis – die Anwendung der Tiefenpsychologie auf die Probleme des Alltagslebens. Untersiggenthal, Baden (Schweiz): Harder.

(1967) Tiefenpsychologie und Humanismus. Zürich: Classen.

– Erziehe ich mein Kind richtig? Zürich: Classen.

(1968) Verwöhnung und Neurose. Zürich: Classen.

(1969) Psychologie der Frau. Zürich: Classen.

– Psychologie der zwischenmenschlichen Beziehungen. Olten: Walter.

(1970) Aggression und menschliche Natur. Olten: Walter.

Tiefenpsychologie und Politik. Freiburg: Rombach.

(1971) Der schwierige Mitmensch. Olten: Walter.

– Psychologie des Vorurteils. Zürich: Classen.

(1972) Psychotherapie als Menschlichkeit. Olten: Walter.

– Alfred Adler in Selbstzeugnissen und Bilddokumenten. Reinbek: Rowohlt.

– Psychoanalyse und Gruppen-Psychotherapie der Angst. München: Kindler.

– Gruppentherapie – die Psychotherapie der Zukunft. Bergisch Gladbach: Lübbe.

– Selbsterkenntnis und Menschenkenntnis. München: Kindler.

(1973) Homosexualität – Psychoanalyse und Gruppentherapie. Olten: Walter.

(1974) Miteinander leben lernen. Olten: Walter.

– Neue Psychoanalyse und intensive Psychotherapie. Ffm.: Fischer.

(1975) Vorläufer der Psychoanalyse im 18. Jahrhundert: Lichtenberg – Goethe – C. Ph. Moritz. Berlin (Selbstverlag).
(1977) Heilung durch das Gespräch – Tiefenpsychologie und Sprache. Berlin: Verlag für Tiefenpsychologie.
(1979) Pioniere der Tiefenpsychologie. Wien: Europaverlag.
(1980) Wandlungen der Psychoanalyse. Wien: Europaverlag.
(1981) Der Weg zum Menschen. Wien: Europaverlag.
(1982) Große Pädagogen im Lichte der Tiefenpsychologie. Wien: Europaverlag.
(1983) Menschenkenntnis durch Charakterkunde. Hamburg: Hoffmann und Campe.
– Alfred Adler. New York: F. Ungar Publishing.
(1984) Der neurotische Mensch und seine Lebensschwierigkeiten. Hamburg: Hoffmann und Campe.
(1986) Alfred Adler zu Ehren. Berlin: Verlag für Tiefenpsychologie.
– Dichtung und Humanität – Literaturpsychologische Essays über Shakespeare, Voltaire, Lessing, Schiller und Tolstoi. Frankfurt: Athenäum.
(1987) Tiefenpsychologie und Religion. München: Hueber.
(1988) Was ist Tugend, was ist Laster? Tiefenpsychologie und Psychotherapie als angewandte Ethik. München: Knesebeck & Schuler.
– Literaturpsychologie – Essays über Nestroy, Heine, Gontscharow, Th. Mann, Kafka, M. v. Ebner-Eschenbach. Berlin: Verlag für Tiefenpsychologie.
– Psychotherapie und Psychohygiene im Geiste Alfred Adlers. Berlin: Verlag für Tiefenpsychologie.
(1990) Klassiker der Tiefenpsychologie. München: Psychologie Verlags Union.

Josef Rattner ist Herausgeber von *Miteinander leben lernen* – Zeitschrift für Tiefenpsychologie, Persönlichkeitsbildung und Kulturforschung (Verlag für Tiefenpsychologie, Eichenallee 6, 1000 Berlin 19)

Namen- und Sachregister

Aberglaube 30f
Abraham, Karl 19
Abwehr(-) 58, 83
mechanismen 44, 159
Adler, Alfred 9, 14, 25–30, 35, 45, 51, 63, 66, 99, 105f, 123, 127–131, 141, 160, 173f, 189, 193, 210, 217, 219
Affekt(e) 51, 151, 165, 174, 185
finale 51
Aggression(s-)/aggressiv 17, 67, 105, 113, 117, 154, 186
trieb 25, 125, 165, 208
Alexander, Franz 57
Angst(-)/Ängste 36f, 47, 49, 59, 66, 70, 78, 80, 100f, 107, 132, 134, 144, 150, 154, 185, 187, 204, 218
vor d. Kollektiv 117
Lebens- 35, 59, 100, 106, 127, 181
vermeidung 55
Anima/Animus 33
Anpassung 133, 144
Fehl- 32
Anthropologie/anthropologisch 98, 206, 214
Arbeit 63, 77, 185, 193, 202
Archimedes 202
Aristoteles 36, 82, 86, 88f, 121, 192, 216
Arrangement, fiktives 99
Asozialität/asozial 51
Assoziation/assoziieren
freie(s) 41, 58
Augustinus 13
Autonomie 36, 128, 133, 140, 191
Autorität/autoritär 14, 36, 122, 135
anti- 26
Autoritarismus 29, 36, 43, 185

Berchtold, Leopold Graf 13
Bergson, Henri 143, 153, 159, 205
Bernays, Martha 12
Binswanger, Ludwig 38, 100, 106, 132, 174
Bloch, Ernst 199
Boccaccio, Giovanni 173
Boss, Medard 9, 38, 100, 106, 132, 174
Brücke, Ernst 16
Buber, Martin 212
Burckhardt, Jacob 175
Busch, Wilhelm 104

Camus, Albert 29
Cassirer, Ernst 205
Charakter(-) 27, 49, 128
änderung 53
Anal- 19f
analyse 65, 94, 141f, 192
anomalie(n) 32, 65, 185, 219
autoritärer 36
Begriff 211
bild 74, 185
bildung 19, 95, 217
eigenschaften 20, 28, 191
d. Kindes 217
kunde 19, 185
mängel 20, 97
neurotischer 76
phallischer 20
struktur(en) 94f, 188
d. Therapeuten 61
veränderung 63
vorzüge 20
Common sense 210
Christentum 104f, 109, 112, 138, 164, 191

Darwin, Charles 25, 85, 108, 207
Daseinsanalyse 38, 64, 106, 117, 132
Dekompensation 70
Denken 202
unhistorisches 11
Depression(en) 49, 77f, 123, 162, 219
Ursache d. 77
Descartes, René 86
Deszendenztheorie 206f
Determinismus 16, 54
Deutung 72, 78, 93
psychoanalytische 58, 154, 158
Dewey, John 36
Dichotomie 138
Dilthey, Wilhelm 158, 176
Dogma/Dogmen 91
Dollfuß, Engelbert 14
Drogen 117

Egoismus 96f, 186
Einstein, Albert 15
Empathie 165f
Mangel an 166
Engels, Friedrich 16, 220
Entwicklung 218
kindliche 35, 115, 188
d. Menschen 162
Erbsünde 103, 113
Erfahrung(en) 21, 53, 58, 212
psychotherapeutische 60
Erikson, Erik H. 95–98
Erinnerung 59, 186
Eros 118, 157, 170, 174, 176
platonischer 174
himmlischer 125
Erziehung(s-) 25, 27, 29, 35, 55, 95, 105, 109, 116f, 124ff, 128, 145f, 153f, 174, 186, 188, 209
fehler 163
neurotische 37
Selbst- 64, 145, 187, 196
Es 22, 52, 99, 105
Ethik, Geschichte d. 17
Evolution(s-) 37, 110, 150, 199, 207
theorie 25

Existenz(-)
menschliche 103, 109, 132, 134, 203f, 211, 215, 219
philosophie 204f

Familie 218
Faschismus 49
Fechner, Gustav Theodor 17
Fehlhaltung(en) 37
neurotische 50, 178
Ferenczi, Sandor 14
Feuerbach, Ludwig 86, 138f, 214, 220f
Fichte, Johann Gottlieb 86
Finalität 66, 128
Fontane, Theodor 190
Frankl, Viktor E. 100
Freiheit 16, 38, 67, 90, 114, 118, 134f, 161, 164, 176, 191, 204, 209, 221
absolute 213
innere 48, 51
Streben nach 131
Freud, Alexander 14
Freud, Jakob 175
Freud, Sigmund 9, 11–25, 30, 35, 41, 43–46, 52, 55, 58–61, 69, 71, 99, 104ff, 109, 115, 117f, 123–128, 130, 132, 135, 138, 155, 159, 165, 170f, 173ff, 184, 188, 193f, 207f, 210, 219
Freude 51, 69, 131, 161ff, 180, 185, 188, 191, 196, 216
Friedrich II. 216
Fromm, Erich 9, 14, 20ff, 35f, 100, 126, 135f, 140, 142, 187f
Fühlen 57
Fürsorge 167–170, 188, 207
Furtmüller, Carl 30

Gadamer, Hans Georg 216
Gebsattel, Victor E. v. 64, 99
Gefühl(e) 43, 46, 63, 94ff, 189f, 192, 213, 216
Gehlen, Arnold 211
Geist 99, 142, 148, 154, 174, 177, 202
Geltungsstreben 27f, 35, 127
Gemeinschaft(s-) 25f, 29, 42, 63, 94, 99, 104, 193, 208

Gemeinschaft(s-) *Fortsetzung*
gefühl 25–30, 52, 85, 106, 115, 127, 131, 154, 173, 217
kindliches 26
Gerechtigkeit 14, 22, 27, 83, 85, 177
Gesprächstherapie 64
Gesundheit(s-) 60, 75
begriff 11, 18, 147
ideal 177
pflege 146
physische 98f, 136
psychische 30, 92, 174
Gewissen(s-) 102, 106, 116–119, 120–144 *passim*, 213
autoritäres 135
bildung 132
konflikt 92
u. Kulturentwicklung 127
Gleichberechtigung (d. Frauen) 12
Goethe, Johann Wolfgang v. 41, 47, 146, 149, 156, 163, 165, 167, 173, 219
Gruppentherapie 64

Häfner, Heinz 101, 144
Hartmann, Nicolai 7, 82ff, 86–91, 145, 161, 176, 193, 210ff, 214, 218
Haß 20f, 28, 67, 115, 180, 194
Hayakawa, Samuel J. 69
Hegel, Georg Wilhelm Friedrich 83, 114, 139, 156, 173, 212, 214f
Heidegger, Martin 106ff, 117, 131–135, 140, 142, 167–170, 172, 174, 205
Heilung 39, 53, 98, 141, 155, 219
durch d. Geist (*Stefan Zweig*) 66
Selbst- 101, 170
Heine, Heinrich 179
Hemmung 35
Herder, Johann Gottfried v. 84, 200
Hitler, Adolf 182
Hoffnung 95f, 162
Hofmannsthal, Hugo v. 176
Horney, Karen 9, 35ff, 46f, 55f, 99, 137, 139
Humanität 16
Anti- 14
Hume, David 86
Husserl, Edmund 107, 205

Ibsen, Henrik 170
Ich(-) 22, 32, 44, 49, 52, 56, 102, 105, 123, 125, 128, 130, 132, 165, 167, 210, 216, 218
bildung 215f
ideal 123, 126, 128
Interaktion innerhalb d. 123
psychologie 123
schwäche 99f, 132, 218
stärke 62
Teil- 45
Über- 52, 99, 105, 115, 117, 123f, 126f, 130, 132, 135, 140
autoritäres 140
Ideal(e) 54–57, 67, 84f, 87, 89f, 97, 113, 137f, 140f, 160, 193
falsche 29
neurotische 139
Identifikation/identifizieren 32, 165
mit d. Eltern 126
Identität 121
Individualität 31, 39, 100
Individuation 31–34, 99, 107, 117, 137, 166
Individuum 21, 42, 121, 125f, 131, 166, 176, 187, 211, 217, 219, 221
Infantilismus 99
Instinkt(e) 200
Interaktion
soziale 19, 104
therapeutische 34, 39, 64f, 171
Intervention, ethnische 71f
Introversion 99

Janet, Pierre 159
Jones, Ernest 11, 13, 15
Jung, C. G. 9, 14, 31–35, 42, 63, 99, 123, 174

Kant, Immanuel 26, 30, 83, 86, 90, 108, 116, 121, 164, 191
Keller, Wilhelm 141
Kierkegaard, Sören 63, 100, 197, 203
Kindheit 59, 109, 124, 215, 219
frühe 55, 77, 95, 97
unglückliche 138, 143

Köhler, Wolfgang 203
Kommunismus 17
Kompensation/kompensatorisch 27, 80, 138, 217
himmlische 22
eines Mangels 84
Über- 36, 217
Kooperation 59, 65, 110, 131, 150, 164, 189, 207
Korcybski, Alfred 69
Krankheit(s-; en) 136, 146
seelische 27f
symptome 97
Kraus, Karl 40
Krieg(s-) 13, 87, 177, 199
als Mittel d. Politik 15, 182
ökonomie 56
Kropotkin, Peter 25, 207
Künkel, Fritz 95, 100, 158
Kultur(-) 20, 25f, 162, 188f, 209
bewußtsein 22
entwicklung 173, 202
leistung(en) 63, 66
mensch(en) 18, 22, 43
neurotische 37
philosophie 127
schöpfung 56
»Kunst des Liebens« 60, 179

Laing, Ronald D. 38
Lamarck, Jean-Baptiste de 105
Langer, Susanne 206
Leben(s-)
angst *s.* Angst
aufgaben 193
entwurf 65
entfaltung 90
lüge(n) 43, 100, 106, 113, 170ff
plan 49, 71
stil 128f.
asozialer 99
Lehranalyse 40, 192
Leibniz, Gottfried Wilhelm 191
Leitbild(er) 84
d. Lebens 57
Leonardo da Vinci 159, 219
Lessing, Gotthold Ephraim 173
Lewin, Kurt 94
Libido(-) 14, 35, 53, 55

Libido(-) (*Fortsetzung*)
entwicklung 18f
kindliche 20
ökonomie 52
prägenitale 19
störung 53
theorie 185, 189
Lichtenberg, Georg Christoph 146
Liebe(s-) 18, 20, 33, 52, 56, 60f, 63, 67, 96–102, 114, 170, 174, 179–197, 219
Angst vor 100
beziehung 126
fähigkeit 61, 102, 140, 144, 185f, 189f, 192f, 195
Menschen- 38
Mutter- 181, 216f
Nächsten- 95, 165
Übertragungs- 59
unfähigkeit 61, 185f
Vaterlands- 182
verlust, Angst vor 44
wahre 182f
Lincoln, Abraham 156
Linné, Carl v. 175
Lorenz, Konrad 25, 69, 208
Lustprinzip 22

Macht(-) 87f, 176
attitüde 78
Gottes 111
streben 25, 28f, 43, 127f
Wille zur 122, 164
Malebranche, Nicolas de 118
Mangel/Mängel 54, 209, 217, 220
Mann, Thomas 190f
Marx, Karl 16, 25, 44, 69, 85f, 110, 139, 203, 211, 220f
Maslow, Abraham H. 9, 38
Materialismus 16
Matteotti, Giacomo 15
Mead, George Herbert 132
Menschen(-)
bild(er) 17, 24, 31, 35, 125, 206
kenntnis 56, 65, 98, 100, 115, 167, 170, 189, 195
fehlende 36
kunde 10ff
Über- 48
Metaphysik 9, 53f

Merleau-Ponty, Maurice 38
Mill, Stuart 12
Minderwertigkeit(s-)
gefühl(e) 27, 29, 127
komplex 28
Mitleid 164ff
Mitmenschlichkeit 57
Moral 10, 12, 14
kleinbürgerliche 76
Sexual- 55
Un- 12
Mord 110, 112, 115
Vater- 104
Moreno, Jacob 64
Mussolini, Benito 15
Mutter-Kind-Dyade 166

Narzißmus 68
Nationalsozialismus 134
Natur(-) 23, 60, 112, 118
menschliche 11, 17, 33, 145, 179, 198ff, 209
völker 23
wissenschaften 16
Neurose(n-)/Neurotiker 22, 56, 77f, 94, 195
begriff 31, 99
bildung 138
Kernstück d. 48
lehre 19, 28
Übertragungs- 194
Ursache d. 97
Zwangs- 143
Nietzsche, Friedrich 17, 54, 86f, 90, 104f, 114, 122ff, 129, 134, 136, 138, 147, 150, 155, 164f, 178, 205, 220f
Notker Labeo 120

Objekt(-; e) 28, 100, 211
beziehung 111, 114, 126
Ödipus(-)
komplex 105, 126
konflikt 19
phase 115
schicksal 58
thematik 21
Ontologie 107ff, 169
Origenes (*Kirchenvater*) 58
Ortega y Gasset, José 190

Pascal, Blaise 90, 219
patriarchalisch 13
Persönlichkeit 89, 94f, 123, 128, 141, 175, 197
Person(-) 114, 135, 197, 210–220
werdung 33, 216, 218
Persona 32f
Personalität 211
Perversion 185
Pfänder, Alexander 190
Pharmakotherapie 63
Philosophie 9, 11, 16, 103f, 123, 147, 164–168, 174f, 177, 198, 210, 212
Existenz- 64, 117
Philo von Alexandrien 121
Pilatus 172
Plato 22, 86, 121, 184
Plessner, Helmuth 201
Popper-Lynkeus, Josef 46
Portmann, Adolf 200
Projektion(en) 44, 47ff, 138
Proudhon, Pierre Joseph 25
Psychagogik 197
Psychoanalyse 9, 11–15, 17–20, 25, 30f, 34, 36, 38, 47, 52, 58, 63f, 104f, 109, 115, 123f, 147, 151f, 163, 167, 170f, 174, 185, 188, 208, 215
und Ethik 10–24
Geschichte d. 43
Neo- 35–38, 64
Psychodrama 64
Psychohygiene 30
Psychologie(-)
Defizit- 38
humanistische 38
Individual- 64
Meta- 17
Tiefen- 10f, 14, 17, 25, 28, 52f, 57, 65, 94, 100f, 147, 157, 166, 174, 176, 185, 191, 198, 208
Psychopathologie 35
Psychose 208
Psychosynthese 11
Psychotherapie/Psychotherapeuten 18, 40, 60f, 63f, 70, 91, 97, 163, 167f, 172f, 178f, 194–199, 209, 215, 217ff, 221
Putnam, James 11f

Rank, Otto 14, 106f, 116
Rationalisierung 47f, 80
Reaktionsbildung 44
Realität(s-) 31, 33, 61, 83, 107ff, 118, 140, 144, 150, 169, 177, 186f, 213
prinzip 22, 73, 173
»Regel, goldene« (*Freud*) 170
Regression 20, 32
Reik, Theodor 57
Religion(s-) 23, 138f
kritik 220
Repression, sexuelle 44
Reue 24, 123, 130, 142
Rilke, Rainer Maria 155
Rivalität, kindliche 21
Rogers, Carl R. 9, 64
Rollenverhalten 32
Rousseau, Jean-Jacques 13, 86, 206
Rückert, Friedrich 142

Sadismus / Sadisten 111, 166, 184
Sartre, Jean-Paul 38, 50f, 83–86, 100, 132, 155, 173
Scham 105, 137
Schatten 32f
Scheinkausalität 50
Scheler, Max 57, 60, 86, 90, 98, 146, 188, 219
Schicksal(-; e) 64, 78, 86, 89, 93, 127, 138, 140, 205
Beziehungs- 65
Schiller, Friedrich 90, 153
Schizophrenie 67
Schmidbauer, Wolfgang 168
Schopenhauer, Arthur 17, 47f, 74, 86, 89, 103f, 108f, 113f, 121f, 134, 136, 146f, 152, 163, 165f, 172, 207
Schuld(-) 103–119
begriff 106
gefühl 36, 80, 103–119, 123
Schultz-Hencke, Harald 9, 19, 35f, 99f
Schweitzer, Albert 166
Seele(n-) 18, 99, 128, 142, 148, 153f, 159, 183, 202
leben 91
d. Kindes 124
Selbst 203, 210f
Erwachen d. 174
Selbst (*Fortsetzung*)
fiktives 37
ideales / idealisiertes 46, 99, 139
reales 139
Schein- 37
verkanntes 138
wahres 142
Selbstbetrug 80
Selbstbewußtsein 203, 212
Selbstbild 46
Selbstentfremdung 37
Selbsterkenntnis 33, 49, 52, 56, 65, 93, 98, 167, 170, 175, 189, 195
Selbstgerechtigkeit 12, 16, 48
Selbstmord *s.* Suizid
Selbstvergottung 29, 141, 184
Selbstverwirklichung 25, 37, 39, 84, 98, 103, 116
Selbstwerdung 197
Sexualität 32, 35, 44, 54, 62, 66, 149, 151f, 189, 192, 206, 209
Bejahung d. 90
sublimierte 188
Sicherheit(s-) 59
streben 55ff, 100
Sklaven(-) / Sklaverei 88, 221
gesinnung 30
Sokrates 52, 121
Solidarität 29, 51, 56, 88, 131, 143, 167, 185, 207
Sonns, Stefan 122
Soziabilität 25
Sozialisation 19, 22, 66, 74, 97, 109
d. Analytikers 155
Sozialismus 16f, 25, 44
Speer, Ernst 99
Spinoza, Baruch 47, 51, 86, 162, 164, 191
Spitz, René 216
Sprache 109, 116, 150, 200, 202
Bedeutung d. 120
und Sozialisation 69
Ur- 216
Wesen d. 69
Stekel, Wilhelm 14, 45
Stendhal, Henri 153
Stirner, Max 221
Störung, sexuelle 75
Subjekt 111, 114

Sublimierung 15, 176, 208
mangelhafte 99
Suizid(-) 102f, 115
drohung 183
gefährdung 125
wunsch 130
Sullivan, Harry Stack 19, 100
Superioritätsbewußtsein 13
Symbol(-; e)/Symbolismus 205
religiöse 33
schöpfer 206
sprachliche 202
welt 104, 121, 202
Symptom(-; e) 44, 49f, 65, 75f, 79, 171, 182
freiheit 147
Krankheits- 150
Macht d. 76
psychopathologische 218
psychosomatische 218f
verschiebung 53
Wegfall d. 71

Tabu(s) 23f
Teleologie 130
Thomae, Hans 53
Tod(es-) 134, 138, 157, 204
angst 204
trieb 125, 208
Toepffer, Rodolphe 124
Toleranz(-) 65, 98
begriff 56
Toynbee, Arnold Joseph 118
Trauer(-) 51, 77, 162
arbeit 70f, 93
Traum(-)/Träume 13, 46, 175
analyse 13
bild, erotisches 33
deutung 13, 58, 109
Trauma 69f
Treue 96f, 187
Trieb(-; e) 22, 46, 54, 99, 114, 118, 160
genitale 19
und Kultur 20
Partial- 19
perverse 59
prägenitale 58
schicksal 19, 171, 215

Trieb(-; e) (*Fortsetzung*)
Sexual- 135, 188
unbewußte 94
verdrängung/verdrängte 45, 105

Übertragung(s-) 58f, 61, 65, 80, 109, 126, 171
Gegen- 65, 171
liebe 193ff
Umwelt(-)
einflüsse 19, 25, 27
verstehende 26
zerstörung 112, 118, 128, 162, 177
Unbewußtes 33, 47, 50, 99, 123, 190
kollektives 33
»Urvatermord« 24, 127
Urvertrauen 95, 100, 151, 191

Verbrechen/Verbrecher 47, 107, 110, 114
Verdrängung(s-) 44f, 47, 170
begriff 46
pädagogik 44
Verhalten(s-) 22, 54, 93, 103, 106, 108, 126, 200f
änderung 53
forschung 208
sittliches 37
soziales 189
Vernunft(-) 12, 22, 38, 57, 75, 98f, 108, 112, 116, 167, 172, 174–177, 203, 214
ideal 174
kritische 103
Verwöhnung 188
Vischer, Friedrich Theodor 15
Vitalität(s-) 159f
Begriff d. 158
erziehung 159
Vorbild 109
Vorurteile 30, 48, 172, 181

Wahrheit(s-) 9, 41, 46, 57, 85, 120, 165, 170ff
absolute 101
liebe 13, 23, 41, 46, 61, 65
Weiblichkeit, Psychologie d. 13
Weisheit 22, 97, 168, 174f, 177

Weiss, Edoardo 15
Weltanschauung 56, 199
 konservative 69
 materialistische 16
Wert(-; e) 26f, 54, 59, 63, 112
 »d. Abendlandes« 87
 defizit 100
 erfahrung 57, 61, 82, 84, 86, 137, 163, 195, 214
 erziehung 137
 fragen 55, 94
 freiheit 55
 haltung 61
 hierarchie 86
 höhere 58, 60, 66
 neue 57
 orientierung 55, 66
 philosophie 57, 60, 82ff, 102
 »pyramide« 146
 Schein- 143
 system 94f
 urteil(e) 56, 91
 vermittlung 63
Wexberg, Erwin 116
Widerstand/Widerstände(n) 58f, 196, 213
 Überwindung v. 95, 160
Wilde, Oscar 52
Wille(ns-) 95f, 107
 kraft 160
Wirklichkeit s. Realität
Wissen 121, 205, 209
Wissenschaft 109, 116, 122, 139, 164, 174f, 177, 210
Wolfskinder 216
Würde 90, 110

Zärtlichkeit 35, 114, 188f, 216
Zeit 204f
Zeitgeist 9, 17, 215
Ziel(e) 54, 57, 74, 83
Zulliger, Hans 124
Zwang(s-)/Zwänge 48, 50
 handlung 111
 Wiederholungs- 159, 187
Zweig, Arnold 14